einfach da sein

Allen Mitarbeiterinnen und Mitarbeitern,
Freunden und Schwestern
unserer Genossenschaft

Max Wolters

einfach da sein

150 Jahre
Genossenschaft der Cellitinnen
nach der
Regel des heiligen Augustinus

Köln/Severinstraße

Verlag Parzeller

ISBN 3 7900 0179 1
© 1988 by Verlag Parzeller GmbH & Co. KG, Fulda
Bearbeitung und Gestaltung: Gesellschaft für
christliche Öffentlichkeitsarbeit (GCÖ), Würzburg
Titelfoto: Kirchenfenster in der Kapelle des Mutterhauses der
Cellitinnen von Prof. Hubert Schaffmeister
Abbildungen Seite 26, 36, 50, 51, 75, 106, 107, 108, 116 und 169
aus dem Rheinischen Bildarchiv Köln, Abbildung Seite 59 von
H. Weingarten, Frechen
Gesamtherstellung: Druckerei Parzeller, Fulda
Printed in Germany

Vorwort

Im Jahre 1986 beging die augustinische Ordensfamilie mit der ganzen Christenheit die 1600-Jahr-Feier der Bekehrung des heiligen Augustinus, dem wir Schwestern unsere Ordensregel verdanken. Dagegen scheinen die 150 Jahre, die unsere Genossenschaft der Cellitinnen in diesem Jahre feiert, eine kurze Zeitspanne. Doch sind diese Jahre voll von Ereignissen und Umwälzungen, wie kaum eine Epoche zuvor.

Die Gründung unserer Ordensgemeinschaft im Jahre 1838 fiel in eine Zeit, die vom Konflikt zwischen preußischem Staat und katholischer Kirche geprägt war. Ihre volle Unabhängigkeit, aber zugleich auch erneute Bedrängnisse erlebte die Genossenschaft während des Kulturkampfes. Sie stand damit von Beginn an an der Nahtlinie zwischen Staat und Kirche, mit allen Risiken und Vorteilen dieser Position.

Als krankenpflegender und sozial tätiger Orden haben wir Cellitinnen nach der Regel des heiligen Augustinus auf Entwicklungen in Medizin und Gesellschaft frühzeitig reagieren müssen. Nicht zuletzt wurde unsere Gemeinschaft entscheidend durch die sozialen und politischen Bedingungen in der Stadt Köln beeinflußt. Lange Zeit blieben neben den ordenseigenen Häusern jene der Stadt Köln das Hauptwirkungsfeld der Genossenschaft; eine Verbindung, die erst vor zehn Jahren ein Ende nahm.

Als der Zeitpunkt der 150-Jahr-Feier näher rückte, faßten wir den Beschluß, die Entwicklung unserer Genossenschaft aufzuarbeiten und zu publizieren. Dabei sollte auf das unterschiedliche Informationsbedürfnis von Ordensschwestern, Mitarbeitern unserer Einrichtungen und der historisch interessierten Öffentlichkeit Rücksicht genommen werden. Die Einbindung der Ordenstätigkeit in die Entwicklung von Kirche, Staat und Gesellschaft sollte dabei ebenfalls dokumentiert werden.

Unser Buch möchte Gelegenheit bieten, diese vielfältigen Prozesse, aber auch die mittelalterlichen Wurzeln und das heutige Wirken unserer Genossenschaft näher kennenzulernen.

„Einfach da sein", dieses Motto steht über dem Leben unserer Schwestern. Wir wollen damit ausdrücken, was die Tätigkeit unserer Genossenschaft geprägt hat: Da sein für andere – ohne Vorbedingungen und Vorbehalte.

Diese Bereitschaft zum Dienst am Mitmenschen wächst aus unserem Bewußtsein der Mitverantwortung, besonders für kranke, hilfsbedürftige und alte Menschen. Solche Bereitschaft war durch alle Jahrhunderte ein besonderes Kennzeichen christlicher Caritas. „Die Liebe sucht nicht ihren Vorteil", schreibt schon der Apostel Paulus an seine Gemeinde in Korinth (1 Kor 13,5). Augustinus fügt ergänzend hinzu: „Die Liebe gibt hin, was sie besitzt" (Predigt 78,6). Ja, sie gibt das Wertvollste, was sie hat: ihr Können, ihre Arbeitskraft, ihre Zeit, sich selbst.

In diesem Sinne wollen wir auch weiterhin „einfach da sein" – da sein als eine Gemeinschaft in der Nachfolge Christi und in seinem Namen dem Dienst am Mitmenschen zur Verfügung stehen. Ob wir diesen Anspruch in Zukunft erfüllen, hängt freilich nicht allein von uns ab. Wir brauchen heute – wie in der Vergangenheit – Menschen, die unser Werk am Nächsten mittragen. Wir brauchen auch das Verständnis der Menschen, in deren Mitte wir leben. Vielleicht trägt dieses Buch ein wenig dazu bei, solches Verständnis zu wecken und zu vertiefen. Dies wäre auch der schönste Lohn für den Verfasser dieser ausführlichen Geschichte unserer Genossenschaft, Herrn Max Wolters. Ihm, meinen Mitschwestern und den Mitarbeitern unserer Ordensgemeinschaft sage ich ein herzliches Wort des Dankes, denn nur durch ihre vielfältigen Bemühungen konnte dieses Buch entstehen.

In der Geschichte der Kölner Cellitinnen hat es immer wieder Zeiten der Blüte und des Niedergangs gegeben. Auf das drohende Ende folgte – oftmals ganz überraschend – ein neuer Aufstieg. So schauen wir auch heute voll Gottvertrauen in die Zukunft, denn gerade unsere Zeit braucht dringend Menschen, die einfach da sind für andere.

Generaloberin Schwester M. Nikodema Rützenhoff

Inhalt

Die Genossenschaft in einer gewandelten Gesellschaft

Einleitung

Bei den Planungen für dieses Buch wurde darauf Wert gelegt, einen breiten Leserkreis anzusprechen. Nicht nur Ordensschwestern, die sich über ihre eigene Gemeinschaft informieren wollen, nicht nur jene, die Auskunft über eine der größten Ordensgemeinschaften des Erzbistums Köln suchen, sondern auch jene, die Informationen zu einem Orden suchen, der das Krankenhaus- und Sozialwesen im Rheinland und in Köln entscheidend geprägt hat, sollten hier Informationen finden können. Die Arbeit durfte also keinesfalls allzu populär werden und damit Kompliziertes als einfach darstellen. Andererseits sollte die Balance zwischen einer allgemein verständlichen Sprache und einer an Fakten orientierten Arbeitsweise gehalten werden. Der Titel des Buches lautet „einfach da sein", ein Motto, das auch über den Jubiläumsfeierlichkeiten zum 150jährigen Bestehen der Genossenschaft steht. Für die Recherche war dieser Anspruch, der zugleich Lebensweise und Ziel der Schwestern beschreiben soll, nicht immer förderlich. Denn unausgesprochen war er offensichtlich schon lange Leitspruch für die tägliche Arbeit der Schwestern. Die Archive dokumentieren daher zwar oft Ergebnisse und Folgen, selten jedoch Ursachen und Motive. Besonders bei der Gründung von Filialen, bei der Übernahme neuer Tätigkeitsbereiche macht sich diese Zurückhaltung bei der Dokumentation und Selbstdarstellung bemerkbar. Aussagen zu Motiven und Handlungsanstößen mußten daher wohl oder übel oft im Konjunktiv gemacht werden. Sie lassen sich jedoch aus den gesamtgesellschaftlichen Zusammenhängen und implizit natürlich aus den Ergebnissen gut belegen.
Bei der Darstellung der Kölner Geschichte hoffe ich, nicht in den Fehler verfallen zu sein, die Colonia für die „Optima Maxima" zu halten. Der Geschichte der Filialen wird Raum gegeben, ebenso wie der Geschichte der Genossenschaft als ganzes, doch liegt ein Schwerpunkt auf eigenen, noch bestehenden Niederlassungen und den wechselhaften, besonders prägenden Beziehungen zwischen Orden und Stadt Köln. Eingeflossen sind auch

Gedanken zu den in vielem überraschend modernen, manchmal sogar zukunftsweisenden Bauten im Besitz der Genossenschaft. „Ad fontes!" ist für manchen ein Forschungsprinzip. In meinem Falle ist dieses „zu den Quellen" zuerst einmal geographisch und biographisch zu verstehen, schließlich habe ich im „Krankenhaus der Augustinerinnen" das Neonlicht der Welt erblickt.

Die Arbeit an diesem Buch begann mit einem Irrtum. Ausgeschickt in die Archive, „weil bei uns leider so viel im Krieg verloren ging", durfte ich feststellen, daß das Hausarchiv des Mutterhauses ganz im Gegenteil viele Trüffeln enthält und recht umfangreich auch die Vorkriegszeit beleuchtet. Da das Archiv noch nicht vollständig archivarisch aufgearbeitet ist, war zunächst oft Sichten und Sortieren erforderlich. Dies wurde durch die enorme Vorarbeit, die Schwester M. Isabella und Schwester M. Sieghilde geleistet haben, ganz erheblich erleichtert!

Schon bald wurde klar, daß die Aufarbeitung auch der Entwicklung der Filialen und die Suche in fremden Archiven von einer Person alleine nicht zu bewältigen war. Mitte 1987 begann daher Frau Ilse Schmitz, systematisch die Entwicklung einzelner Filialen zu dokumentieren. Meine Arbeit konnte sich so auf die Beschreibung der Geschichte der Genossenschaft als Ganzes, Kölner Häuser und die „Motivforschung" konzentrieren. Die Darstellung zu Kloster Hoven/Marienborn stützt sich auf Ergebnisse von Frau Schmitz. Gleiches gilt für die Niederlassungen in Nettersheim, Düsseldorf und Bonn. Im Falle Marienborns wurde auch ihr Text in wesentlichen Teilen von mir übernommen. Ebenfalls aus dem Hause selbst stammen die Informationen zu den Niederlassungen in St. Vith und Bornheim, für die von den Cellitinnen aus Anlaß ihrer 100jährigen Jubiläen 1983 Festschriften herausgegeben wurden.

Ganz wesentlichen Anteil am Entstehen dieses Buches hatten zwei Arbeiten renommierter Historiker. Edith Ennens 1986 erschienenes Werk zu Frauen im Mittelalter faßt die Fülle von Arbeiten zu diesem Thema zusammen. Ihr umfangreiches Kapitel zu Köln scheint mir ein „Muß" für jeden, der sich mit der Geschichte dieser Stadt beschäftigen will. – Die 1972 erschienene Habilitationsschrift Erwin Gatz' zu Kirche und Krankenpflege im 19. Jahrhundert bringt grundlegende Informationen weit über das im Titel beschriebene Thema hinaus. Die Ereignisse beider vorhin genannter Arbeiten sind in einem so breiten Maße in das Buch eingeflossen, daß es den Rahmen einer allgemeinverständlichen Darstellung sprengen würde, wäre jede Anregung aus ihnen einzeln belegt. Beiden Autoren gebührt großer Dank; ohne sie wären die Kapitel zu Mittelalter und Ordensgeschichte im 19. Jahrhundert Stückwerk geblieben.

Herrn Dr. Illner vom Historischen Archiv der Stadt Köln danke ich nicht nur für die Möglichkeit, den erst 1986 fertiggestellten Katalog zum Bestand Gesundheitswesen schon benutzen zu dürfen, sondern auch für den Hinweis auf das wichtige Werk von Erwin Gatz. Frau Christa Kämper vom Rheinischen Bildarchiv danke ich für ihre Hilfestellung bei der Besorgung des historischen Bildmaterials.

Dank sagen möchte ich den Schwestern und Mitarbeitern der Genossenschaft für ihre Unterstützung. Besonders jedoch Schwester M. Isabella, Schwester M. Sieghilde und Schwester M. Anne für die vielen Auskünfte und Anregungen. Herrn Wilhelm Kopp für die Informationen zur wirtschaftlichen Entwicklung der letzten 40 Jahre, Herrn Karl Hülsmann für die umfangreichen Informationen zu den Häusern in Frechen. Vor allem aber auch Frau Ilse Schmitz, die viele Anregungen und konstruktive Kritik beisteuerte.

Zuletzt sei noch auf fünf Begriffe hingewiesen:

Kirchenrechtlich ist die „Genossenschaft der Cellitinnen" kein Orden. Sie ist allerdings seit 1951 dem Orden der Augustiner angeschlossen. Die Verwendung des Begriffes Orden wurde in bezug auf die Cellitinnen weitgehend vermieden. Allerdings taucht er aus stilistischen Gründen in Begriffen wie „ordenseigen" oder „Ordensschwestern" auf. Die Alternative – „Genossenschaftsschwestern" – treibt selbst hartgesottenen Kirchenrechtlern Tränen in die Augen.

Bei der Bezeichnung der Ordensoberin wird seit dem Jahr 1864 der Begriff „Generaloberin" verwendet. Zuvor hatte die Vorsteherin die Bezeichnung „Oberin der Filialklostergemeinde im

Bürgerhospital". Lesern mag dieser Wechsel im zweiten Kapitel auffallen. Er ist beabsichtigt.

1948 beschloß das Generalkapitel der Genossenschaft, dem Ordensnamen jeder Schwester „Maria", also den Namen der Schutzpatronin, vorzusetzen. Erst seit dem 24. 11. 1948 wird also allen Schwestern-Namen „Sr. M." vorgesetzt. An diese Regel hält sich auch der Text des Buches.

Ordensschwestern sind Menschen wie alle anderen auch. Sie sind genauso weltlich oder geistlich wie andere Christen und sehen dies nicht als Makel, sondern als Herausforderung. Ihre Lebensweise als nicht frei zu bezeichnen, empfinden sie als Beleidigung. Dennoch werden die Begriffe „geistlich" und „weltlich" oder „frei" im Text ab und zu zur Charakterisierung unterschiedlicher Gruppen, nämlich der Ordensschwestern und ihrer angestellten Mitarbeiter benutzt. Niemand möge das jedoch zum Anlaß nehmen, anzunehmen, der Autor halte Ordensschwestern ausschließlich für unfreie, geistliche Wesen, dagegen ihre Mitarbeiter für frei, aber ausschließlich an weltlichen Dingen orientiert. Weit gefehlt!

Was Ordensschwestern von ihrer Umwelt unterscheidet, ist die anderen Regeln unterworfene Lebensweise, die sich auch in ihrem Namen äußert: Cellitinnen. Mit diesem Namen, der ihre Wurzeln in der mittelalterlichen Frauenbewegung und die innere Verfassung dokumentieren soll, wird die Ordensgemeinschaft offiziell bezeichnet. Im Volksmund, und nicht nur dort, ist sie nach ihrem Ordenspatron unter dem populären Namen Augustinerinnen bekannt. So heißt zum Beispiel ihr Krankenhaus im Severinsviertel „Krankenhaus der Augustinerinnen". Im Buch wird dieser Begriff jedoch nur für die Schwestern in Belgien und Indien benutzt, die sich selbst auch nach außen hin so bezeichnen. Für die übrigen Schwestern wird er bewußt vermieden, da mit der Bezeichnung Cellitinnen das „nach der Regel des heiligen Augustinus" erst historische Tiefe und Bedeutung erlangt. Beide Begriffe, „Cellitinnen" und „Augustinerinnen" haben ihre Berechtigung, keinesfalls konkurrieren sie miteinander oder stellen gar Gegensätze dar.

Köln, im Juli 1988   Max Wolters

Historische Voraussetzungen
zur Gründung der Genossenschaft

Anfänge

Im Süden der Kölner Altstadt, mitten im Straßengewirr des Severinsviertels, liegt das Mutterhaus der Augustinerinnen mit dem dazugehörigen Krankenhauskomplex. Charakteristisch ist der Standort in einem immer noch funktionierenden Miteinander von Produktion, Handel und Wohnen. Selten findet man das Mutterhaus eines Ordens in einer so belebten und geschäftigen Umgebung wie der Severinstraße. Diese besondere Lage sagt vieles aus über Herkunft und Charakter einer Ordensgemeinschaft, die so, wie sie sich heute nach außen darstellt, nur unter den besonderen Bedingungen Kölns werden konnte und deren innere Verfassung nur in dem Spannungsfeld zwischen Armutsideal und Weltoffenheit, zwischen dem Dienst am Nächsten und einem ausgeprägten Selbstbewußtsein entstehen konnte.

Im November des Jahres 1838 begannen Schwestern aus zwei Klöstern ambulanter Krankenpflegerinnen ihren Dienst im Bürgerhospital der Stadt Köln. Aus dieser kleinen Gemeinschaft entwickelte sich im Laufe der folgenden Jahrzehnte die größte der drei Kölner Genossenschaften der „**Cellitinnen nach der Regel des hl. Augustinus**".

Betrachtet man den Namen der Genossenschaft, so gelangt man zu seiner Erklärung weit über das Jahr 1838 hinaus in die Zeiten des Hochmittelalters und der Spätantike.

Zwei unterschiedliche Ströme sind es, aus denen das Ordenswesen der Kirche in der Spätantike seinen Ursprung nahm. Im 3. und 4. Jahrhundert bildeten sich unter dem Druck immer wieder aufflammender Christenverfolgungen im Nahen Osten Gemeinschaften von Einsiedlern, die sich in den Gefahren der Wüste gegenseitig Schutz und Hilfe gaben. Der wohl bekannteste dieser Eremiten ist der heilige Antonius, der auch eine erste Regel für seine Mitbrüder schrieb. Diese ersten Eremiten wählten das Leben in der Wüste, um sich in der Einsamkeit, ohne die Versuchung des Alltags, durch Askese und Gebet den Weg ins Paradies zu sichern.

Dieses allein auf Gott bezogene Leben der Einsiedler war die Grundidee für die neue Lebensform, die der heilige Augustinus entwickelte. Der große Kirchenlehrer des 5. Jahrhunderts nahm die von den Wüstenmönchen vorgelebten Prinzipien von persönlicher Armut, Ehelosigkeit und Gehorsam zum Vorbild für die Priester seiner Bischofsstadt. So entwickelte sich aus der Wohn- und Lebensgemeinschaft von Priestern im nordafrikanischen Hippo die erste klösterliche Gemeinschaft des Abendlandes. Doch im Gegensatz zu den Eremiten verwies Augustinus seine Priester auch auf ihre Verpflichtung gegenüber den Mitmenschen.

Während bei den Ostkirchen das Klosterleben auch heute noch weitgehend von Eremitengemeinschaften bestimmt wird, ist es in der Kirche des Abendlandes seit dem Jahre 529 mit der Regel des hl. Benedikt wesentlich von einem einzigen Lebensprinzip geprägt: **Bete und arbeite!** Mit dieser Losung faßte er den Anspruch seiner Mönchsgemeinschaft auf dem Monte Cassino zusammen. Seit dieser Zeit gilt für viele Orden, ob ausschließlich der religiösen Betrachtung verpflichtet oder in Lehre und Caritas tätig, der Anspruch, sich aus eigener Kraft zu versorgen und auf diese Weise Gott **und** den Menschen zu dienen.

Reformbewegungen im Hochmittelalter

Die drei Hauptgruppen des Ordenswesens, kontemplatives Eremitenleben, Priestergruppen nach dem Vorbild des heiligen Augustinus und Mönchsgemeinschaften nach der Regel des heiligen Benedikt, standen im Hochmittelalter vor völlig neuen Herausforderungen. Diese Epoche war durch große Umbrüche sowohl in Theologie und Kirchenverfassung als auch in Politik und Gesellschaft gekennzeichnet. Die Bedrohung durch Normannen und Ungarn, Mongolen, Türken und Araber war beendet oder zurückgedrängt. Durch die Kreuzzüge waren Europa neue Welten erschlossen worden. Lebens- und Bauweise änderten sich. Philosophie und Theologie erhielten neue Anstöße. Der über Konstantinopel und die arabischen Universitäten vermittelte Zugang zur altgriechischen Wissenschaft hatte bleibenden Einfluß auf die neu entstehenden Naturwissenschaften und die abendländische Theologie. Die Gesellschaftsordnung erlebte mit dem Kreuzzugalter ihre wohl stärkste Umwälzung seit der Völkerwanderungszeit.

Die Bevölkerung stieg in allen Teilen Europas stark an. Folge davon waren große Siedlungsbewegungen, bei denen der noch reichlich vorhandene Urwald gerodet und unter den Pflug genommen wurde. Aber vor allem die Städte erlebten einen neuen Aufschwung, nach den Jahrhunderten des Verfalls und der Stagnation, die dem Ende des Römischen Reiches folgten. Sie blühten besonders auf im Rheinland, in Flandern und in der Lombardei. Das mit dem wirtschaftlichen Aufstieg wachsende Selbstbewußtsein des Bürgertums ließ vor allem die großen Handelsstädte zu den gesellschaftlich und politisch entscheidenden Zentren werden. Für die rechtlosen Massen auf dem Lande wurden Städte mit ihrem großen Bedarf an Arbeitskräften zum Sinnbild für Freiheit und Zukunft.

Es ist daher nicht verwunderlich, daß sich auch das kirchliche Leben in Städten konzentrierte. Universitäten in den Städten und nicht mehr abgelegene Klöster waren von nun an Träger von Forschung und Lehre. Waren die Benediktiner oder die Reformbewegungen der Zisterzienser und Karthäuser mit Bedacht vor allem in abgeschiedene Gegenden gezogen, um dort ungestört von der Welt leben zu können, so zogen seit dem 13. Jahrhundert die neuen Gemeinschaften der Franziskaner und Dominikaner vor allem in die Städte. Dort war ihr besonderes Aufgabenfeld unter Armen wie Reichen.

Hauptziel der neuen Orden war es, durch Rückbesinnung auf die drei Prinzipien von Armut, Ehelosigkeit und Gehorsam eine grundlegende Erneuerung der Kirche zu bewirken. Während es die Zisterzienser durch besonders strikte Beachtung des benediktinischen Gebotes, „Ora et labora", versuchten, wählte der heilige Franziskus den Weg der totalen Armut. Doch nicht nur neue Orden entstanden.

Entwicklung des Beginenwesens

Eine völlig neue Lebensform wurde im Land an Rhein und Maas in den zu Beginn des 13. Jahrhunderts entstehenden Beginenhöfen gefunden, die von Anfang an großen Zulauf hatten. In Entsprechung zu dieser besonderen Lebensform für Frauen gab es auch einen männlichen Zweig, die Begarden. Der Ursprung dieser Zusammenschlüsse lag in der Bewegung des apostolischen Lebens, die im 12. Jahrhundert Priester und Laien gleichermaßen erfaßt hatte. Sie wurden besonders gefördert durch die geistlichen Weisungen des Lütticher Pfarrers Jacob von Vitry (um 1170–1240) an den Konvent der Begine Maria von Oignies (1177–1213), einer Konverse (Laienschwester) des Zisterzienserordens. Das IV. Lateran-Konzil von 1215 hatte neue Ordensgründungen grundsätzlich verboten, um die Reformbewegungen überschaubar zu halten. Dennoch gelang es Jakob von Vitry im Jahre 1216 von Papst Honorius III. die Erlaubnis zu erhalten, daß „religiös gesinnte Frauen" gemeinsam wohnen und „sich gegenseitig zum Gebet ermahnen" durften.

Innere Organisation der Beginenhöfe

Beginenhöfe oder Beginenkonvente waren ursprünglich lockere Zusammenschlüsse von Frauen, die in diese Gemeinschaften ihr Vermögen einbrachten und sich mit ihren Mitschwestern der Krankenpflege, dem Dienst an Verstorbenen, der Mädchenbildung und auch der Anfertigung von Handarbeiten widmeten. Sie kannten zwar ein gemeinsames religiöses Streben, jedoch waren ihnen Ordensgelübde oder regelmäßiges gemeinsames Gebet ebenso fremd wie ein striktes Armutsgebot. Bis zur Annahme einer Ordensregel war es den Mitgliedern einer Beginengemeinschaft sogar erlaubt, zu heiraten. Ihr Suchen nach geistiger Wahrheit machte sie besonders empfänglich für alle Arten religiösen Eifers. So kam es gerade wegen des enormen Aufschwungs, den diese besondere Form der Frauenarbeit in der Kirche hatte, sehr bald zu Verdächtigungen, es handele sich bei den Beginen und ihrem männlichen Zweig, den Begarden, um außerhalb der Kirche stehende Sektierer. Schon Jacob von Vitry mußte die Gemeinschaft der Maria von Oignies zu Beginn des 13. Jahrhunderts gegen diesen Verdacht verteidigen.

Einige außerhalb der Kirche stehende Gemeinschaften ähnelten in ihren äußeren Formen den Beginen. Zu diesen gehörten unter anderem die Waldenser, Katherer (im Westen auch Albigenser, im Osten Bogumilen genannt)[1] und die „Brüder und Schwestern des freien Geistes". Die Waldenser predigten nicht nur ein strenges Armutsgebot, sondern lehnten auch die Kirche als Organisationsform ab, akzeptierten aber immer noch die Heilige Schrift als Glaubensquelle. Dagegen standen die beiden letztgenannten Gruppen wegen ihres Sonderbekenntnisses auch gegen Kernlehren der Kirche. Beide waren auch im Rheinland weit verbreitet.

Entwicklung der Beginen zu regulierten Gemeinschaften

In der Abgegrenztheit ihrer Gemeinschaften waren Beginen leicht für esoterische Gedankengänge oder auch moralische Einseitigkeit zu gewinnen. Die Lehren der eben erwähnten Sekten, ihre Jenseits-Bezogenheit, ihre Betonung gemeinschaftlichen Lebens, ihr bewußtes Anderssein, gar das Gefühl, allein auserwählt zu sein, fielen bei den Beginen gewiß eher auf fruchtbaren Boden, als beim übrigen, nach Besitz und individuellem Erfolg im Diesseits strebenden Stadtvolk. Daher war es nicht verwunderlich, daß Beginen und Begarden im Laufe des 14. Jahrhunderts von der Kirche aus ihren ursprünglich lockeren Gemeinschaften in Konvente mit fester Regel und geistlicher Betreuung überführt wurden.

Beginen nehmen Regel des hl. Augustinus an

Viele Konvente nahmen im Zuge der Umorganisation, vor allem nach der harten Verurteilung ihres oft wenig kirchlichen Lebens durch das Konzil von Vienne (1311/12), eine Regel an. Einige lebten von nun an nach den Lehren des hl. Augustinus, andere schlossen sich dem Dritten Orden des hl. Franziskus an.

Beiden Ordensregeln ist gemeinsam, daß sie den einzelnen Konventen genügend Freiraum zur Gestaltung der eigenen Tätigkeit lassen. Ebenso gemein ist ihnen die Verpflichtung zum gemeinschaftlichen Leben. Unterschiedliche Akzente werden in beiden Regeln in der Gewichtung einzelner Elemente gelegt. So betont die Regel des hl. Franziskus unter dem Eindruck des verschwenderischen Lebens in den Städten besonders das Armutsgebot, während die Regel des hl. Augustinus ein Leben in Liebe in einer Gemeinschaft Gleichgesinnter unterstreicht. Seine Regel entstand aus wegweisenden Briefen, die der Kirchenlehrer in den Wirren der Spätantike einer Gemeinschaft von Frauen schrieb. Schon Augustinus regte an, aus der Einsamkeit in die Städte zu ziehen, da dort das Aufgabenfeld der religiösen Gemeinschaften liege. Leben in der Gemeinschaft sollte sich also damals schon im Dienst an Außenstehenden, nach geistiger Wahrheit Suchenden bewähren.

Attraktivität des Beginentums

Frauen hatten einen bedeutenden Anteil an den neuen religiösen Bewegungen des 13. Jahrhunderts: So zählte allein der besonders strenge Prämonstratenserorden über 10 000 Nonnen; bei einer Gesamtbevölkerung Europas von nur 30 Millionen

Menschen! Neben den regulierten Ordensgemeinschaften hatten vor allem die Beginen einen großen Zulauf. Besonders groß war er schon vom frühen 13. Jahrhundert an in Köln. Hier entstanden im Laufe des 13. und 14. Jahrhunderts über 160 kleine Konvente mit jeweils 5 bis 30 Mitgliedern. Sehr große, oft Hunderte von Frauen beherbergende Konvente entwickelten sich vor allem in Flandern und Brabant, dort nahmen sie bald die Form großer Klöster an.

Als Auslöser für die ungewöhnlich kraftvolle Entwicklung, die das Beginenwesen im 13. und 14. Jahrhundert erlebte, werden immer wieder zwei Gründe angegeben. Zum einen wird Rechtlosigkeit der Frauen als einer der Beweggründe genannt. Zum anderen wird ein hoher Frauenüberschuß als Auslöser des starken Dranges von Frauen in religiöse Institutionen angeführt[2]. Tatsächlich hatte die verbindliche Einführung des römischen Rechts im Heiligen Römischen Reich in vielen Territorien eine Entrechtung der Frauen mit sich gebracht. Frauen jedoch, die in ein Stift oder einen Orden eintraten, konnten je nach Strenge der Regel weiter über ihr mitgebrachtes Vermögen verfügen. Alle übrigen Frauen waren nach römischem Recht in wirtschaftlichen Dingen von einem ihrer männlichen Verwandten abhängig.

Der darüber hinaus geltend gemachte Frauenüberschuß ist ausschließlich in großen Städten nachweisbar, während die Beginen sich aus Stadt und Land gleichermaßen rekrutierten.

Können jedoch Rechtlosigkeit, ein mancherorts vorhandener Frauenüberschuß oder soziale Abgrenzungen allein Auslöser einer solch machtvollen Bewegung gewesen sein?

Eher waren es die Suche nach religiöser Klarheit sowie der Wunsch, angesichts wachsender Not karitativ tätig zu werden, die das Leben als Begine für Frauen aus allen Schichten so anziehend gemacht haben. Dazu kam sicherlich die weitgehende, auch wirtschaftliche Freiheit im Konvent.

Die Entwicklung des Beginenwesens in der Stadt Köln dokumentiert besonders deutlich die Anziehungskraft dieser Bewegung.

Beginen im mittelalterlichen Köln

Vor allem in Köln fand die neue Bewegung des Beginentums großen Anklang. Dafür waren die besonderen gesellschaftlichen und ökonomischen Bedingungen des zu Wohlstand gekommenen politischen und kulturellen Mittelpunktes des Rhein-Maas-Landes von besonderer Bedeutung.

Köln war als Stadtgebilde im 11. und 12. Jahrhundert noch weitgehend an die Grenzen der römischen Gründung gebunden. Die Stadt lebte nach dem Abzug der Römer weiter als Hauptstadt der ripuarischen Franken, später dann als Hauptort des Rheinlandes unter den Merowingern. Auch der Bischofssitz blieb erhalten. War erst Ende des 6. Jahrhunderts unter den Merowingern ein Teil Kölns zerfallen, so wurde die nachhaltigste Zerstörung erst 881 durch einen Überfall der Normannen bewirkt (den „Hunnen" der Ursulalegende). Diese Zerstörung war jedoch gleichzeitig der Beginn des Aufstieges zur größten deutschen Stadt des Mittelalters. Der besondere Reichtum, den Köln in dieser Blütezeit erwarb, ist eine der Voraussetzungen für die Ausprägung einer besonderen Form mittelalterlichen Frauenlebens, der Organisationsform der Beginen und deren krankenpflegendem Zweig, der Cellitinnen.

Kölns Aufstieg zur unabhängigen Macht

An einer gut zu überquerenden Stelle des Rheins gelegen, im Schnittpunkt alter Handelswege, konnte sich Köln nach dem Normannenüberfall zu einer neuen Blüte entwickeln. Mehrfach wurden seit der Mitte des 10. Jahrhunderts die Mauern verstärkt und die neu entstandenen Vorstädte mit in den Verteidigungsring einbezogen. Die Sicherung des Rhein-Maas-Gebietes, die Einbindung des alten Sachsenreiches in das ostfränkische Reich, die Abwehr der Ungarngefahr und die Konsolidierung der ostfränkischen Herrschaft in Lothringen und Norditalien eröffneten dem Fernhandel zuvor kaum dagewesene Möglichkeiten. Das Stapelrecht für alle Waren, die an Köln vorbei auf dem Rhein transportiert wurden, sicherte der Stadt Rohstoffversorgung und Handelsmöglichkeiten.

Seit dem 9. Jahrhundert waren die Kölner Erzbischöfe auch

politische Herrscher. Sie gerieten schon bald in Konflikt mit dem wirtschaftlich erstarkten Bürgertum. 1180 erhielt Köln die zweitgrößte Stadtmauer des europäischen Mittelalters. Diese noch auf Betreiben der Bischöfe erbaute Anlage schützte die Stadt über 600 Jahre lang vor Besetzung und Plünderung. Kölns zu Wohlstand gekommene Bürger haben sich 1288 nach vielen vorausgegangenen Versuchen in der Schlacht von Worringen ihre Unabhängigkeit von der weltlichen Macht der Erzbischöfe erfochten. Den Endpunkt dieser Entwicklung stellt die im Verbundbrief der Gaffeln von 1396 festgelegte frühdemokratische Verfassung dar.[3]

Kirche in Köln

Die endgültige Vertreibung der Bischöfe hatte auf die kirchliche Organisation Kölns wenig Einfluß, sie wurden als religiöse Autorität auch weiterhin anerkannt. Die großen Stifte blühten im Schutze der Stadtmauer weiter. Obwohl vor Eingriffen der Stadtgemeinde immun, stellten sie als Auftraggeber einen erheblichen Wirtschaftsfaktor dar. Angehörige der 3 Damen- und der 7 Herrenstifte waren meist Adelige, Töchter und nachgeborene Söhne, in der Regel nicht aus Köln selbst stammend. Auch die großen Orden hatten selbstverständlich ihre Niederlassungen in Köln: Zisterzienserinnen und Antoniter wie auch männliche und weibliche Zweige der Benediktiner, Augustiner und Karmeliter. Die Bettelorden fanden hier ebenfalls günstige Bedingungen. Einerseits war neben einer reichen Oberschicht eine sehr breite Schicht wohlhabender Handwerker vorhanden, die ihre Finanzierung sicherstellten, andererseits kamen durch die frühkapitalistische Ordnung der Stadt vielfältige Aufgaben auf sie zu: Armen- und Krankenpflege ebenso wie Bildungswesen und Predigt.

Gesellschaftliche Stellung Kölner Frauen

Eine in Wohlstand und großen persönlichen Freiheiten begründete Besonderheit Kölns war die große Unabhängigkeit, die auch unverheiratete oder verwitwete Frauen in wirtschaftlichen und rechtlichen Angelegenheiten hatten. Frauen, ob verheiratet

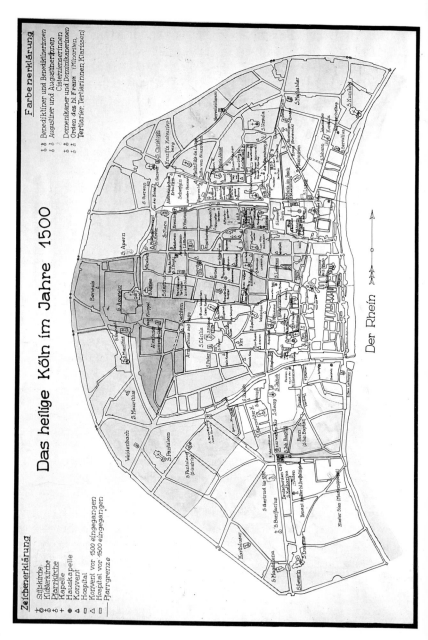

Kirchliche Einrichtungen, Klöster und Konvente in Köln um 1500.

oder nicht, verfügten in Köln unbeschränkt über ihren Besitz. Sie waren voll rechtsfähig; von ihnen abgeschlossene Verträge wurden genauso anerkannt wie ihr Zeugnis vor Gericht. Sie konnten Mitglied der meisten Zünfte werden, ja es gab sogar solche, in denen Frauen dominierten. Auch waren Frauen als Leiterinnen von Handelshäusern im mittelalterlichen Köln nicht ungewöhnlich. Da die Zünfte über die Gaffeln im Rat der Stadt vertreten waren, konnten Frauen im mittelalterlichen Köln auch gewissen politischen Einfluß ausüben. Dies war gewiß ungewöhnlich, auch für das in Frauenfragen im Vergleich zur Reformationszeit oder zum 19. Jahrhundert viel freiere Hochmittelalter.[4]

Wachsen Kölner Beginenkonvente

Gerade die Freiheit und Unabhängigkeit, die Frauen in Köln genossen, sind für die Suche nach dem Anlaß des Kölner Beginenwesens von einiger Bedeutung!

Denn es gab für Frauen, die eine geistliche Aufgabe suchten, eine Fülle von Angeboten, seien es Klöster der alten Orden, Stifte für wohlhabende Damen oder Gemeinschaften der Bettelorden. Aufgaben im Bereich der Seelsorge, der Caritas oder ausschließlich dem Gebet verpflichtetes Leben standen zur Wahl. Auch für mittellose Frauen gab es eine Reihe von Möglichkeiten, ihre religiösen Werke auszuführen. Dafür sorgten vielerlei Stiftungen, von denen einige ausdrücklich für „sorores pauperes", mittellose Frauen, errichtet waren. Dennoch nahm gerade das Beginenwesen in Köln an Umfang zu. Waren es um 1290 noch 52 Konvente, zählte die Stadt 100 Jahre später sogar 135. Schon im Jahre 1243 gibt Matthäus von Paris die Zahl der Kölner Beginen mit 2000 Frauen an, also etwa 10 % der Gesamtbevölkerung der Stadt. Mag diese Zahl damals auch gewiß übertrieben gewesen sein, zeigt sie doch, welchen Eindruck gerade Kölns Beginenwesen gemacht haben muß.

Umwandlung Kölner Beginenkonvente in Cellitinnenklöster

Auch in Köln war die von kirchlicher Seite geforderte Einordnung des Beginentums in das Ordenswesen im 15. Jahrhundert erfolgreich, und viele der in der ambulanten Krankenpflege tätigen Beginenkonvente nahmen die Augustinusregel an. Diese Wartenonnen nannten sich seit Ablegung von Gelübden im Erzbistum Köln auch Cellitinnen. Die Herkunft ihres Namens ist unklar, er ist gewiß eine Analogie zu dem Männerorden der Celliten. Ob dieser jedoch den Namen aufgrund seiner Herkunft aus Eremitengemeinschaften (Zellbrüdern) erhielt oder wegen seiner Aufgaben für Verstorbene (cella grave: mittelhochdeutsch für Grab ausheben), ist heute nicht mehr eindeutig festzustellen.

Einer dieser in ein Kloster umgewandelten Konvente, das Kloster der Cellitinnen zur hl. Elisabeth in der Antonsgasse, heute in der Gleueler Straße liegend, besteht seit 1312.

Die meisten anderen Kölner Cellitinnenklöster dagegen wurden in französischer Zeit aufgelöst.

Regulierte Beginenkonvente in Köln

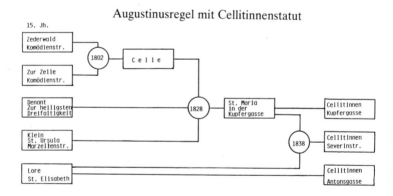

Augustinusregel mit Cellitinnenstatut

Augustinusregel ohne Cellitinnenstatut

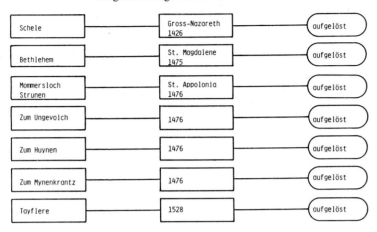

Schele	Gross-Nazareth 1426	aufgelöst
Bethlehem	St. Magdalene 1475	aufgelöst
Mommersloch Strunen	St. Appolonia 1476	aufgelöst
Zum Ungevoich	1476	aufgelöst
Zum Huynen	1476	aufgelöst
Zum Mynenkrantz	1476	aufgelöst
Tayflere	1528	aufgelöst

Regel des heiligen Franziskus

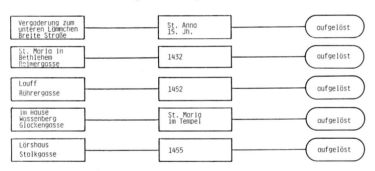

Vergaderung zum unteren Lämmchen Breite Straße	St. Anna 15. Jh.	aufgelöst
St. Maria in Bethlehem Rejmergasse	1432	aufgelöst
Louff Röhrergasse	1452	aufgelöst
im Hause Wassenberg Glockengasse	St. Maria im Tempel	aufgelöst
Lörshaus Stolkgasse	1455	aufgelöst

Dritte Regel des heiligen Franziskus

Grasloch Gerenostraße	1484	aufgelöst

Regel des heiligen Dominikus

St. Gertrud	1287	aufgelöst

Überleben der Cellitinnen bis in die Neuzeit

War es im Mittelalter das Suchen nach religiöser Wahrheit in der Freiheit und im Schutz eines Konvents, das im Dienst am Kranken seine Erfüllung fand, so waren es im 19. Jahrhundert wachsende soziale Not und politischer Druck, die eine besondere Antwort gerade auch von seiten christlicher Frauen erzwangen. Auch hierbei hatten in Köln Cellitinnen wieder einen entscheidenden Anteil. Dabei stellt sich die Frage, wie es kam, daß sich diese Institution des Mittelalters über die Wirren der Reformationszeit, den Dreißigjährigen Krieg und das absolutistische Zeitalter hinüberretten konnte, um dann aus kümmerlichsten Resten in neuer Verfassung zur heutigen Bedeutung aufzusteigen.

Wieder scheint zunächst ein Blick auf historische Vorgänge notwendig, wieder erkennt man die besondere Situation im Rheinland, die das Leben der Cellitinnen gefördert hat.

Wirtschaftliche Stagnation und politischer Niedergang Kölns

Vom Dreißigjährigen Krieg und den nachfolgenden großen europäischen Konflikten verschont, kämpfte Köln dennoch seit der Mitte des 17. Jahrhunderts gegen den wirtschaftlichen Niedergang. Köln war und blieb in seinen äußeren und inneren Strukturen eine Stadt des Mittelalters. War die frühdemokratische Verfassung der Stadt zwar zukunftsweisend, so diskreditierten und lähmten Korruption und Vetternwirtschaft im Rat der Stadt nachhaltig das politische System. Was einst ein besonderer Vorteil der Stadt war, ihre Freiheit von der weltlichen Autorität der Kölner Erzbischöfe, zeigte sich nun als wirtschaftlicher Nachteil, denn Köln blieb zwar frei, aber auch weitgehend isoliert. Zwar behielt die Stadt bis in die preußische Zeit hinein das Stapelrecht, das erst 1831 aufgehoben wurde, doch hatte der Rhein zunächst seine überragende Bedeutung als Handelsweg verloren. Viele Handelswege liefen seit langem an Köln vorbei.

War Köln auch von Kriegen verschont geblieben, so litten seine Handelsbeziehungen doch durch die entsetzlichen Menschenverluste in ganz Mitteleuropa. Alleine in unmittelbarer Nachbarschaft Kölns, im Bergischen Land, starben während des Dreißigjährigen Krieges 80 % der Bevölkerung. Während Handel und Gewerbe im Erzstift Köln und den übrigen Nachbarterritorien durch die Einführung von Manufakturen und industrieller Großproduktion langsam modernisiert wurden, blieb in Köln das starre Zunftrecht unverrückbar bis 1794 bestehen. Köln blieb allerdings ein Mittelpunkt des Druck- und Verlagswesens, seine Duftwasser- und Tabakindustrie erlangten sogar europäische Bedeutung.

Cellitinnenkonvente bleiben bestehen

Im wirtschaftlich zurückgebliebenen Köln konnte sich die Organisationsform der Cellitinnen ausgeprägter als an anderen Orten erhalten, weil ihr Aufgabengebiet und die Rahmenbedingungen ihrer Existenz sich nicht so entscheidend gewandelt hatten wie in manchen anderen Teilen Deutschlands. Allerdings hatte die Beginenbewegung längst nicht mehr die Kraft, die sie einst, 500 Jahre zuvor, hatte. Viele Konvente dienten nicht mehr als religiöse Institutionen, sondern ausschließlich der wirtschaftlichen und rechtlichen Absicherung ihrer Konventualinnen. Noch bis 1918, dem Jahr der Einrichtung eines zentralen städtischen Altenheimes, den Riehler Heimstätten, existierten in Köln eine Reihe ehemaliger Cellitinnenkonvente als Altenheime für unverheiratete oder verwitwete Frauen.

Köln unter französischer Herrschaft

Köln war schon zu Bedeutungslosigkeit abgesunken, als 1794 französische Revolutionstruppen bis an den Rhein stießen, Köln besetzten und durch immense Kontributionen ausplünderten. Dies und der fast völlige Zusammenbruch der Handelsbeziehungen ließen die Stadt in der Folgezeit rasch völlig verarmen. Mit revolutionärem Elan hoben die Vorkämpfer von Freiheit,

Totenzettel einer Begine aus dem Konvent zum Lämmchen an der Burgmauer, 1793.

Gleichheit, Brüderlichkeit auch die Verfassung Kölns auf. Von nun an wurden Bürgermeister und Rat in Paris, in preußischer Zeit in Berlin ernannt. Die französische Revolutionsregierung sah das besetzte Land zunächst als reine Finanzquelle an. Dieser Zustand änderte sich erst, als mit dem Frieden von Lunèville im Jahre 1801 die definitive Angliederung an Frankreich erklärt und das Napoleonische Verwaltungssystem eingeführt wurde. Gleichzeitig war hiermit auch eine stärkere wirtschaftliche Förderung verbunden. Napoleon hinterließ in den eroberten Gebieten sein überragendes Gesetzeswerk, den Code Civil. Diese einheitliche Gesetzgebung, vor allem die dadurch erstmals verwirklichte Rechtssicherheit für alle Bürger, hatte bleibende Wirkung auf die moderne Rechtsprechung.

Für die kirchliche Verfassung Kölns hatte die französische

Herrschaft weniger positive Folgen. 1792 wurden in Frankreich alle Orden, auch die krankenpflegenden und unterrichtenden, aufgehoben und alle Hospitäler verstaatlicht. In Anlehnung an die französischen Verhältnisse erfolgte 1796 auch im besetzten Rheinland die Auflösung sämtlicher Klöster und Konvente durch das Pariser Direktorium. Nur die „nützlichen" Gemeinschaften, die sich der Pflege von Kranken in besonderen Anstalten („Krankensälen") widmeten, durften weiterbestehen. Die Güter und Fonds, aus denen sie ihre Arbeit finanzierten, sollten wie in Frankreich neu zu bildenden Hospitienverwaltungen bzw. Wohlfahrtsbüros unterstehen. Das Vermögen der übrigen Institutionen wurde den Hospitienverwaltungen zugesprochen, sofern es nicht zur Auszahlung von Pensionen diente, die Angehörigen aufgelöster Klöster gezahlt wurden. Jene damals nur noch als Altenheime genutzten Konvente der Cellitinnen blieben in dieser Funktion erhalten, verwalteten ihr Vermögen jedoch nicht mehr selbständig. Eine Lockerung der Verbote trat auch in Köln erst nach dem Friedensschluß zwischen französischem Staat und Kirche mit dem Konkordat des Jahres 1803 ein. Unter Napoleon, Nachfolger des Direktoriums, durften krankenpflegende und unterrichtende Kongregationen ihre Arbeit wieder aufnehmen.

Reorganisation des Krankenwesens

Die verschiedenen kirchlichen Hospitäler wurden zu zentralen Anstalten, den Bürgerhospitälern, zusammengefaßt. Großanstalten, die den gesamten Komplex sozialer Hilfen für Kranke, Sieche, Arme und Alte anboten, wurden in Italien schon im 15. Jahrhundert nach dem Vorbild islamischer Hospitäler gegründet. Im Deutschen Reich hatte dieses erfolgreiche System jedoch nur in Süddeutschland im Laufe des 17. Jahrhunderts Fuß fassen können. In Köln existierten bis 1804 zwar viele kleine Anstalten, im Hochmittelalter ebenfalls nach arabischem Vorbild gegründet, jedoch kein leistungsfähiges Krankenhaus im neuzeitlichen Sinne.

Sonderfall Kölner Cellitinnen

Die Kölner Situation war gänzlich anders als in Frankreich, wo die Borromäerinnen und Vinzentinerinnen im Laufe des 18. Jahrhunderts einen hervorragenden Hospitaldienst geschaffen hatten. Tatsächlich arbeitete keiner der mit der Versorgung Kranker beschäftigten Kölner Konvente in Krankensälen oder Hospitälern, alle widmeten sich der ambulanten Krankenpflege. Die Auflösung der Konvente hätte also im Rheinland katastrophale Folgen gehabt. Vielleicht war diese Gefahr Anlaß für den in Köln zuständigen Präfekten des Roer-Departements, Albert Méchin, sie gegen ausdrücklichen Befehl von der Auflösung auszunehmen. An Saar und Mosel wurde dagegen die Anweisung aus Paris buchstabengetreu erfüllt; die dort noch existierenden Cellitinnenkonvente gingen unter.

Das von Méchin bewirkte Weiterleben der in der ambulanten Krankenpflege tätigen Cellitinnenkonvente bewirkte deren Sonderstatus und sollte später entscheidende Bedeutung bei ihrer Loslösung von der Kölner Armenverwaltung erlangen. Die Kölner Cellitinnen waren weder aufgelöst, noch erfüllten sie die rechtlichen Kriterien, die ihr Vermögen der Hospitienkommission unterstellten, da sie nicht zu den Gemeinschaften gehörten, die in Krankensälen arbeiteten.

1803 jedoch waren die Cellitinnen der Hospitienkommission unterstellt. Auch ihre Vermögenswerte sollten von dieser Organisation verwaltet werden. In Köln beschränkte man sich auf gelegentliche Rechnungsprüfungen und überließ die Verwaltung weitgehend den Oberinnen.

Krankenversorgung im Bürgerhospital

Hauptaufgabe der im Rheinland zu reformierenden Hospitäler war vor allem die Versorgung Alter und Siecher, weniger die Krankenpflege, die im wesentlichen den Wartenonnen (Cellitinnen) und den Alexianern (Celliten) oblag. Wer krank war, ließ sich in den Städten entweder von Wartefrauen oder in der Krankenpflege erfahrenen Familienmitgliedern zu Hause versorgen. Die Entwicklung des Hospitalwesens wurde durch die Zersplitterung der finanziellen Basis in vielerlei kleine Stiftun-

gen und Güter behindert. Diese wurde erst mit der zwangs-
weisen Zusammenfassung unter die Kontrolle der Hospitienkommissionen beendet. Die Krankenpflege wurde in Kölner
Häusern oft von ungelerntem Personal als eine Tätigkeit neben
anderen erledigt. Anders als in Frankreich wurden die neu-
entstandenen oder umgeformten Hospitäler im besetzten Rheinland von Anfang an mit besseren Finanzen ausgestattet, was
ihrer Entwicklung gewiß förderlich war. Allerdings blieben ihre
Aufgaben noch lange Zeit hauptsächlich im Bereich der Betreuung Mitteloser. So diente auch das von der Hospitienkommissionen 1804 in Köln gegründete zentrale Hospital, das Bürgerhospital, Ort der späteren Ordensgründung, in den Gebäuden
des aufgelösten Cäcilienklosters mehr der Verwahrung armer
und alter Bürger als der medizinischen Krankenversorgung.

Bürgerhospital im Cäcilienkloster, Ansicht von Osten, April 1844.

Manches an der Organisation des Hospitals wirkt heute merk-
würdig, ist jedoch aus dessen besonderer Situation durchaus
verständlich. Es wurden nur Pfleglinge aufgenommen, die von
der Hospitienkommission eingewiesen worden waren. Sie waren
mittellos und auf finanzielle Unterstützung angewiesen. Wer
etwas Geld besaß, nahm in der Regel kein Institut der öffentlichen Armenhilfe in Anspruch, sondern nutzte die von den
Cellitinnen und Alexianern angebotene ambulante Pflege. So ist
es verständlich, daß die Hospitalinsassen, so gut es ging, noch
arbeiteten und dazu auch von der Verwaltung ausdrücklich
angehalten wurden. Noch 1872 wurde zwischen mitarbeitenden

und arbeitsunfähigen Invaliden unterschieden. Gewinn, der z. B. aus dem Verkauf von Handarbeiten erzielt werden konnte, wurde je zur Hälfte zwischen Armenverwaltung und Patient aufgeteilt. Reinigungsarbeiten oder Küchendienst wurden von den arbeitsfähigen Invaliden übernommen. Viele Kranke erhielten von Verwandten Essen, auch Schnaps ins Hospital gebracht. In späteren Jahren sollte dieser Brauch Ärzten und Schwestern Probleme bereiten, da deren Diätpläne so natürlich völlig durcheinandergerieten. Im Jahre 1838 jedoch war diese Zusatzversorgung allseits höchst willkommen.

Köln unter Preußen

Die Niederwerfung der Napoleonischen Herrschaft 1814 und die auf dem Wiener Kongreß 1814/15 von den Großmächten Österreich, Rußland, Preußen und England beschlossene Neuordnung Europas bestätigte die Eingliederung der Rheinlande in den preußischen Staatsverband und beließ Köln zunächst im Zustand einer abseits gelegenen Provinzstadt, in den die Stadt im Verlauf des 18. Jahrhunderts, spätestens jedoch mit dem Jahre 1794 abgesunken war. Köln war Zentrum des katholischen Westens wie auch Hort des rheinischen Jakobinertums. Daher nahmen die neuen Herren ihren Sitz an anderer Stelle. Letztendlich wurde das Residenzstädtchen Düsseldorf zum Sitz des Rheinischen Landtages, die Provinzialverwaltung residierte seit 1822 in Koblenz. Die von den französischen Revolutionären wegen ihrer oppositionellen Haltung geschlossene städtische Universität wurde nicht wieder errichtet, statt dessen die Bonner Hochschule erneut bestätigt. Köln wurde allerdings Sitz des Rheinischen Appellationsgerichtshofes, später ein Kern der freiheitlich-demokratischen Opposition in Preußen.

Bevölkerungsanstieg – wachsende Not

Das Stadtgebiet wurde zur Festung erklärt und mit einem System von Bastionen und Festungswerken umgeben, an die noch heute die Grüngürtel entlang des inneren und äußeren Festungsrings erinnern. Dieses Korsett sollte Köln lange in seiner Entwicklung hemmen; denn wenn auch der mittelalterliche Strom in die Stadt schon erheblich war, so glich die im Industriezeitalter erfolgte Vergrößerung der Bevölkerung einer Sintflut. Bald waren nahezu alle noch freien Flächen innerhalb der Mauern besiedelt. Wo vorher noch Gärten und Wiesen gewesen waren, erhoben sich nun dichtbebaute Wohnquartiere. Schon 1813 war mit fast 47000 Einwohnern die Höchstzahl der mittelalterlichen Bevölkerung (40000) weit überschritten. 25 Jahre später, 1838, lebten in den Mauern der Stadt schon fast 70000 Menschen. In der zweiten Hälfte des Jahrhunderts konnte Köln selbst den Bevölkerungszuwachs nicht mehr fassen; es entstanden in rascher Folge neue Pflanzstädte Kölner Bürger. Erst nach der Entfestigung, mit dem Abriß der mittelalterlichen Stadtmauer im Jahre 1881, wuchsen diese neuen Stadtteile mit der Altstadt zusammen.

Überbevölkerung, aber auch nicht vorhandene Kanalisation und mangelnde Trinkwasserversorgung waren Ursache für Kölns Ruf, eine der schmutzigsten Städte Europas zu sein. In jenen Jahren waren der intensive „Duft" der Stadt und der ihrer ganz anders gearteten berühmten Riechwässer Anlaß zu mancherlei Spott. Die bauliche Substanz, vor allem in den Altbaugebieten, aber auch in den seit 1813 neu errichteten Quartieren litt durch die extreme Überbelegung erheblich, weite Bereiche entwickelten sich zu Elendsquartieren.

Diese durch die preußischen Festungsbauten noch verstärkte Enge hatte zusammen mit den unzureichenden hygienischen Verhältnissen katastrophale Folgen: Cholera- und Thyphusepidemien waren immer wiederkehrende Ereignisse. Welchen Effekt die allgemein übliche 14–16stündige Arbeitszeit hatte, ist leicht zu ermessen. Als große Leistung im Sinne sozialer Reform ist da der Beschluß des Rheinischen Provinziallandtages vom Jahre 1837 zu verstehen, Kindern unter 10 Jahren die Arbeit in Fabriken zu verbieten. Die Arbeitszeit von älteren Kindern sollte zudem auf „nur" 10 Stunden täglich beschränkt werden! Dabei gilt es noch zu bedenken, daß bis in unser Jahrhundert hinein der Sonntag als Arbeitstag galt und Urlaub nur den höheren Ständen möglich war.

Lohndrückerei und immer wiederkehrende Arbeitslosigkeit ließen Unterernährung zur Volkskrankheit werden. Besonders Kinder litten darunter. Schwer betroffen waren sie auch von der Volksseuche Alkoholismus. (Es war in weiten Kreisen üblich, Säuglinge mit Schnaps ruhigzustellen!) Die zunehmende Verelendung und mangelnde soziale Bindungen förderten Tuberkulose ebenso wie Geschlechtskrankheiten. Flöhe, Läuse, Milben und Zecken waren allgegenwärtige Plagegeister. Kölns negative soziale Entwicklung wurde zunächst auch nicht von dem wirtschaftlichen Aufschwung gemildert, den das gesamte Rheinland nach 1814 erlebte. Die wirtschaftliche Wiederbelebung wurde besonders gefördert durch den Abbau der Binnenzölle im Deutschen Bund und seit 1839 durch den raschen Ausbau des westdeutschen Eisenbahnnetzes mit Köln als Mittelpunkt. Die Dampfschiffahrt ließ den Transport großer Gütermengen in alle Richtungen zu. Der Fluß selbst zog viele Betriebe an, vor allem die chemische Industrie. Das wirtschaftliche Hinterland Kölns, Eifel und Bergisches Land, in den drei Jahrhunderten zuvor fast restlos entwaldet, wurde im Verlauf des 19. Jahrhunderts energisch wieder aufgeforstet[5] und damit langfristig als Rohstofflieferant, aber auch als Absatzmarkt gesichert. Verbesserte Hafenanlagen und vielerlei neue Betriebe in Köln und der näheren Umgebung brachten neue Arbeitsplätze. Dennoch blieben viele Kölner weiter von der Unterstützung durch die Armenverwaltung abhängig. Im Winter 1816/17 waren es 18 000 von 56 000 Einwohnern, 1848 immer noch 25 000 von 98 000 Einwohnern.[6]

Einrichtung der Armenverwaltung

Die in französischer Zeit entstandenen Hospitienkommissionen und Wohlfahrtsbüros wurden in Preußen im Jahre 1818 in Armenverwaltungen, kontrolliert von Armenkommissionen, zusammengefaßt. Sie blieben bis 1871 als Körperschaften des öffentlichen Rechts bestehen und waren grundsätzlich unabhängig von der übrigen Stadtverwaltung. Zu Vorsitzenden wurden jedoch recht bald die Bürgermeister der betreffenden Gemeinden berufen, somit war eine Verbindung zum Rat geschaffen. Die Armenverwaltungen waren diesem gegenüber berichtspflichtig. Der Rat hatte, ohne einen Einfluß auf die Arbeit der Armenverwaltung zu haben, ein eventuelles Defizit abzudecken. Ihre Mitglieder (Deputierten) wurden durch die Regierungspräsidien ernannt.

41

Katholisches Köln

Die kirchliche Verfassung Kölns hatte unter französischer Herrschaft besonders gelitten. 1802 wurde das Erzbistum Köln in seinem linksrheinischen Teil aufgelöst und durch das französische Bistum Aachen ersetzt. Erst 1821 kam es zu einer Neuordnung der kirchlichen Organisation in Preußen. Die päpstliche Bulle „De Salute Animarum" stellte das Erzbistum Köln wieder her. Die Auflösung der Klöster hatte dem Weltklerus manchen Nachwuchs zugeführt, so daß die seelsorgliche Betreuung weniger gelitten hatte, als es nach der Zerschlagung der kirchlichen Hierarchie und Administration zu erwarten gewesen war. Der für die kirchliche Arbeit besonders positive Effekt der Säkularisation zeigt sich hier deutlich. Durch die Aufgabe der Territorialherrschaft wurde die Kirche wieder auf ihre eigentlichen Aufgaben verwiesen: Arbeit für und mit Menschen, nicht Herrschaft über sie.

Das preußische Recht ließ, anders als das französische, Klostergründung prinzipiell zu. Doch wurden Neugründungen sehr restriktiv gehandhabt; sogar alte Orden, mit Ausnahme der caritativen, litten lange unter einem Verbot zur Neuaufnahme von Novizen. Im Rheinland galt, hemmend für die kirchliche Entwicklung, zudem bis 1850 zweierlei Recht: links des Rheins der Code Civil, rechtsreinisch das Allgemeine Landrecht.

Im Gebiete des Allgemeinen Landrechtes von 1794 stand dem Staat unter anderem zu: Religionsgrundsätze, die ihm unpassend erschienen, zu verwerfen oder zu untersagen, Bischöfe zu ernennen, auswärtigen Oberen, auch dem Papst, die Genehmigung zur Ausübung der Gewalt über ihre Gläubigen zu versagen oder Bullen und Briefe des Papstes vor Veröffentlichung zu genehmigen!

Auch im Geltungsbereich des Code Civil waren die individuellen Rechte der Kirche zugunsten einer nationalkirchlichen Tendenz zurückgedrängt. Das Konkordat zwischen Papst und Frankreich vom Jahre 1801 gewährte der Kirche zwar weitgehende Bewegungsfreiheit, doch wurden alle der französischen Staatsmacht widersprechenden Bestimmungen durch die von Napoleon eigenmächtig angehängten „organischen Artikel" wieder aufgehoben. Auch nach Erlaß der preußischen Verfassung von 1850 wurde das alte Recht von Preußens Nationalliberalen noch zum Anlaß genommen, die freiheitlichen Regeln der neuen Verfassung zu unterlaufen. Der oft hart ausgefochtene Gegensatz zwischen evangelisch-preußischer Herrschaft und dem katholisch geprägten Rheinland störte jahrzehntelang das Verhältnis von Kirche und Staat, zwischen Orden und staatlicher Verwaltung. Erst mit der Zerschlagung Preußens im Jahre 1945 galten Katholiken endgültig nicht mehr als „Reichsfeinde".

Seit Preußen mit der Annektion Westpolens und der Einverleibung Westfalens und des Rheinlands erhebliche katholische Bevölkerungsanteile (40 %) in seinen Grenzen zählte, war es erklärte Bestrebung seiner Staatsführung, diesen Anteil zugunsten der lutherischen Staatskirche zurückzudrängen. Daher die 1803 erlassene und 1825 auf das ganze Land ausgedehnte Anweisung, Kinder im Falle von Mischehen nach der Konfession des Vaters zu erziehen und zu taufen. Damals war dies fast immer gleichbedeutend mit der Heirat eines aus Kernpreußen in die katholischen Randgebiete versetzten lutherischen Vaters.

Kirche in Opposition

Erster Inhaber des wieder besetzten Kölner Bischofsstuhls wurde 1825 August Graf Spiegel. Kölns neuer Oberhirte verteidigte als Erzbischof die Eigenständigkeit der Kirche gegenüber König und Regierung. In der Frage der Mischehen ließ sich Spiegel in seinen letzten Amtsjahren allerdings auf einen folgenreichen Kompromiß mit der Regierung ein. Er wies seine Pfarrer an, bei Mischehen stillschweigend die vom Staat geforderten Regelungen zur Kindererziehung zu akzeptieren. Sein Nachfolger Clemens August von Droste zu Vischering (1773–1845), seit 1835 Erzbischof, hielt sich in dieser Angelegenheit jedoch streng an päpstliche Weisungen.

Er wurde wegen seiner Weigerung, diesen staatlichen Befehlen zu folgen, am 20. November 1837 heimlich in Haft genommen und auf der Festung Minden interniert. Er blieb dort ohne

Gerichtsurteil bis 1839 wegen „revolutionärer Umtriebe" in Haft. Sein Amtsbruder Martin von Dunin, Erzbischof von Gnesen-Posen, wurde 1839 aus gleichem Grunde 6 Monate lang gefangengehalten.

Das kompromißlose Durchsetzen preußischer Staatsmacht provozierte zunächst unter katholischen Intellektuellen, dann auch im gesamten Kirchenvolk Aufruhr und Empörung. Das harte und beleidigende Vorgehen bewirkte ein Aufbegehren im katholischen Teil Deutschlands. Die gesamte Kirche ging nun von der Abwehr der Zwangsmaßnahmen zur aktiven Gegenwehr über. In seinen letzten Regierungsjahren erkannte König Friedrich Wilhelm III. die Fehler seines Vorgehens und rehabilitierte beide Bischöfe. 1845 übernahm der Speyerer Bischof Johannes von Geissel (1796–1864), seit 1841 Koadjutor Droste-Vischerings, die Leitung des Kölner Erzbistums.

Friedrich Wilhelm IV., seit 1840 König von Preußen, zeigte sich ernstlich bemüht um einen Ausgleich. Äußeres Zeichen dafür war vor allem die seit 1842 von ihm als nationale Aufgabe propagierte Vollendung des Kölner Doms.

Reorganisation der Cellitinnenkonvente

Die Streitigkeiten zwischen Kölner Erzbischof und preußischer Regierung in den „Kölner Wirren" haben naturgemäß die Entwicklung der Kölner Cellitinnen beeinflußt. Lange Zeit lenkte das Bemühen, ihre Existenz gegen alle Angriffe seitens der Regierung juristisch abzusichern, den Blick von den eigentlichen Problemen dieser Gemeinschaften.

Statt ihre innere Verfassung zu stabilisieren, wurde alles unternommen, sie vor politischen Einwirkungen von außen abzugrenzen. Dabei wurden die Unzulänglichkeiten im Innern, Materialismus und mangelnde Religiosität der Konvente, allzu lange übersehen. Eine eindeutig positive Entwicklung begann daher erst mit dem Ende der Kölner Wirren 1838/40.

Schon Erzbischof Spiegel hatte ein besonderes Interesse an der Reform der Kölner Konvente gezeigt. Einer von staatlicher Seite geplanten Zusammenfassung zur wirtschaftlichen Gesundung der im Jahre 1825 noch bestehenden Konvente „Zur Heiligsten Dreifaltigkeit" in der Achterstraße, „Klein St. Ursula" in der Marzellenstraße, „Kloster Zelle" in der Komödienstraße und St. Elisabeth in der Antonsgasse widersetzte er sich. Er fürchtete wohl zu Recht, sie könnten durch noch stärkere Staatsaufsicht ihr religiöses Ziel aus den Augen verlieren. Für das 1828 aus den Konventen Zelle, Heiligste Dreifaltigkeit und Klein St. Ursula neu gegründete Cellitinnenkloster in der Kupfergasse erließ er jedoch im Einvernehmen mit dem Regierungspräsidium eine neue Satzung. Dieser Zusammenlegung hatte der Erzbischof zustimmen müssen, da alle drei Konvente in baufälligen Gebäuden leben mußten. Somit existierten seit 1828 nur noch zwei Wartenonnenklöster in Köln. Spiegel verhinderte zum Schutz der Cellitinnen sogar die von der Armenverwaltung zur wirksameren Krankenversorgung Kölns vorgesehene Ansiedlung fremder Genossenschaften wie der Borromäerinnen, die gewiß weitaus besser ausgebildet und zur Krankenpflege somit eher geeignet waren. Auch seine Nachfolger hielten lange an dieser Haltung fest und ermöglichten auf diese Weise die Reorganisation und qualitative Verbesserung der Cellitinnen, wenn auch der Antrieb dazu immer wieder von außen kommen mußte.

Eine neue Ordensgemeinschaft entsteht

Bürgerhospital – Keimzelle der Genossenschaft

In den 30er Jahren des 19. Jahrhunderts verschärften sich die sozialen Probleme in Köln. Auch die Lage im Bürgerhospital wurde durch Überbelegung und mangelhaft qualifiziertes Personal bedrohlich. Abhilfe sollte mit der Berufung von Cellitinnen in diese Einrichtung geschaffen werden. Da das 1804 in den Gebäuden des aufgelösten Cäcilienklosters eingerichtete Hospital Auslöser der Gründung von 1838 war, soll zunächst ein Blick auf diese Institution geworfen werden, um die Gründungsgeschichte besser beleuchten zu können.

Lage und Aufbau des Bürgerhospitals

Wer heute den Neumarkt in südöstlicher Richtung verläßt, stößt dort auf eines der Kölner Kulturzentren, die Kunsthalle mit den Gebäuden von Kunstverein, Volkshochschule und Stadtbibliothek. Östlich schließt sich die ruhige Zone um die beiden Kirchen St. Peter und St. Cäcilia an, zwischen der vielbefahrenen Cäcilienstraße und der Leonhart-Tietz-Straße. Den 1838 vorhandenen Zustand kann man nach Kriegszerstörungen und der Anlage der West-Ost-Achse im Verlauf der Cäcilienstraße nur noch erahnen. Damals lagen die beiden Kirchen noch inmitten eines Wohn- und Handwerkerviertels. Hauptverkehrsachsen waren damals die Schildergasse und die Sternengasse, heute bei St. Peter Leonhart-Tietz-Straße genannt. Östlich lag als Verbindung zur Schildergasse die Antonsgasse, Heimstatt des damals größten der Kölner Cellitinnenkonvente, St. Elisabeth. Südwestlich lag bis zu seiner vollständigen Vernichtung im Feuersturm des 2. Weltkrieges das dicht bebaute Griechenmarktviertel, heute als von Grün durchzogene Siedlung wiedererstanden. Aus dem Grundriß des Kunsthallenkomplexes kann man noch den Umfang erahnen, den das Bürgerhospital einst hatte. Die westliche Begrenzung stellt die Peterstraße dar, heute Fußweg zwischen Stadtbibliothek und Kunsthalle. St. Peter war die Kirche einer der reichsten Kölner Pfarreien. Sie wurde als einzige der an ein Stift angeschlossenen Pfarrkirchen nicht abgerissen, da Sankt Cäcilia nicht wie sonst die Funktion einer Pfarrkirche übernahm, sondern als Kapelle des Hospitals genutzt wurde.

Südwestlich der Klostergebäude schloß sich eine große Nutzgartenanlage an, durch deren Erträge die Gemüseversorgung des Hospitals gesichert war. Außerdem konnten hier noch 9 Milchkühe sowie 6–8 Ziegen gehalten werden.[7]

Die Räumlichkeiten des ehemaligen Klosters lagen westlich der Cäcilienkirche. Die Gebäude waren im 18. Jahrhundert neu errichtet worden, ihre Räume waren hoch und gut belüftbar. Der Bau hatte durch Plünderungen und die Vernachlässigung in der Zeit permanenter Kriege von 1794 bis 1814 gelitten, doch war die Substanz solide genug, um diese Phase zu überstehen. Belastend war allerdings die Nutzung von Teilen des Gebäudes

Verwaltungsbezirk St. Peter mit Cäcilienkloster und Kloster zur hl. Elisabeth, Antonsgasse (Lorenkonvent).

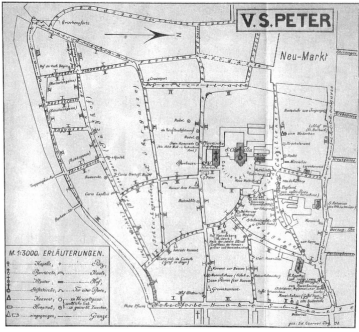

50

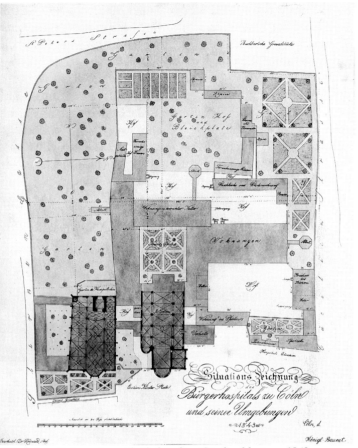

Bürgerhospital vor dem Abriß des alten Cäcilienklosters, 1843.

als Lazarett der Kölner Garnison sowohl durch die französische Armee als auch durch die nach 1813 hier stationierten Russen und Preußen. Erst später wurden diese Gebäudeteile an die Armenverwaltung abgegeben. Auch nach Übernahme des militärischen Teils diente das Hospital im wesentlichen weiter als Alten- und Pflegeheim. Der Bedarf an Plätzen für mittellose Kranke, die sich eine ambulante Krankenpflege nicht leisten konnten, stieg jedoch alleine schon durch die rapide Bevölkerungszunahme unaufhörlich an.

So begannen schon 1835 Überlegungen zu einem Neubau des Hospitals, der besonders auf die Bedürfnisse der Krankenversorgung abgestellt werden sollte. Im Jahre 1843 begannen die Arbeiten unter Leitung des Stadtbaumeisters J. P. Weyer. Während dieser Zeit wurde der Hospitalbetrieb in das Gebäude der Armenverwaltung im alten Minoritenkloster an der Rechtsschule verlagert. Eine Hälfte der Baukosten sollte von der Armenverwaltung, die andere Hälfte und der Schuldendienst von der Stadtgemeinde aufgebracht werden. Der Neubau wurde am 23. 12. 1847 von Erzbischof Geissel eingeweiht. Er war mit 545 000 Talern mehr als doppelt so teuer geworden als ursprünglich geplant. Eine Kostenüberschreitung, die letztendlich von der Stadt aufzubringen war.

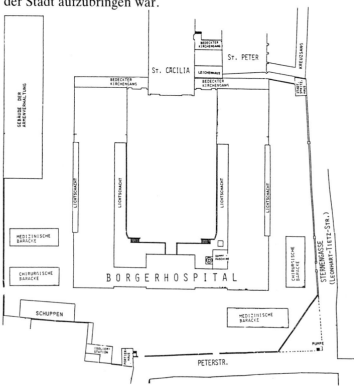

Bürgerhospital, Neubau von 1848. Nach einer Skizze aus dem Jahre 1881, im Stadtarchiv Köln (424-39-7).

1838: Cellitinnen im Bürgerhospital

Am 19. November 1838 begann eine neue Epoche für das gesamte Sozialwesen von Stadt und Kirche in Köln: An diesem Tag erging an die Oberinnen der Kölner Wartenonnenklöster die Aufforderung, Schwestern für das Bürgerhospital zu stellen. Vom 28. 11. 1838 an nahmen Wartenonnen (Cellitinnen) und Novizinnen aus dem Kloster zur heiligen Elisabeth in der nahe gelegenen Antonsgasse und dem Kloster zur hl. Maria in der Kupfergasse ihren Wohnsitz im Bürgerhospital.[8] Die Namen sind:

Sr. Dominika, geb. Katharina Barth, und
Sr. Xaveria, geb. Christine Lüssen, aus der Antonsgasse im Hospital seit 1838
Sr. Aloysia, geb. Katharina Tychon
Sr. Antonia, geb. Katharina Sporken, im Hospital seit Frühjahr 1839
gefolgt im Sommer 1839 von
Sr. Clara, geb. Katharina Penning
Sr. Clementine, geb. Susanne Faust
und den Novizinnen
Sr. Ignatia, geb. Dorothea Külpmann, aus der Kupfergasse
Sr. Theresia, geb. Helene Daniels, aus der Antonsgasse.

Ihr Übertritt in das neue Wirkungsfeld war gewiß ein Wagnis. Bisher in der häuslichen Krankenpflege eingesetzt, galt es für sie nun, sich streng geregelter Krankenhausarbeit unter ständiger Kontrolle der Ärzte zu unterwerfen. Dabei war diese Tätigkeit damals der Arbeit der Ärzte durchaus gleichwertig. 1838 war man bei fast völligem Fehlen ursächlich wirkender Medikamente zur Bekämpfung schwerer Erkrankungen auf Mittel und Vorgehensweisen angewiesen, die heute allenfalls noch als Hausmittel für leichte Fälle genutzt würden. Auch symptomunterdrückende Medikamente wie Schmerzmittel gab es noch nicht. Einzig persönlicher Einsatz, oft unter größter körperlicher Anstrengung, konnte eine Chance zur Heilung bieten. Man denke an Packungen und Wickel und das dazu notwendige Schleppen großer Kessel mit heißem oder kaltem Wasser – bei Fehlen jeglicher Wasserleitungen! Schutz gegen Infektionen gab es so gut wie nicht. Neben einer nicht obligatorischen Pockenschutzimpfung halfen nur beste Gesundheit, Robustheit und das, was man heute als ausgeprägte Grundimmunisierung bezeichnen würde. Im Dienst erworbene Infektionen gehörten in den ersten Jahrzehnten zu den häufigsten Todesursachen der Schwestern und sind erst mit der Einführung moderner Medikamente in der Mitte unseres Jahrhunderts hinter altersbedingte Todesursachen zurückgetreten. Tuberkulose, Cholera und Typhus forderten eine erschreckend hohe Zahl von Opfern.

Eine erste große Bewährungsprobe für die neue Schwesterngemeinschaft kam mit der Choleraepidemie, die Köln 1849 heimsuchte und bei der 573 von 1275 Erkrankten starben. Zu den Priestern, die den Schwerkranken und Sterbenden die Sakramente spendeten, gehörte auch der als „Gesellenvater" bekannt gewordene Adolf Kolping, der sogar seinen Wohnsitz im Hospital nahm. Bei der Pflege der Kranken, für die es damals kaum Hilfen gab, erwarben sich die Cellitinnen in weiten Kreisen, auch außerhalb der katholischen Bevölkerung, großen Respekt. Sichtbares Zeichen dafür wurde die Grabstätte auf dem Friedhof Melaten, die die Stadt der Genossenschaft zur Verfügung stellte; eine auch heute noch seltene Ehrung. Das dort errichtete Kreuz trägt die Inschrift: **„Die Stadt Coeln den hier ruhenden, zu allen Zeiten und besonders zur Zeit der Cholera-Epidemie 1849 treuen und aufopfernden Pflegerinnen ihrer Kranken, den Barmherzigen Schwestern des Bürgerspitals."**

Mangelnde Selbständigkeit

Die Cellitinnen im Bürgerhospital wurden Angestellte der Armenverwaltung, von dieser erhielten sie ein regelmäßiges Gehalt. Als in den drei Kölner Gemeinschaften der Cellitinnen 1862 allgemein das Armutsgebot eingeführt wurde, gewährte die Armenverwaltung diese Remuneration (Entschädigung) als „Kleidergeld" an die Oberin, später an die Generaloberin. Dazu kamen Unterkunft und Verpflegung.

Von Anfang an erhielt die kleine Gemeinschaft im Bürgerhospital eine eigene, selbstverantwortliche Oberin, die von den Schwestern gewählt wurde. 1838 war dies Sr. Aloysia Tychon (auch Dychong geschrieben), die 1839 bis 1843 von Sr. Ignatia Külpmann abgelöst wurde. Schwester Aloysia starb im Jahre 1855 an einer Hirnhautentzündung, mit der sie sich bei der Pflege zweier erkrankter Mitschwestern infiziert hatte. Obwohl von Anfang an von einer selbständigen Oberin geleitet, stand die kleine Gemeinschaft im Bürgerhospital weiterhin in einem engen Bezug zum Kloster zur hl. Elisabeth. Das dokumentiert sich besonders im Titel „**Dienstanweisung für die Vorsteherin und geistlichen Schwestern der im Bürgerhospital zu Cöln befindlichen Filial-Klostergemeinde der Zelliten in der Antonsgasse**".

Es lag offensichtlich zunächst keine Absicht vor, eine neue Genossenschaft oder auch nur einen neuen, unabhängigen Konvent zu gründen. Statt dessen war sowohl von seiten der Bistumsleitung als auch der Armenverwaltung geplant, die Angehörigen der noch bestehenden Klöster in der Antonsgasse und in der Kupfergasse nach und nach im Bürgerhospital für den Krankenhausdienst auszubilden und letztendlich alle drei Klöster in einer Organisation zusammenzufassen. Dazu kam es aus einer Vielzahl von Gründen nicht mehr.

Die Schwestern unterstanden nur bezüglich ihres geistlichen Lebens ihrer Oberin. Dienstrechtlich waren für sie die Entscheidungen der Armenverwaltung maßgeblich. Über Aufnahme und Entlassung von Aspirantinnen entschied die Armenverwaltung, die sich dabei ausschließlich von Etatdenken und anderen Nützlichkeitserwägungen leiten ließ. Die Zahl der Schwestern sollte 34 nicht überschreiten, Aspirantinnen mußten vor allem kräftig und gesund sein, schließlich erwartete sie 7 Tage in der Woche ein 12- bis 16stündiger Dienst.

Die „**Anweisung für die Oberin und geistlichen Schwestern**" (1840) regelt detailliert den Tagesablauf: von der Berichtspflicht über Einkäufe, über die Zahl der wöchentlich an Kranke und Invalide auszugebenden Bett- und Leibwäsche, über die Zusammensetzung des Essens und die Regeln für das gemeinsame Essen der Invaliden bis zu Öffnungs- und Schließzeiten der Invalidenstation und die Ausgangs- und Besuchsregeln für Kranke, Invaliden und Irre. Kein Wort fällt in dieser von Bistumsverwaltung und Armenkommission gemeinsam erlassenen Anweisung über den eigentlichen Anlaß des Lebens als Wartenonne, den religiösen Anstoß. Es ist daher von den Anfangsjahren im Bürgerhospital kaum bekannt, wie die Schwestern ihrem religiösen und gemeinschaftlichen Leben nachgehen konnten. Eine zusätzliche Einschränkung ihrer Lebensführung bewirkte das staatliche Verbot zur Ablegung ewiger Gelübde.

Entwicklung des Bürgerhospitals

Das Bürgerhospital hatte um das Jahr 1840 etwa 280 Plätze für Invalide und etwa 150 für Kranke. Als Invalide wurden im 19. Jahrhundert nicht mehr arbeitsfähige oder pensionierte alte Menschen bezeichnet. Die Zahlenverhältnisse änderten sich nach der Errichtung des Neubaus im Jahre 1849, bis im Verlauf der 70er Jahre des 19. Jahrhunderts die Zahl der Kranken jene der Invaliden überstieg. Ein Kostenplan aus dem Jahre 1872[9] legt die Zahl der Invaliden mit 372 fest, dazu kamen noch 24 im Hospitaldienst mitarbeitende Invaliden und 10 Pensionäre, d. h. Patienten, die die Pflegekosten selbst trugen. Die Zahl der Kranken betrug 352. In Pflege und Verwaltung waren beschäftigt: 43 geistliche Schwestern, 16 Wärter, d. h. Pfleger, und 44 Dienstboten, in diesem Falle Handwerker und deren Hilfskräfte. Neben je einem Oberarzt für die medizinische und die chirurgische Abteilung arbeiteten als Beamte noch ein Rektor, ein Sekretär und zwei Secundärärzte. Ober- und Secundärärzte hatten die Aufgaben der heutigen Chef- und Assistenzärzte.
1879 hatten sich die Zahlenverhältnisse schon stark verändert.[10] 287 Invaliden standen 496 Kranke gegenüber; 46 geistliche Schwestern und 17 Wärter arbeiteten in der Kranken- und Altenpflege. Das übrige Personal bestand aus 49 Dienstboten, den beiden Oberärzten und 7 weiteren Beamten.

Zwei Dokumente aus dem Jahre 1878 geben einen guten Überblick über die Verteilung und Aufgabenstellung der Schwestern, daher sei ihr Inhalt hier kurz wiedergegeben.[11] In den 7 Stationen der chirurgischen Abteilung standen insgesamt 312 Betten zur Verfügung. Hier arbeiteten 15 geistliche Schwestern und eine Aspirantin. In der medizinischen Abteilung befanden sich auf 6 Stationen 263 Betten. 10 Schwestern und 2 Aspirantinnen waren hier tätig. Die Wärter waren auf allen Stationen eingesetzt, vor allem aber auch in der Invalidenabteilung, wo insgesamt 165 Plätze für weibliche und 81 für männliche Invalide vorhanden waren. Für diese standen 4 Schwestern zur Verfügung, die von einer invaliden Schwester unterstützt wurden. Für den Fall einer Epidemie stand ferner immer eine Schwester im Pockenhaus bereit. Neben der Oberin fungierte je eine Schwester als Aufseherin für das Leinwandzimmer, das Nähzimmer, die Waschküche und das Badezimmer, das zugleich als Krätzstation diente. Die Torschwester war zugleich Aufseherin über die Irrenzellen, während die Ausbilderin der jüngeren Schwestern gleichzeitig im 1869 eingerichteten Mutterhaus Severinstraße als Vertreterin der Oberin fungierte. 1878 war dies die spätere Generaloberin Schwester Materna Diefenthal, „welche im Dienste der Kranken ein Auge verlor". Zwei invalide Schwestern, die krank bzw. taub waren, waren ohne Beschäftigung.

1872 und 1879[12] wurden durchschnittlich 14 Kranke und Invalide von je einer Schwester oder einem Wärter betreut. Die von der Armenverwaltung vorgegebenen Sollzahlen sahen 1872 16, 1878 nur noch 13 Patienten pro Pflegerin und Pfleger vor. Es war offensichtlich eine Verbesserung des Zahlenverhältnisses zwischen Pflegepersonal und Pflegeplätzen angestrebt. Doch blieb dieser Ansatz erfolglos, da 1878 die Zahl der Invaliden um 17 % über dem Plan lag. Endgültig gelöst wurde dieses Problem, das die eigentliche Krankenversorgung erheblich beinträchtigte, erst 1883. In diesem Jahr wurden die Invaliden aus dem Bürgerhospital in anderen Institutionen untergebracht. Damit stand das ganze Hospitalgebäude der Krankenpflege zur Verfügung. Anders war dagegen die Situation im ärztlichen Bereich. Hier war eine erhebliche Verschlechterung der Zahlenverhältnisse zwischen Ärzten und Kranken zu beobachten. 1872 kamen auf einen Arzt noch 88 Patienten, 1878 schon 124. Gleichzeitig vergrößerte die Armenverwaltung die Sollzahlen von 102 Patienten im Jahre 1872 auf 144 Patienten pro Arzt im Jahre 1878. Ein erstaunliches und schwer erklärbares Phänomen. Trotz der angestrebten Verbesserung blieben die Zahlenverhältnisse im Pflegedienst nach heutiger Beurteilung oft abenteuerlich.[13] So standen 1878 im Bereich der chirurgischen Abteilung in der Station Lidwina für Mädchen 36 Plätze zur Verfügung. Die Kinder wurden von einer Schwester und einer Aspirantin betreut, ggf. halfen Wärter beim Tragen und Umbetten. Gerade hier, in dieser Kinderstation, wo die Patienten besonderen Zuspruchs bedurften, stand aber genausoviel Personal zur Verfügung wie in der Station Cäcilia der chirurgischen Abteilung für erwachsene Frauen, wo 32 Betten von 2 Schwestern betreut wurden. In der Station Magdalena mit 19 Plätzen für weibliche Syphilis-Kranke arbeitete eine Schwester allein. In dieser wegen der problematischen Patientinnen, zumeist Prostituierte, besonders schwierig zu führenden Station tat Schwester Augustine Faust ihren Dienst, die mal als „etwas defect", mal „als kränklich" bezeichnet wird. In der Station Franziskus der medizinischen Abteilung mit 67 Betten wirkte die „sehr gebrechliche" Schwester Hildegard Schmitz mit einer anderen Schwester, einem Wärter und einer Aushilfsschwester.[14]

Dieser Personalmangel, aus der Weigerung der Armenverwaltung resultierend, weitere Schwestern über die Zahl von 43 im Bürgerhospital aufzunehmen, zwang zu ungewöhnlichen Notlösungen: In der penibel geführten „Zusammenfassung der per Januar 1875 geleisteten Nachtwachen von geistl. Schwestern im Bürgerhospital Cöln"[15] tauchen für die Station Elisabeth für Mädchen in der medizinischen Abteilung neben 185 halben Nächten zu je 6 Stunden von Schwestern und Aspirantinnen des Bürgerhospitals und 26 Nachtwachen, die von Schwestern aus dem Mutterhaus in der Severinstraße geleistet wurden, 10 Nachtwachen auf, die von Dienstboten und 7, die von Kranken gehalten wurden!

Wenn im Zusammenhang mit dem Bürgerhospital von Kranken

Neubau des Bürgerhospitals. Innenhof mit Cäcilienkirche. Ansicht von Westen, etwa 1880.

die Rede ist, so darf nicht unerwähnt bleiben, daß damit fast ausschließlich akut Kranke gemeint waren, nicht jedoch Patienten, bei denen ein rascher Heilerfolg nicht zu erwarten war. Die Aufnahme von Kranken und Invaliden in das Bürgerhospital regelte die Kölner Armenordnung von 1847, die ausdrücklich vorschrieb, daß zur Aufnahme nur solche Personen vorgeschlagen werden sollten, deren Heilung zu erwarten sei. Diese Regelung schloß somit auch Patienten aus, die zum Beispiel an Krebserkrankungen litten und auch damals schon durch eine sachgerechte Behandlung eine erhebliche Linderung ihrer Leiden hätten erwarten können. Sie wurden hauptsächlich aus Ersparnisgründen nicht aufgenommen und blieben auf die häusliche Krankenpflege durch die Cellitinnen aus der Antonsgasse und der Kupfergasse beschränkt. Oft genug waren sie jedoch allein auf die Hilfe ihrer Angehörigen angewiesen oder völlig sich selbst überlassen. Erst 1855 konnte zumindest die Betreuung unheilbar Kranker männlichen Geschlechts durch die Stif-

59

tung der Anna Maria de Noël erleichtert werden, die nach dem Tode der Stifterin im Jahre 1861 von der Armenverwaltung weiterbetrieben wurde. Ebenfalls 1855 wurde der Neubau des Marienhospitals bei St. Kunibert in der nördlichen Altstadt initiiert, der 1864 fertiggestellt wurde. Träger war ein katholischer Verein, der sich die Sorge um unheilbar Kranke und Pflegefälle zu eigen gemacht hatte. Trotz Anfeindungen seitens der Stadtverwaltung, die vor allem in der Zeit des Kulturkampfes laut wurden, entwickelte sich dieses Hospital bald zu einer auch die Akutversorgung umfassenden Anstalt.

Speiseregulativ und andere Sparmaßnahmen

Zwei wesentliche Hemmnisse blockierten in den ersten 30 Jahren ihres Bestehens die Entwicklung der kleinen Ordensgemeinschaft im Bürgerhospital: politisch bedingter Druck auf ihre innere Organisation und damit einhergehend „Sparsamkeit" der Armenverwaltung um fast jeden Preis. Zu letzterem lassen sich einige drastische Beispiele aufführen, die unter unseren heutigen, großzügigen Bedingungen unvorstellbar sind.

1868 spitzte sich eine Debatte um „Verschwendung" im Bürgerhospital, durch einige Presseartikel gefördert, scharf zu. Ursprünglich nur Thema von Honoratioren-Stammtischen, entwickelte sich diese Auseinandersetzung zum Stadtgespräch, bis ihr am 27. 2. 1868 der Stadtverordnete Dr. Fischer, Geh. Sanitätsrat und bis 1874 Leiter der äußeren Abteilung der Armenverwaltung, seit 1841 im Bürgerhospital, in einer mit viel Witz und Ironie vorgetragenen Rede die Spitze nahm.[16] Er machte damit endgültig den Weg frei für eine am Wohl der Kranken orientierte materielle Versorgung des Hospitals, frei von den Einfällen einiger Spargenies.[17] Fischers Rede schildert eindrucksvoll die Probleme von Ärzten und Schwestern mit dem „Speiseregulativ", einer Liste, die Umfang und Zusammenstellung der im Hospital gereichten Lebensmittel bestimmte. Das Speiseregulativ war 1859 von Mitgliedern der Armenverwaltung unter Vorsitz eines Kaufmanns nach dem Gesichtspunkt größtmöglicher Sparsamkeit erstellt worden.[18] Nichtarbeitende Altenheimbewohner erhielten automatisch die Ration gekürzt.

In dieser Vorschrift wurde zwar das vormittägliche Schnäpschen oder Glas Bier für die Dienstboten nicht vergessen, aber schon am Kaffee für die nachtwachenden Schwestern fehlte es. Dafür stand allen Schwestern täglich mehr als ein halber Liter Bier zu, das wegen der Ordensgepflogenheiten jedoch nur selten getrunken wurde. Die Unzulänglichkeiten der Patientenportionen glichen die Ärzte durch sogenannte Extraverordnungen aus, blieben dabei aber immer noch weit unter den Kosten vergleichbarer Häuser in anderen Städten.

Da die interessanten Ausführungen des Dr. Fischer zum Thema „Wie im Kölner Bürgerhospital Boullion ohne Fleisch gekocht wird" den Rahmen dieses Buches sprengen würden, möge die folgende Beschreibung eines kulinarischen Leckerbissens nur noch durch seine höchst aktuelle Beschreibung eines Weinkenners ergänzt werden: „Einen ganz besonderen Nachdruck legte man auf die ungeheure Zahl von Hahnenbraten, die man geradezu **Kostbarkeiten** nannte. Ach, meine Herren, wenn Ihnen auf ihren etwas sehr seltenen Gängen durch's Bürgerhospital ein solches unglückliches Herbsthuhn begegnen sollte, welches seinen dürren Leib zu dem stolzen Namen ‚Hahnenbraten' hergeben muß, so würde sich ihrem mitleidigen Herz sofort die Frage aufdrängen: Wäre es nicht besser, dem armen Vieh etwas zu fressen zu geben, als es zur Nahrung für andere Menschen zu bestimmen?"

Der schon angesprochene Mangel an ursächlich wirkenden Medikamenten läßt den Einsatz von heute ungewöhnlichen Mitteln sicher nicht verwunderlich erscheinen. So wurden im Bürgerhospital bestimmte Weine wegen ihrer mineralischen Bestandteile bevorzugt, z. B. Tokaier, der wegen seines Gehaltes an Kalziumphosphat bei Rachitis mit gewissem Erfolg einsetzbar war. Andere Weine, schwere, süße Qualitäten, hatten sich bei der Ernährung jener bewährt, die andere Nahrung nicht mehr zu sich nehmen konnten.

Auswahl und Einkauf der Weine besorgten aber weder Ärzte noch Apotheker nach medizinisch-chemischen Gesichtspunkten, sondern „Sachverständige" der Armenverwaltung, deren Wirken Fischer so beschreibt:

„Ist von Anschaffung des Weins die Rede, so treten bei uns sofort die sogenannten Weinkenner in den Vordergrund. Es sind das Sachverständige, die uns weis machen wollen, daß ihr, auf dem Geruchs-, Gesichts- und Geschmackssinn basiertes Urteil unfehlbar und untrüglich sei. Diese Herren halten das Probeglas gegen den Tag, riechen daran, nehmen einen Schluck in den Mund, speien ihn unter namhaftem Geräusch wieder aus, nehmen noch einen Schluck, falten die Zunge schaufelförmig zusammen, bulbern den Wein gegen den Gaumen, verdrehen dabei convulsivisch die Augen, daß man die Pythia auf dem Dreifuß von Delphi zu sehen glaubt, setzen das bisher in der Hand gehaltene Glas langsam und zögernd auf den Tisch, und verkünden mit einem Ernste, der einer besseren Sache würdig wäre, ihren Orakelspruch. Solche Gelehrte können wir Ärzte nicht gebrauchen . . .“

Angriffe gegen Ordensschwestern

Aus der gleichen Wurzel wie die Vorwürfe gegen „verschwenderische" Schwestern kamen auch die anderen Vorwürfe gegen katholische Gemeinschaften. Sie waren allgemein von einem tiefen Mißtrauen gegen die Kirche geprägt, im Falle der weiblichen Gemeinschaften auch von einer kaum verhohlenen Angst vor Frauen, die es wagen, selbst über ihr Leben und Arbeiten zu entscheiden.

Die mit jedem neuen Vorsitzenden der Armenkommission erneut beginnenden Versuche, in das innere Leben der Schwesterngemeinschaft einzugreifen, ebbten meist nach besserem Kennenlernen der Genossenschaft wieder ab. Sie waren Vorproben für die über 15 Jahre anhaltenden Repressionen, die im Kulturkampf vom Staat ausgeübt wurden.

Vorboten eines klar antireligiös motivierten Kampfes waren für die Gemeinschaft im Bürgerhospital die heftigen Verweise, die ihre Oberin 1850 und 1852 erhielt, als die Schwestern es gewagt hatten, ihre kleine Prozession zu Ehren von Kölns erstem Bischof, dem heiligen Maternus, in den Gängen des Hospitals abzuhalten. Die massiven Drohungen der Verwaltung, gegen die sich Mutter Dominika hinhaltend zur Wehr setzte, endeten schließlich, als die Angelegenheit von Erzbischof Geissel selbst in die Hand genommen wurde.[19]

Die Armenverwaltung verlangte wiederholt, so z. B. 1867, genaue Angaben über Gebets- und Meßzeiten der Schwestern, wohl, weil sie fürchtete, diese würden ihre Pflichten dem Hospital gegenüber vernachlässigen. Dabei gab es damals wie heute genügend religiöse Angebote, die eine gleichzeitige Abwesenheit aller Schwestern von den Stationen überflüssig machten.

In den ersten Amtsjahren der Generaloberin Crescentia Schmitz ereignete sich ein Vorfall, der besonders deutlich die Art und Weise belegt, mit der einige Herren der Armenverwaltung mit ihren „billigen Arbeitskräften" umzugehen gedachten. Die Ärzte des Bürgerhospitals hatten auf Antrag der Oberin einige der älteren Ordensschwestern für dienstunfähig erklärt. Ihnen sollte damit ein Lebensabend ohne die extremen Belastungen ihrer Arbeit ermöglicht werden. Laut Vertrag hätte ihnen weiter ein „Kleidergeld" sowie Kost und Unterkunft zugestanden. Doch wurde von seiten der Sparer in der Kommission der Vorschlag laut, die Speisekosten invalidisierter Schwestern zu reduzieren und ihnen Kleidung nur noch „nach Bedarf" in natura auszuhändigen, da sie ja nicht mehr arbeiteten, folglich weniger benötigten und auch an Schuhen und Kleidung weniger Verschleiß auftrete. Darüber hinaus hätten die betreffenden Schwestern fast alle 1862 Armut gelobt, daher würde die Entschädigung ja doch an die Oberin abgeführt und somit den Schwestern nicht zugute kommen. Der Anteil des Dienstpersonals solle allerdings aufgestockt werden, um die Plätze dieser Nonnen einnehmen zu können, „die Vermehrung der Zahl der Nonnen dagegen müsse vermieden werden". Der Stadtrat lehnte in seiner Sitzung vom 19. 3. 1868 beide Ansinnen mit Mehrheit ab, da „es doch nicht angemessen erscheine, Personen, die ihr ganzes Leben im Dienste der Kranken verbracht, im Alter dürftigere Kleidung zu geben, um auf diese Weise einige Thaler zu ersparen". Dem Antrag, statt neuer Ordensschwestern weltliches Personal einzustellen, wurde mit dem Argument widersprochen, daß dies „beim Krankendienst zum großen Nachteil

der Kranken gereichen müsse, deren Verpflegung (d. h. Pflege/
Therapie) nicht wohl die Sache von Knechten und Mägden sein
könne".[20]

Individuelle Wege – Ausweichstrategien

An der Karriere der Oberin Sr. Ignatia Külpmann, 1839–1843
Vorgängerin von Sr. Dominika Barth, zeigt sich deutlich, wie
wenig gefestigt das Ordensleben der Cellitinnen in der Zeit bis
1870 war: Sie verließ 1843 das Bürgerhospital und kehrte für
einige Jahre in das Kloster zur hl. Elisabeth in der Antonsgasse
zurück, dem sie bis zu ihrem Ausscheiden aus der Gemeinschaft
der Cellitinnen vorstand. Auf der Rheininsel Nonnenwerth,
südlich Bonns gelegen, versuchte sie die Neugründung einer
Frauengemeinschaft, die jedoch scheiterte. Danach gründete sie
in Linz ein Krankenhaus, wohin auch einige Cellitinnen aus dem
Bürgerhospital überwechselten. Nach Ignatia Külpmanns Tod
schlossen sich diese Linzer Schwestern unter der Leitung von
Martha Floss (1848 aus dem Bürgerhospital gekommen) dem
1848 durch Auguste von Cordier wiedergegründeten Konvent
auf Nonnenwerth an. Heute ist dieses Haus Provinzzentrale der
Franziskanerinnen aus Heijthuisen bei Roermond in den Niederlanden.
Sehr von eigenen Ambitionen war der Lebenslauf Schwester
Ignatias geprägt. Ihr aber deshalb Karrieredenken[21] zu unter-
stellen, hieße die ungewöhnlichen äußeren Umstände zu igno-
rieren, unter denen sie zu arbeiten hatte. Das staatlich verfügte
Verbot ewiger Gelübde, einschließlich des Verbots des Armuts-
gelübdes, machte es Ordensschwestern leicht, ihren Aufgabenbereich zu verlassen und neu anzufangen. Der Druck durch die
Kölner Armenverwaltung mag manche Schwester veranlaßt
haben, einen angenehmeren Arbeitsplatz zu suchen. Darüber
hinaus darf nicht vergessen werden, daß sich zur Mitte des 19.
Jahrhunderts die gesamte Sozialarbeit der Kirche als Antwort
auf die rapide Verstädterung und Industrialisierung in einem
Experimentier- und Aufbaustadium befand. Die verschiedenen
Anläufe, die Ignatia Külpmann nahm, sind so als Versuche zu

werten, eigene Lösungen für drängende Probleme ihrer Zeit zu finden.

Vereinigungspläne

Die letzten Amtsjahre der Generaloberin Sr. Dominika Barth
waren von der Hoffnung geprägt, einen Zusammenschluß aller
Cellitinnenkonvente des Erzbistums bewerkstelligen zu können.
Dadurch hätte das Bistum eine Organisation erhalten, die bei
guter und vielseitiger Ausbildung schlagkräftig die dringendsten
Probleme der Krankenversorgung angehen konnte. Haupteffekt
wäre jedoch die Lösung aller drei Kölner Konvente aus den
Bindungen an die dortige Armenverwaltung gewesen.

Das Kloster St. Elisabeth in der Antonsgasse hatte schon 1843
der Armenverwaltung getrotzt und war durch die Weigerung,
dieser Behörde Einsicht in die Bücher zu geben, selbstbewußt
aufgetreten. Es kam zu einer gerichtlichen Auseinandersetzung,
die das Kloster in der Antonsgasse 1853 in letzter Instanz
gewann. Das günstige Ergebnis des Prozesses war zwar auch auf
die übrigen Cellitinnenklöster im Rheinland anwendbar, hatte
allerdings auf die Arbeit der Wartenonnen im Bürgerhospital
keinen Einfluß.

1855 schon hatte sich Mutter Dominika im niederländischen
Sittard, Provinz Limburg (damals noch Teil des Deutschen
Bundes), nach einem neuen Wirkungskreis für ihre Kloster-
gemeinde umgesehen, nachdem ihr von der dortigen Oberin der
Ursulinen ein Hospital zur Übernahme angeboten worden war.
Von den Plänen zur Auswanderung wurde nach einer leichten
Besserung der Verhältnisse zur Armenverwaltung Abstand ge-
nommen.

Reform der rheinischen Cellitinnenkonvente

Die neue preußische Verfassung von 1850 gewährte der katholischen Kirche mehr Freiheiten. Einmischungen in ihre inneren
Angelegenheiten waren konstitutionell nicht mehr vorgesehen.
So konnte sich Kölns Erzbischof Johannes von Geissel (1841/
45–1864, Kardinal seit 1850) zu Beginn der 1860er Jahre an die
Spitze einer Bewegung zur Reform der rheinischen Cellitinnen
setzen. 1860 erließ er für alle Konvente und Klöster eine Regel,

1861 dann ein „Statut der Cellitinnen in der Kölner Erzdiözese zur klösterlichen Vereinigung".

Mit der neuen Regel sollten die 5 Klöster aus Antonsgasse, Kupfergasse und Bürgerhospital in Köln, die Cellitinnen der hl. Gertrud in Düren und die Barmherzigen Schwestern in Neuß (von Düsseldorfer Cellitinnen abstammend) unter der Leitung einer frei, gleich und geheim gewählten Generaloberin vereinigt werden. Die einzelnen Häuser sollten ökonomisch selbständig bleiben. Für die geistliche und pflegerische Ausbildung der Schwestern sollte ein Mutterhaus mit Noviziat eingerichtet werden. Die vom Bischof vorgelegte Regel sah ein zweijähriges Noviziat vor. Die Gelübde sollten alle drei Bereiche Armut, Ehelosigkeit und Gehorsam umfassen und zunächst auf 1 Jahr, dann 3 und 5 Jahre, danach auf Lebenszeit abgelegt werden. Bis zum Erlaß der neuen Regel versprachen die Postulantinnen bei ihrer Einkleidung nur Gehorsam und Keuschheit in die Hände der Oberin und des Klosterkommissars, der als Mittler zwischen Erzbischof und Ordensschwestern fungierte.

Am 13. 2. 1862 bestellte Kardinal Geissel die Oberin des Klosters in der Kupfergasse, Sr. Maria Merx, zur Generaloberin. Nachdem diese jedoch aus einer Reihe von Gründen abgelehnt hatte, ernannte er am 1. 3. 1862 Sr. Dominika Barth zur Generaloberin und wies ihr das Elisabethkloster in der Antonsgasse als Mutterhaus zu. Doch schon am 30. April 1862 erhielt Mutter Dominika durch die Polizeidirektion davon Nachricht, daß die Mehrheit (7) der Schwestern in der Antonsgasse sie nicht als Vorgesetzte akzeptierte und nicht gewillt sei, ihren Besitz dem Armutsgebot entsprechend abzuführen. Die Vereinigungspläne waren damit zunächst gescheitert.

Religiöse Erneuerung im Bürgerhospital

Am 6. 2. 1862 legten 12 Schwestern des Bürgerhospitals die dreifachen Gelübde auf Lebenszeit ab, 4 Novizinnen die vollen Gelübde auf 5 Jahre. 4 Profeßschwestern konnten sich nicht entschließen, das Armutsgebot anzunehmen und beteiligten sich nicht. Die 7 Postulantinnen sollten nur noch nach Ablegen der dreifachen Gelübde zugelassen werden. Die letzte der 4 „Oppositionellen", Schwester Salome Hohmann, starb 1878. Von ihr weiß die Chronik der Cellitinnen zu berichten, daß sie sehr gutherzig gewesen sei und von dem, was sie besaß, manches Almosen gab. Nach den Gelübden lieferten 14 Ordensschwestern dem Gebot der Armut entsprechend ihren persönlichen Besitz, Geld und Kleidung bei der Oberin ab und erhielten fortan das für sie Nötige zugeteilt. Die Regel des hl. Augustinus legt ausdrücklich fest, daß jede Schwester nach ihren persönlichen Lebensumständen und ihrer Herkunft beurteilt werden soll, nicht jedoch ein „für alle gleich" gelten darf (5. Kapitel, Rücksichtnahme und Diskretion).

Mutter Dominika machte in der Folgezeit ihre Bedenken gegen die vom Erzbischof entworfene Regel deutlich. Die dort festgelegten strengen Gebets- und Fastenzeiten hielt sie mit den körperlichen und geistigen Anspannungen des Krankendienstes für unvereinbar, außerdem fehlte ihr jeglicher Bezug zur Regel des hl. Augustinus, auf deren Flexibilität und Aktualität sich alle Cellitinnen bis heute berufen. Über diese Kritikpunkte hinaus sah sie mit dem Begriff „Kongregation" den schon fast 400 Jahre zuvor von Papst Sixtus IV. (1472) gewährten Status eines Ordens ignoriert. Die von Klosterkommissar Stein vertretene Ansicht, Dominika Barth sei eine sehr „weltliche Frau", mag man angesichts ihres Beharrens auf traditionsreichen, strengen Regeln, auch ihrer sofortigen Zustimmung zum Armutsgebot kaum teilen. Die Schwierigkeiten, die Pfarrer Stein mit der Oberin hatte, lagen wohl eher an Mutter Dominikas gutem Durchsetzungsvermögen, wie es aus diesen Worten Steins hervorgeht: „Nach solchen Erfahrungen bin ich mit meinem Latein am Ende. Daß diese sehr weltkluge, aber auch sehr weltlich gesinnte Oberin nach einem Erzbischöflichen Kommissar nicht viel fragt, habe ich früher schon mehrfach erfahren . . ." Entnervt wollte Stein sein Amt aufgeben, wurde aber vom Erzbischof zum Bleiben bewegt (23. 5. 1863)[22]. Mutter Dominikas Fehler lag eher in der oft sehr nachgiebigen Art, mit der sie der Armenverwaltung gegenübertrat, eine Haltung, die in vielem sehr verschieden zu ihrem festen Auftreten gegenüber der kirchlichen Obrigkeit war. Doch ist dieses Verhalten Mutter Dominikas erklärbar: Aus ihren Äußerungen geht oft hervor, daß sie bereit war, auch Ungerechtigkeiten seitens der Verwaltung hinzunehmen, wenn damit die Arbeit für das Hospital und seine Patienten weiter möglich blieb. **Einfach da sein,** dableiben war für sie schon ein wesentlicher Antrieb zum Handeln.

Die Nachfolger Pfarrer Steins im Amt des Klosterkommissars, herauszuheben vor allem Pfarrer Grubenbecher, der Mitbegründer des Mutterhauses Severinstraße, oder Prälat Corsten, Helfer in der Zeit des Nationalsozialismus, sahen ihre Aufgabe vor allem durch den Begriff Partnerschaft bestimmt. Sie fühlten sich als persönliche Verbindung zwichen Erzbischof und Genossenschaft, keinesfalls jedoch als Befehlsgeber. Professor Dr. H. J. Herkenrath, der die Genossenschaft in die neue Zeit nach dem 2. Vatikanischen Konzil begleitete, ist der letzte Priester, der in dieses Amt berufen wurde. Es ist im neuen Kirchenrecht von 1983 nicht mehr vorgesehen.

Vereinigungspläne scheitern endgültig

Die Pläne zum Zusammenschluß der Cellitinnen liefen seit 1865 unter Ausschluß der beiden übrigen Kölner Häuser weiter. Bedrückend wurde die Situation 1867/68, als die Genossenschaft im Bürgerhospital mit nur noch 22 Schwestern und Postulantinnen durch die wachsende Arbeit völlig überfordert vor der Kündigung des Vertrages von 1840 durch die Armenverwaltung stand. Sie war durch die hemmende Tätigkeit der Armenverwaltung schon seit Jahren nicht mehr in der Lage gewesen, die genehmigte Zahl von 34 Schwestern und Postulantinnen zu stellen. An den Forderungen der Mehrheit der Armenkommission an die Armenverwaltung änderte auch die den Schwestern gewogene Einstellung des Vorstehers der Verwaltung, Herrn von Weise, und des Hospitalinspektors Fröhlich nichts. Diese Haltung der Mehrheit zeigt sich an den zuvor schon geschilderten Vorwürfen an die Krankenhausführung (Schwestern und Ärzte) wegen angeblicher Verschwendung durch zu viele Extraverordnungen und den Versuch, auf Kosten alter Schwestern ein paar Taler zu sparen.

Abhilfe aus der Personalnot sollte die Vereinigung der Cellitinnen im Bürgerhospital mit den Neußer Barmherzigen Schwestern bringen, die sogar bereit waren, ihr Kloster als Mutterhaus zur Verfügung zu stellen. Der Wunsch nach Vereinigung kam von beiden Genossenschaften und wurde vom Erzbischof nach Kräften gefördert. Das Interesse der Armenverwaltung an dieser Vereinigung sollte sie letztlich dann scheitern lassen. Vom Frühjahr 1867 stellten die Barmherzigen Schwestern jeweils bis zu 10 Novizinnen zur Ausbildung und Aushilfe an das Bürgerhospital ab. Doch hielten sie die intensiven Eingriffsmöglichkeiten der Armenverwaltung davon ab, eine Vereinigung mit den Schwestern des Bürgerhospitals zu vollziehen. 1869 wurden Vereinigungspläne endgültig aufgegeben. Schon 1870, während des Deutsch-Französischen Krieges, wurden die letzten Schwestern nach Neuß zurückgeholt.

1869 allerdings scheiterte auch der letzte Versuch der Armenverwaltung, die Cellitinnen aus dem Bürgerhospital zu entfernen. Die Trierer Borromäerinnen, in Köln von ihrer Tätigkeit im städtischen Waisenhaus schon bekannt, schraubten ihre Forderungen nach Unabhängigkeit und verbesserter materieller Ausstattung so hoch, daß die Armenverwaltung nun lieber bereit war, den Cellitinnen einen gangbaren Weg zu bahnen als solchen Forderungen nachgeben zu müssen. Die Trierer Schwestern hatten damit auf elegante Weise ihr Versprechen an die neue Generaloberin Mutter Crescentia Schmitz wahrgemacht, die Cellitinnen auf keinen Fall aus ihrer Heimstatt zu verdrängen, der Armenverwaltung aber auch gezeigt, welch untragbare Zustände sie selbst im Bürgerhospital eingeführt hatte.

Endlich Selbständigkeit

1870 erließ der neue Erzbischof von Köln, Paulus Melchers (1866–1885), für die Genossenschaft im Bürgerhospital neue Satzungen, die sich auf die alten Cellitinnenstatute und die Regel des hl. Augustinus stützten. Damit nahm er praktisch die Kritikpunkte Sr. Dominika Barths an der Regel von 1860 auf. Für die Gemeinde im Bürgerhospital war dies ein entscheidender Schritt nach vorn.

Die Armenverwaltung stand seit 1869 vor der Wahl, weiter nach altem System zu arbeiten und damit die Cellitinnen im Bürgerhospital auszubluten oder ihnen Zugeständnisse zu machen, denn andere religiöse Gemeinschaften waren nicht bereit, pure Befehlsempfänger zu werden. So war die Verwaltung in der Erkenntnis, daß geistliches Personal nicht zur Übernahme bereit war und weltliches weder zur Verfügung stand noch je zu finanzieren gewesen wäre, endlich bereit zu Kompromissen. Im Jahre 1870 legte sie einen neuen Vertrag vor, der am 21. 3. 1871 von der Mehrzahl der Schwestern unterzeichnet wurde. Jenen, die auf der Einhaltung des alten Vertrages bestanden, wurde dieses zugebilligt. Der neue Vertrag sah weitgehende Rechte für die Oberin der Genossenschaft vor, die nicht mehr als „Filial-Klostergemeinde im Bürgerhospital" bezeichnet wird, sondern nun als selbständige Gemeinde mit dem Namen „Genossenschaft der barmherzigen Schwestern von der Regel des hl. Augustinus zu Köln".

Die Gründung eines eigenen Mutterhauses machte die Genossenschaft im Bürgerhospital endgültig zu einer gleichrangigen Partnerin der Stadt. Gleichzeitig ist dieser Schritt aus dem Hospital heraus hin zu einem selbständigen Noviziat und zu einem unabhängigen Generalat auch als klarer Beleg für die Trennung vom Mutterkloster in der Antonsgasse zu werten, die bis dahin noch durch die Bezeichnung „Filialkloster" verdeckt war. Die Genossenschaft war, obwohl von Anfang an unter Leitung einer eigenen, selbstgewählten Oberin, erst mit den neuen Satzungen kirchenrechtlich und mit dem neuen Vertrag auch wirtschaftlich selbständig geworden.

Das erste Mutterhaus

Begonnen hatten die Versuche zur Einrichtung eines Mutterhauses schon unter Mutter Dominika Barth, die jedoch klar erkannte, daß ohne ausreichende Eigenmittel und ohne Unterstützung durch die anderen Konvente im Stadtgebiet Kölns selbst an eine solche Gründung nicht zu denken war. Ihre Ratsschwester Regina Lieppert machte den Vorschlag zum Ankauf eines Anwesens in ihrem Heimatort Zündorf, etwa 10 km südlich Kölns auf dem rechten Rheinufer gelegen. 1864 wurde in Niederzündorf ein Gebäude erworben, das teils durch eine Kollekte, teils durch eine Hypothek zu großzügigen Bedingungen abgezahlt wurde. Die Vorbesitzerin und deren Nichte erhielten Wohnrecht und ein Anrecht auf Pflege und Versorgung durch die Schwestern. Frl. Sara Pelletier und Frl. Christine Ewald sind damit die ersten, die in einem Heil- und Pflegeheim der Genossenschaft Aufnahme fanden. Im neuerworbenen Haus sollten sowohl ein Noviziat als auch ein Pflegeheim für Damen entstehen. Das neue St.-Joseph-Kloster, die erste permanente Niederlassung der Genossenschaft außerhalb des Bür-

St.-Joseph-Kloster, Zündorf.

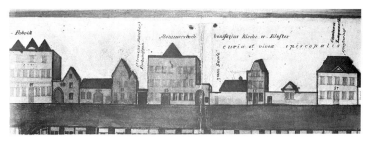

Severinstraße mit dem Mommerslocher Hof. Zustand um 1830.

gerhospitals, war jedoch zu weit abgelegen vom Stadtkern und umständlich zu erreichen. So setzte sich bald die Erkenntnis durch, daß, wollte die Genossenschaft in Köln überleben, ein Mutterhaus innerhalb des Mauerrings unumgänglich war.

Neues Zentrum: Mutterhaus Severinstraße

Am 31. 12. 1866 wurde Schwester Crescentia Schmitz als Nachfolgerin Dominika Barths zur Oberin gewählt. Mutter Dominika zog sich in „ihr" Mutterhaus nach Zündorf zurück, wo sie 1870 starb. Unter ihrer Nachfolgerin wurden die Pläne für eine Umorganisation der Genossenschaft konkretisiert. Mutter Crescentia gelang es, die Neußer Schwestern zur Hilfe für das Bürgerhospital zu gewinnen. Gleichzeitig schaffte sie es, im Verein mit dem nimmermüden Klosterkommissar Pfarrer Grubenbecher den Grundstock zur Finanzierung eines Mutterhauses innerhalb Kölns zu legen. 1869 wurde im Süden des Stadtgebietes ein großes Haus, der Mommerslocher Hof, damals Severinstraße Nr. 53 (heute Nr. 71), gekauft. Am 15. 1. 1870 wurde der Bau bezogen und Zug um Zug erweitert. Als Käufer trat Pfarrer Grubenbecher auf, der das Anwesen dann an die Generaloberin und weitere Schwestern abgab. Eine ähnliche Konstruktion war schon beim Erwerb des Zündorfer Hauses notwendig geworden. Damals traten Mutter Dominika und eine weitere Schwester als Käuferinnen auf, die das Haus testamentarisch anderen Schwestern vermachten. Da die Genossenschaft bis 1920 keine Korporationsrechte besaß, also nicht als juristische Person galt, mußten Grund- und Hausbesitz immer von Person zu Person weitergegeben oder vererbt werden. Der dabei jeweils notwendig werdende Schriftverkehr, die Einzelbefreiungen von Erbschafts-, Grunderwerbs- und anderen Steuern für diese Häuser und alle anderen in der Folgezeit erworbenen Niederlassungen füllt Bände. Erst mit der Gründung eines „eingetragenen Vereins" nahm dieses komplizierte Verfahren ein Ende.

Cellitinnen: Partner der Armenverwaltung

Auch im Mommerslocher Hof sollte das Noviziat von Anfang an durch eine Heil- und Pflegeanstalt ergänzt werden und sich damit zumindest teilweise selbst tragen. Nachdem nun mit dem neuen Mutterhaus wesentliche Voraussetzungen für den Nachwuchs der Genossenschaft geschaffen waren, fielen die Verhandlungen mit der Armenverwaltung erheblich leichter. Erzbischof, Generaloberin und Klosterkommissar konnten nun aus einer Position der Stärke heraus verhandeln, offensiv, nicht mehr defensiv. Ihnen gelang es, von der Verwaltung ein neues Statut zu erhalten, das an die Stelle der Instruktion von 1840 trat. Statt eines Inspektors, also eines Aufsichtsorgans, wurde nun ein Hausmeister, ein der jeweiligen Oberin beigeordneter Helfer bestellt. Die Oberin konnte von nun an Schwestern zwischen Mutterhaus und Hospital nach eigenem Gutdünken auswechseln, vorausgesetzt, sie hielt die Zahl der Schwestern im Hospital auf dem mit der Stadt vereinbarten Stand. Auch die Einstellungsprozedur änderte sich erheblich. Während zuvor das Votum der Ärzte vor jeder Prüfung einer geeigenten Kandidatin durch die Genossenschaft stand, war es nun die Generaloberin, die ein ärztliches Gesundheitsattest verlangte.

Die Genossenschaft konnte ihre Einstellungsvoraussetzungen umformulieren: **katholisch, gesund und kräftig** war nun die Reihenfolge und nicht umgekehrt wie bisher.

Um die Ausbildung der Aspirantinnen zu fördern, erklärte sich die Armenverwaltung bereit, für die Dauer von zehn Jahren jährlich 600 Taler (1800 Mark) zur Einrichtung des Noviziats zu zahlen. Das war neben den 1000 Talern (3000 Mark) aus der Hinterlassenschaft des Arztes Dr. Coblenz (im Bürgerhospital von 1866 bis 1869) eine erhebliche Hilfe.

Einen ganz bedeutenden Anstoß für den Umschwung der Armenverwaltung, von Ablehnung zur Förderung der kleinen Gemeinschaft, gab der Einsatz, den die Schwestern aus Bürgerhospital und Mutterhaus 1870 und 1871 leisteten. Schon 1866 waren während des preußisch-österreichischen Krieges zwei Schwestern einige Wochen lang in ein Militärlazarett in Kreuzwertheim am Main abgeordnet worden. Im August 1870 übernahm dann das Bürgerhospital die ersten 30 Verwundeten aus dem Deutsch-Französischen Krieg, die mit weiteren bald in das nahe gelegene Notlazarett in der Peterschule verlegt wurden. Auch hier übernahmen die Cellitinnen bis Mai 1871 die Versorgung. Noch mehr Arbeit bescherte eine durch französische Kriegsgefangene eingeschleppte Pockenepidemie. In 4 rasch eingerichteten Hilfslazaretten (Spinnmühlengasse und drei Pavillons vor dem Ehrentor) mühten sich die Schwestern um die Kranken. Die Schwestern und Aspirantinnen stellten hier ihre Leistungsfähigkeit und ihren Einsatzwillen augenfällig unter Beweis:
Die kleine Gruppe von 24 Cellitinnen hatte in kürzester Zeit über 20 Novizinnen gewonnen!

Von der Heil- und Pflegeanstalt zum vollwertigen Krankenhaus

Die 1870 gegründete Heil- und Pflegeanstalt beim Mutterhaus Severinstraße wurde bald durch eine chirurgische Station mit septischem und aseptischem Operationssaal ergänzt und so zu einem vollwertigen Krankenhaus umgebaut. Gegründet wurde die Station von Professor Bardenheuer, der weiterhin Oberarzt im Bürgerhospital blieb.
Schon 1874 wurde das Gelände zum erstenmal erweitert. Weitere Nachbargrundstücke, vor allem im Hinterland der Severin-

straße und am neuen Kartäuserhof, wurden in den folgenden Jahrzehnten aufgekauft. Gleichzeitig wurde 1874 mit dem sogenannten Gartenhaus eine gynäkologische Abteilung geschaffen, ebenfalls mit septischem und aseptischem Operationssaal, geleitet von dem in Köln seinerzeit berühmten Professor Frank. 1887 endlich wurden nach dem Abriß des Mommerslocher Hofes die Neubauten an der Severinstraße fertiggestellt. Ein mustergültiges Krankenhaus mit 120 Betten für Frauen und Männer, das den südlichen Bezirk der heutigen Altstadt versorgen konnte und im Volksmund den Namen „Severinsklöösterche" erhielt, war entstanden. 1913 wurde hier das erste private Röntgeninstitut in Köln eingerichtet, das seither für diagnostische und therapeutische Zwecke genutzt wird. Hier kam der Genossenschaft zugute, daß sie mit der Röntgenabteilung des Bürgerhospitals, die zeitweise mit 22 Ordensschwestern besetzt war, eines der ersten Institute dieser Art auf der Welt betreut hatte. Das Zahlenverhältnis zwischen Pflegepersonal und Patienten war hier weit besser als im städtischen Bürgerhospital. 1887 standen 120 Kranken 28 Schwestern und 11 Postulantinnen nebst 17 Dienstboten gegenüber. Ein Verhältnis von 3 Patienten zu 1

Mutterhaus in der Severinstraße. Neubau von 1887. Grußkarte der Deutschen Reichspost.

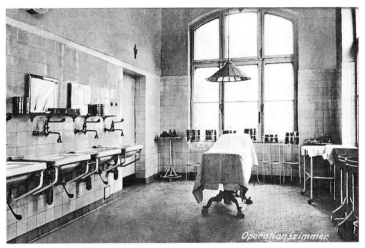

Krankenhaus der Augustinerinnen, Severinstraße. Operationsraum. Um 1914.

Krankenhaus der Augustinerinnen, Severinstraße. Röntgenzimmer. Um 1914.

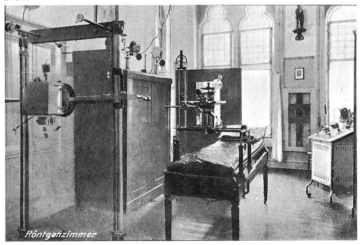

Pflegerin. 1907 umfaßte das Krankenhaus schon 187 Betten und versorgte jährlich 1724 Kranke (1887: 523). 1923 überstieg die Zahl der jährlich versorgten Kranken schon 3000 Personen. Im Laufe des Ersten Weltkrieges war die Kapazität des Hauses schon auf 250 Betten ausgebaut worden, das Personal bestand nun aus 66 Schwestern und 42 Hausangestellten. 1 Schwester betreute also 3,7 Patienten. 1924 wurde mit Dr. Dietlein, seit dem Weltkrieg als Militärarzt im Hospital, ein erster Arzt fest angestellt. Ein Unfallchirurg und zwei Assistenzärzte gehörten bald ebenfalls zu den festangestellten Mitarbeitern.

Kulturkampf: Erneute Repressionen

Die Zahl der Ordensschwestern nahm stetig zu. Die Chronik berichtet stolz über jede einzelne Aspirantin. 1869 stießen 4, 1870 13, 1871 4 und 1872 noch eimal 6 junge Frauen zur Genossenschaft, nur eine trat wieder aus. Dagegen wurden im gesamten Jahrzehnt von 1860 bis 1869 nur 7 Einkleidungen von Postulantinnen (d. h. Aufnahmen ins Noviziat) vorgenommen. 1870 bis 1875 waren es dagegen 35. Danach durften auf Geheiß des preußischen Staates keine Einkleidungen mehr vorgenommen werden. Die lange vorbereitete Aktion gegen die katholische Kirche und den politischen Katholizismus hatte ein akutes Stadium erreicht.

Anlaß des Kulturkampfes war der Streit gegen die „staatsgefährdenden Bestrebungen der Ultramontanen", gegen diejenigen also, die den Papst hinter den Alpen für eine entscheidendere Autorität hielten als deutsche Fürsten oder Kaiser. Für das gerade erst zusammengenietete Deutsche Reich bedeutete jede nach außen orientierte Bestrebung eine große Gefahr. Größtes Mißtrauen erregte auch die 1870 vom Ersten Vatikanischen Konzil verabschiedete Lehre von der Unfehlbarkeit des Papstes. Dieser Lehrsatz bezog sich zwar ausdrücklich nur auf Fragen des Dogmas, also im wesentlichen auf rein theologische Probleme, dennoch wurde er von den deutschen Konservativen und Liberalen gleichermaßen zum Anlaß genommen, dem Papsttum politische Einflußnahme in Deutschland vorzuwerfen. Der katholischen Fraktion (dem Zentrum) wurde in Reichstag und Landtagen unter anderem wegen ihrer Verbindung zu nationalen und politischen Minderheiten wie Polen und Welfen reichsfeindliches Tun unterstellt.

In Preußen, der entscheidenden Macht im Reiche, wurden 1873 und in den folgenden Jahren eine Reihe von durchgreifenden gesetzlichen Maßnahmen gegen Priester und alle Orden ergriffen. Die Angehörigen der jesuitenähnlichen Gemeinschaften wurden aus dem jeweiligen Bundesstaat bzw. dem Reich ausgewiesen und ins Exil gezwungen. Die krankenpflegenden

Gemeinschaften wurden zwar als einzige nicht verboten, aber durch restrikive Maßnahmen an der Entfaltung ihrer Tätigkeit gehindert. Hunderte Priester, die es an der geforderten Unterwürfigkeit (staatlicherseits Loyalität genannt) fehlen ließen, wurden verhaftet oder ausgewiesen. Hauptwerkzeug war der berüchtigte „Kanzelparagraph" des Strafgesetzbuches von 1871. 8 Bistümer verloren ihren Oberhirten, 7 Bischöfe wurden durch Gerichte abgesetzt, 6 eingesperrt. Der Kölner Erzbischof Paulus Melchers wurde am 31. 3. 1874 verhaftet. Am 9. 10. 1874 wurde er zwar wieder freigelassen, mußte aber 1876 endgültig nach Holland ins Exil fliehen. Bis 1885 führte er sein Bistum von Maastricht aus.

Der Tod Papst Pius' IX. brachte für beide Lager im Kulturkampf die Möglichkeit, aus der verfahrenen Situation wieder herauszukommen. Mit Papst Leo XIII. kam eine Persönlichkeit an die Spitze der katholischen Kirche, die sich weniger als Kirchenfürst denn als Priester fühlte und zu gangbaren Kompromissen bereit war. Da Bismarck nach der Wirtschaftskrise Ende der 1870er Jahre und seinem Bruch mit den Konservativen unbedingt die Stimme des katholischen Zentrums für seine Steuergesetzgebung brauchte, war auch er zum Nachgeben bereit. Die Bestimmungen der „Maigesetze" wurden allmählich gemildert. Es blieben jedoch der Kanzelparagraph und die Ausweisung der Jesuiten. Den anderen Orden wurden die Fesseln, Genehmigungspflichten und Gelübdeverbote Zug um Zug wieder abgenommen.

1885 wurde Paulus Melchers als Kurienkardinal nach Rom berufen. Sein Nachfolger im Amt des Erzbischofs, der Ermländer Bischof Phillip Krementz (1885–1899) durfte wieder in Köln residieren. Für die Kölner Kirche endete mit diesem Kompromiß der Kulturkampf.

Katholischer Widerstand

Die vom Staat so heftig bekämpften Ordensgemeinschaften konnten gerade in jener Zeit des Drucks von außen besonders viel Zulauf verzeichnen. Das galt sowohl für die im Lande gebliebenen caritativen Gemeinschaften als auch für die bis 1882 unterdrückten Schulorden. Sogar für die im Exil verbliebenen Jesuiten brachte der Kulturkampf kaum Nachwuchsprobleme. Hatten die Regierenden gehofft, durch die Kulturkampfgesetze die Trennung der katholischen Bevölkerung von ihrer Kirche zu erreichen, entwickelte sich statt dessen unter den Katholiken eine nie gekannte Solidarität. Die zuvor wesentlich von Priestern und Ordensleuten angeregte und getragene soziale und caritative Arbeit der Kirche wurde von schon bestehenden, aber vor allem von den vielen neugegründeten kirchlichen Vereinen aufgefangen und weitergeführt. Gesellen- und Kaufmannsvereine, gewerkschaftliches Engagement, Zeitschriften- und Bibliothekswesen sowie eine Vielzahl caritativer Bewegungen entfalteten während des Kulturkampfes offen und im Untergrund ihre Tätigkeit und wurden zu einem alle Stände und Schichten umfassenden Phänomen.

So hinterließ der Kulturkampf statt, wie geplant, einer staatshörigen Kirche eine blühende, in sich geschlossene und selbständige Gemeinschaft. Dies gilt auch für die Genossenschaft der Cellitinnen.

Auswirkungen auf die Genossenschaft

Der Genossenschaft blieb auch nach Erlaß der Maigesetze die Aufnahme von Aspirantinnen gestattet. Seit dem 23. 10. 1875 wurde jedoch vor der Einkleidung und Aufnahme in die Genossenschaft in jedem Einzelfall die Zustimmung des Regierungspräsidiums verlangt. Da man sich staatlicher Kontrolle nicht unterwerfen wollte, verzichteten die Cellitinnen gänzlich auf diese Ersuchen. Novizinnen legten von diesem Zeitpunkt an ihre Gelübde ohne jedes Zeremoniell in die Hände ihres Beichtvaters ab. Eine feierliche Einkleidung fand nicht statt, die Novizinnen trugen weiterhin die Kleidung einer Aspirantin. Erschwert wurde das religiöse Leben nicht nur durch diesen Zwang zur Konspiration, sondern auch durch das gesetzliche Verbot ewiger Gelübde. Dem Staat gelang es jedoch nicht, Eingriffe oder Verfügungen in das Genossenschaftsvermögen, also vor allem die Niederlassungen in Zündorf und in der Severinstraße, vorzunehmen. Da die Genossenschaft kein Korporationsrecht besaß, mußte ihr Eigentum als Privatbesitz einzelner Schwestern behandelt werden, die dieses den anderen freiwillig zur Verfügung stellten. Die Tatsache, daß die Genossenschaft keine juristische Person war, brachte oft erhebliche Probleme mit sich. Der im Kulturkampf aufgezeigte Vorteil dieses Schwebezustandes mag dazu beigetragen haben, daß Korporationsrechte erst nach dem Ende des Kaiserreichs beantragt wurden.

Unterstützung von außen

Auftrieb und Stütze gaben in der Zeit des Kulturkampfes die wiederholten Besuche von Kaiserin Augusta, der Gattin Kaiser Wilhelms I. 1872 und 1877 besuchte sie das Bürgerhospital, 1884 das Kinderhospital in der Buschgasse, in dem ebenfalls Cellitinnen wirkten. Dabei zeigte sie großes Wohlwollen gegenüber den Ordensschwestern und hinterließ manchen Beweis ihrer Sympathie. So schenkte sie zum Beispiel Mutter Crescentia zum Weihnachtsfest 1873 ein wertvolles Kruzifix. Diese Demonstrationen guten Willens seitens einer Angehörigen des (evangelischen) preußischen Herrscherhauses wurden auch außerhalb der Genossenschaft aufmerksam registriert. Es ist wohl kein Wunder, daß diese selbständig handelnde, im Rheinland so bewunderte und verehrte Frau den Unwillen Bismarcks erregte. Für junge Frauen war die Aufmerksamkeit, die die Kaiserin den Cellitinnen schenkte, allerdings ein deutliches Zeichen.

Mit großer Aufmerksamkeit registriert die Hauschronik auch die Besuche des Erzbischofs. In den Jahren des Exils von Paulus Melchers wird jedes kleine Zeichen seiner Verbundenheit mit der Genossenschaft, Weihnachtswünsche und Dankschreiben, besonders gewürdigt. Jede Ausweisung, jede verwaiste Pfarrstelle im Wirkungskreis der Cellitinnen wird schmerzlich vermerkt. Mit Bitterkeit wird auch das staatlich organisierte Fest zur Domvollendung bedacht, das 1880 ohne kirchliche Beteiligung stattfand.

Die Genossenschaft stellt sich den Anforderungen der Zeit

Aufblühen und Ausbreitung

Die im Mutterhaus und Bürgerhospital vorhandenen guten Ausbildungsmöglichkeiten und die ein offenes Bekenntnis geradezu erzwingende Haltung des Staates ließen der Genossenschaft auch im Kulturkampf stetig Nachwuchs zufließen. Zum wachsenden Erfolg der Genossenschaft haben auch die wesentlich verbesserten Beziehungen zur Stadtverwaltung beigetragen, die nun die Form einer echten Zusammenarbeit annahmen. Gefördert wurde dieser Umschwung nicht nur durch den neuen Vertrag von 1871, sondern auch durch die 1872 erfolgte Umwandlung der selbständigen Armenverwaltung, bis dahin vom Stadtrat nur durch die Armenkommission kontrolliert, in eine Armendeputation, die integriertes Organ der Stadtverwaltung wurde (Preußisches Armenpflegegesetz von 1871). 1875 bis 1882 traten insgesamt 42 Aspirantinnen in die Genossenschaft ein. Als die Bestimmungen für die krankenpflegenden Orden langsam wieder gelockert wurden, konnten am 2. 9. 1882 20 Novizinnen in einer feierlichen Zeremonie eingekleidet werden. Es waren jene, die in der Zeit des Kampfes still in die Gemeinschaft der Schwestern aufgenommen worden waren. Insgesamt waren es 1882 31 Einkleidungen. Bis 1889 legten noch weitere 91 Novizinnen ihre Gelübde ab. Im darauffolgenden Jahrzehnt, 1890–1899, waren es dann schon 245! Dieser Zulauf spiegelt die Anziehungskraft der Genossenschaft auf sozial engagierte junge Frauen wider, die eine christliche Antwort auf die durch Industrialisierung und Verstädterung hervorgerufene Not finden wollten. Bei der feierlichen Einkleidung wird einer Postulantin auch ein neuer Name, der Schwesternname, gegeben, der nach außen hin den Eintritt in ein völlig neues Leben dokumentieren soll. Heute kann eine Schwester diesen Namen selbst wählen, in früheren Jahren wurde er jedoch von der Generaloberin vergeben. Oft wurde dabei auf die Namen verstorbener, besonders verdienter oder vorbildlicher Schwestern zurückgegriffen. Auch konnte es geschehen, daß eine im Sterben liegende Schwester darum bat, einer von ihr besonders geschätzten Aspirantin ihren Namen zu übergeben. In Zeiten, in denen die Genossenschaft über 1300 Schwestern zählte, reichten jedoch oft die Heiligenlitaneien und selbst alle feminisierten Vornamen der Bischöfe, Klosterkommissare und Beichtväter nicht mehr aus, um für alle einen passenden christlichen Namen zu finden.

Mehrere Faktoren ermöglichten die Ausbreitung der Genossenschaft in die Umgebung Kölns und die Übernahme neuer Aufgabengebiete. Die stetige Vergrößerung der Gemeinschaft gab die Möglichkeit, auch außerhalb des engeren Wirkungskreises Tätigkeiten zu übernehmen. Durch die immer weiter zunehmende Industrialisierung des Arbeitslebens, der damit verbundenen Auflösung von Großfamilien, vermehrter Frauenarbeit sowie Verelendung breiter Bevölkerungsteile stellte sich der Genossenschaft ein weites Spektrum sozialer und caritativer Aufgaben. Die Entwicklung der kommenden Jahre sollte zeigen, daß die Schwestern gewillt und fähig waren, sich diesen Herausforderungen zu stellen.

Staatliche Maßnahmen, vor allem die Einführung der gesetzlichen Krankenversicherung durch die Sozialgesetzgebung Bismarcks im Jahre 1883, ermöglichten vermehrt die Gründung kirchlicher Krankenhäuser. Nun war eine fundierte ökonomische Basis geschaffen, die die bisher durch private Spenden und Sammlungen aufgebrachte Finanzierung ersetzte. Gleichzeitig mit dieser Entwicklung verbreitete sich der Ruf der Schwestern aus dem Bürgerhospital Kölns als fachkundiger Krankenpflegerinnen.

1882 wurde die erste Niederlassung in einem nicht ordenseigenen Haus außerhalb Kölns gegründet. Waren die Ordensschwestern einmal an einem Ort etabliert, so kamen bald Nachfragen, ob nicht noch andere für weitere Tätigkeiten zur Verfügung ständen. Im katholischen Rheinland wurden Ordensfrauen ohnehin fast immer weltlichen Kräften vorgezogen. Zu tief saß hier das Mißtrauen aus der Kulturkampfzeit, als daß man leichthin zu weltlichem Personal, staatlich geprüft, staatlich ausgebildet, Vertrauen gewonnen hätte. Vom Jahre 1900 an wurden allerdings von allen in der Krankenpflege tätigen weltlichen und Ordensschwestern staatliche Prüfungen auch im theoretischen Bereich verlangt. Da die Genossenschaft mit dem an ein Krankenhaus angeschlossenen Noviziat in der Severinstraße eine gute Ausbildungsmöglichkeit besaß, fiel es ihr leichter als anderen, diesen Forderungen nachzukommen. Die praktische Tätigkeit in Krankenhausküchen und -verwaltungen sowie der Besitz eigener Heil- und Pflegeanstalten prädestinierte jedoch auch für weitere Tätigkeiten.

Der überaus zahleiche Nachwuchs, den die Genossenschaft während der 50 Jahre zwischen 1880 und 1930 aufnehmen durfte (über 1100 Eintritte), machte die Übernahme vielfältigster Arbeitsgebiete möglich. Die Spanne reichte von der traditionellen ambulanten Krankenpflege über das gesamte Krankenhauswesen bis zu den verschiedensten sozialen Aufgaben.

Die Genossenschaft der Cellitinnen hat von 1882 bis 1945 insgesamt 47 Niederlassungen übernommen oder gegründet, von denen heute noch 13 betreut werden. Die Geschichte jeder einzelnen darzustellen würde gewiß den Rahmen dieses Buches sprengen. Daher sollen im folgenden nur die wesentlichen Arbeitsbereiche dieser Jahre vorgestellt werden. Einigen Häusern und Ereignissen wird wegen ihrer exemplarischen Bedeutung jedoch noch besondere Aufmerksamkeit geschenkt.

Krankenhäuser auf dem Land

Am 1. 7. 1882 wurde als erstes nicht ordenseigenes Haus außerhalb Kölns das Katharinen-Hospital in Frechen übernommen. Damit stieß die Genossenschaft in ein Vakuum vor, das in vielen Landgemeinden, gerade auch in schon industrialisierten Orten des Vorgebirges, zu jener Zeit herrschte. Die medizinisch-pflegerische Versorgung der Kranken war dort völlig unzureichend und wurde in der Regel nur durch Familienangehörige gewährleistet. Ärzte waren rar und teuer, Krankenhausbehandlung nur in der Stadt, also im 25 km entfernten Köln, erhältlich. Als sich die Pfarrgemeinde in Frechen zur Gründung eines Hospitals entschloß, fehlte ihr allerdings das Pflegepersonal.

Katharinen-Hospital, Frechen.

Hier konnten die mittlerweile recht bekannt gewordenen Cellitinnen aus der Serverinstraße helfend einspringen.

Am ersten Tag schon sammelte die Generaloberin Crescentia Schmitz bei ihrem Rundgang durch Frechen mit den sie begleitenden 4 Schwestern die bedürftigsten Kranken ein und ließ sie ins Hospital bringen. Das Katharinen-Krankenhaus Frechen war so von Anfang an voll in Funktion! Einige Monate später, am 14. 10. 1882, wurden die ersten 3 Cellitinnen von Mutter Crescentia nach St. Vith im äußersten Westen des preußischen Rheinlandes gebracht. Hier, in dieser kargen, seit jeher sehr armen Gegend in Westeifel und Hohem Venn, hatten ihnen ein Hospitalkomitee und die Stadtgemeinde ein Haus zur Verfügung gestellt, das sich rasch zur Klinik St. Josef entwickelte. In St. Vith wurde das Krankenhaus der Genossenschaft zum Eigentum übertragen.

Nur einen Monat später übernahmen die Cellitinnen das kleine Krankenhaus in Lövenich bei Erkelenz. Schon ein Jahr danach, am 10. 10. 1883, wurde die nächste Niederlassung gegründet, das ordenseigene Haus im Kloster Maria Hilf in Bornheim, im

Vorgebirge zwischen Köln und Bonn gelegen. In allen drei zuvor genannten ländlichen Niederlassungen wurde ein Krankenhaus aufgebaut, dessen Schwestern nur gelegentlich auch ambulante Pflege anboten. In Bornheim stand die ambulante Krankenpflege im Vordergrund, neben einem Damenstift. Erst während und nach dem Zweiten Weltkrieg befand sich hier einige Jahre ein Ausweichkrankenhaus der Bonner Universitätskliniken, bis 1952 das Damenstift in ein Altenheim umgeformt wurde. Die Cellitinnen waren also mit ihrer Gründung in Bornheim wieder zurückgekehrt zu ihrer Tätigkeit als Wartenonnen (ambulante Krankenpflegerinnen), die ein halbes Jahrhundert zuvor Ausgangspunkt ihrer Hospitaltätigkeit gewesen war.

Klinik Sankt Joseph, St. Vith.

Krankenhaus in Lövenich bei Erkelenz.

Kloster Maria Hilf, Bornheim.

Kinderpflege und -bewahrung im 19. Jahrhundert

Neben der Arbeit in ländlichen Krankenhäusern waren die Cellitinnen schon relativ früh in Kinderpflege und -erziehung tätig. Tatsächlich kann man das städtische Waisenhaus als erste Niederlassung der Genossenschaft außerhalb des Bürgerhospitals bezeichnen. 1850 bis 1852 hatten die Cellitinnen die Leitung und Bewirtschaftung dieses Hauses in der Straße Perlengraben übernommen. Die Schwestern trafen auf unglaubliche Zustände: Von Schmutz unkenntliche Fußböden, von Maden wimmelnde Kissen und Strohsäcke, Kinder, die absolut unsauber und mit Parasiten übersät waren. Für die Kinder wurden im Bürgerhospital rasch Wasch- und Badegelegenheiten geschaffen. Die Reinigung des Hauses und der Kleider dauerte dagegen volle drei Monate. Die meist unterernährten und viel zu dünn gekleideten Kinder mit ihren „gelblichgrauen Gesichtern" mußten erst einmal aufgepäppelt und mit warmer Bekleidung versorgt werden.[23]

Allen Beteiligten war die Personalnot im Bürgerhospital bekannt, und so wurde das Waisenhaus bald an Borromäerinnen aus Trier abgegeben, die 1876 während des Kulturkampfes aus diesem Haus vertrieben wurden.

1886 wurden von den Cellitinnen sowohl beim Krankenhaus in St. Vith als auch in der neuen Niederlassung in der Kölner Weißgerbereckgasse (St.-Joseph-Asyl) Kinderbewahrschulen eröffnet. Diese Kinderhorte dienten zunächst der Betreuung von Arbeiterkindern, die tagsüber in der Bewahrschule blieben und erst abends zu ihren berufstätigen Eltern zurückkehrten. Sie sollten damit vor drohender Verwahrlosung bewahrt werden. In den Wintern der Jahre 1890 bis 1892 wurde in der Weißgerbereckgasse zur Linderung der größten Not auch eine „Suppenanstalt" geführt. In ihr wurden täglich 120 bis 150 hungernde Kinder mit einer warmen Mahlzeit, oft ihrer einzigen, kostenlos versorgt. Bald gliederte man diesen Einrichtungen auch solche für Kleinkinder an.

Gründung eigener Vorortkrankenhäuser:
St. Antonius und St. Agatha

Aus den Bewahrschulen der Genossenschaft und fremder Träger entwickelten sich im Laufe der Jahrzehnte sehr unterschiedliche Arbeitsbereiche: in Königsdorf ein Altenheim, in der Weißgerbereckgasse ein Lehrlingsheim oder, wie in Köln-Niehl, ein Krankenhaus, denn Krankenhäuser bildeten auch weiterhin einen besonderen Tätigkeitsschwerpunkt. Anfang des zwanzigsten Jahrhunderts gründete die Genossenschaft zwei eigene Häuser, die wesentliche Aufgaben in der Versorgung Kölner Vororte im Norden und Süden der Stadt übernahmen.

Im Jahre 1905 wurde in Köln-Bayenthal ein von den Armen Dienstmägden Christi geführtes Kranken- und Altersheim in ein Fürsorgeheim für ledige Mütter unter Leitung der Cellitinnen umgewandelt, so daß von diesem Zeitpunkt an die Krankenversorgung im Kölner Süden völlig brach lag. 1905 begannen die Planungen für ein Krankenhaus zur Versorgung der ständig wachsenden Bevölkerung dieses Industrievorortes. Die Nähe zu Fabriken und Betriebsstätten machten das neue St. Antonius Krankenhaus zum idealen Unfallkrankenhaus. Am 23. Juni 1909 wurden die ersten Patienten mitsamt der Unfallstation Professor Cramers aus der Severinstraße nach Bayenthal verlegt. Bis heute ist das St. Antonius Krankenhaus das einzige Krankenhaus im Einzugsbereich der südlichen Kölner Stadtteile geblieben. Der Versorgungsbereich umfaßt von Industrie und Gewerbe geprägte Stadtteile wie Bayenthal und Raderthal, Villenviertel in Marienburg und moderne Wohnhauskomplexe in Raderberg.

Der Hospitalkomplex an der Schillerstraße ist allseitig von Straßen umgeben und belegt damit einen ganzen Block.[24] Die 1907–1909 von Peter Gärtner im Stil des Historismus errichteten Bauten zeigen das Bemühen, nicht nur alte Architekturkonzepte zu übernehmen, sondern nach eigenem Stilempfinden Vorgaben historischer Architektur auszuwählen und miteinander zu mischen. Daher wirkt die gleichzeitige Verwendung spätgotischer Elemente mit jenen des Barock und mit florealen Elemen-

St. Antonius Krankenhaus, Köln-Bayenthal. 1909.

St. Agatha Krankenhaus, Köln-Niehl. Ansicht von Osten.

ten des Jugendstils bemerkenswert geschlossen und einheitlich. Der Bau des Jahres 1909 entsprach in seiner gesamten Ausstattung auch den Ansprüchen, die seine zukünftigen Benutzer an ein modernes Haus stellten. Dazu gehörte selbstverständlich auch die Inneneinrichtung im Jugendstil.

Das Krankenhaus besitzt mit seiner Kapelle ein „in seltener Vollständigkeit" bewahrtes Werk des Jugendstils in Köln. Sie hat mitsamt ihrer Ausstattung nicht nur den Zweiten Weltkrieg und die Sucht nach kahlen Wänden in den 50er Jahren überstanden, sondern blieb auch immer von allen Neubauplänen unberührt.

Mit der Pfarrkirche St. Matthias und dem ehemaligen Fürsorgeheim St. Joseph bildet das St. Antonius Krankenhaus den kulturellen und sozialen Mittelpunkt Bayenthals. Alle drei Bauten stellen darüber hinaus auch ein bemerkenswertes Ensemble der Baukunst der Jahrhundertwende dar.[25]

Ganz anders als in Bayenthal war die Situation im Kölner Norden, wo 1905 mit dem Bau eines Krankenhauses auf dem Gelände der Kinderbewahrschule Köln-Niehl begonnen wurde. In dieser noch bis nach dem Ersten Weltkrieg überwiegend agrarisch strukturierten Gegend am Rheinufer stießen zwei Gegensätze aufeinander: zum einen die auf Nachbarschaftshilfe aufbauenden Gegebenheiten eines alten Rheinfischerdorfes, das seine Existenz durch etwas Ackerbau ergänzte, zum anderen ein sich rasch entwickelndes Hafen- und Industriegebiet. Heute ist der Kern von Köln-Niehl eingekeilt zwischen Hafen und Automobilwerk, zwischen Güterbahnhöfen, Raffineriegelände und dem Fluß. So ist erklärlich, daß im St. Agatha Krankenhaus lange Zeit neben der klinischen Grundversorgung der Wohnbevölkerung die unfallchirurgische Abteilung einen wesentlichen Platz unter den Tätigkeiten einnahm. Heute konzentriert sich das Haus neben der Akutversorgung auch auf das Spezialgebiet der psychosomatischen Medizin.

Während das St. Antonius Krankenhaus in einem seinerzeit sehr modernen Stil erbaut wurde, ist das Herzstück des St. Agatha Krankenhauses, die Kapelle, ein Beispiel „reiner" Neogotik. Die schlichte Kinderbewahrschule des Jahres 1894 wurde in den Jahren 1903 bis 1905 unter Architekt Peter Gärtner aufgestockt und zu einem Krankenhaus erweitert. Gärtner baute hier noch streng in traditionellen Formen im Einklang mit der offiziellen Kirchenbaudoktrin des Erzbistums Köln, die seit den Zeiten des Dombaumeisters Vinzenz Statz (1819–1898) das Mittelalter, vor allem die Gotik zu nachahmenswerten Vorbildern deklarierte. Der Ziegelbau unter Verwendung gotischer Zierformen erhält vor allem durch seine zurückhaltende Fassadengestaltung besondere Qualität. Während in Köln-Bayenthal modernes Stilempfinden Gärtners Auswahl architektonischer und dekorativer Details bestimmte, ordnete er sich in Köln-Niehl noch völlig dem Vorbild hochgotischer Kirchenbauten unter. Mit dem Kapelleninneren entstand ein ausgewogener, exemplarisch vollständiger neugotischer Bau. Die im Hinterland des Krankenhauses in den 1970er Jahren von Architekt H. P. Tabeling entworfenen modernen Anbauten dominieren den Altbau nicht, passen sich diesem vielmehr an und lassen seine Qualitäten dadurch auch weiterhin voll zur Geltung kommen.

Gründung einer Heil- und Pflegeanstalt: Kloster Marienborn (früher Kloster Hoven)

Einen völlig anderen medizinischen Arbeitsbereich übernahmen die Cellitinnen in den Jahren 1888 und 1889: die psychiatrische Krankenanstalt Marienborn oder, wie sie bis 1947 hieß, die Irrenanstalt im Kloster Hoven bei Zülpich. Das große Gelände des Krankenhauses steht im Eigentum der Genossenschaft. Die Patienten wurden von der Provinzialverwaltung eingewiesen, die auch die Pflegekosten der meisten trug.

Kloster Hoven bildete seit seiner Gründung einen der wichtigsten Arbeitsbereiche der Genossenschaft, daher sei diese Klinik hier besonders ausführlich vorgestellt.[26]

Die psychiatrischen Anstalten des Staates waren am Ausgang des vorigen Jahrhunderts kaum mehr in der Lage, die vielen Patienten aufzunehmen, die ihnen zugewiesen wurden. Der Zustrom ist durch zwei Phänomene erklärlich: durch einen intensiven sozialen Wandel und eine veränderte Haltung gegenüber geistig Kranken und geistig Behinderten. War es in frühe-

Kloster Marienborn, Zülpich-Hoven. Ansicht von Südosten. Um 1925.

ren Jahrhunderten oft üblich, psychisch Kranke in Gefängnissen einzusperren und viehischen Rohheiten auszusetzen, wurde nun der Krankheitscharakter „unnormaler" Erscheinungen ernst genommen und Heilung oder Linderung versucht. Der soziale Wandel des Industriezeitalters machte es vielen Familien unmöglich, Kranke bei sich zu Hause zu behalten, da die Arbeitsstelle in den seltensten Fällen mit dem Wohnort übereinstimmte. Das Auseinanderbrechen ländlicher Großfamilien in die Kleinfamilien des Industriezeitalters tat ein übriges, Geisteskranke organisierter Hilfe zuzuweisen.

Für einige der Erkrankten gab es wenn auch keine Möglichkeiten zur ursächlichen Heilung, so doch Methoden zur Besserung des Zustandes, die ihnen eine Rückgliederung in die Gesellschaft möglich machten. Den vielen unheilbar Kranken, besonders aber Menschen mit angeborenen Schädigungen des Gehirns, stand die damalige Psychiatrie völlig hilflos und überfordert gegenüber. Noch bis heute wird psychisch Kranken weniger finanzielle Hilfe zuteil wie organisch Kranken, ein Umstand, der unter den Bedingungen des 19. Jahrhunderts für

Langzeitpatienten unvorstellbare, oft grausame Folgen hatte. Hilflos waren sie völlig überfordertem, unterbezahltem, schlecht motiviertem Pflegepersonal ausgeliefert. Ordensschwestern waren für eine gänzlich andere Art bekannt, Kranken gegenüberzutreten. Ihre Wirtschaftsführung galt darüber hinaus als wesentlich effektiver als die weltlicher Träger. Bei den besonders knappen Kassen der Provinzialverwaltung ein nicht zu unterschätzender Vorteil. So wurden in der Provinzialverwaltung schon seit 1860 Überlegungen angestellt, Ordensgemeinschaften mit der Betreuung unheilbar Kranker und Behinderter zu befassen, um so die eigenen Kliniken auf Heilung zu konzentrieren und von der Pflege zu entlasten.

1888 kaufte die Genossenschaft der Cellitinnen mit Hilfe eines Darlehens der Provinzialverwaltung das Gelände eines 1802 säkularisierten Zisterzienserinnenklosters. In ihm wirkte einst auch der aus Köln stammende heilige Hermann-Joseph als Spiritual. Schon 1889 wurden erste Neubauten errichtet. Zu dieser Zeit waren schon 130 Patientinnen in der Pflegeanstalt. Noch bis 1979 wurden hier nur weibliche Patienten aufgenommen. Die Cellitinnen waren nun auf einem Gebiet tätig, auf dem ihr männlicher Zweig, die Celliten oder Alexianer-Brüder, schon seit langem tätig war und bis heute erfolgreich weiterwirkt.

Die Cellitinnen des Bürgerhospitals hatten in ihrer damals 50jährigen Geschichte nur wenig Erfahrungen in der Arbeit mit Geisteskranken und Behinderten gewinnen können. Es ist verständlich, daß sich viele Schwestern wegen ihrer fehlenden Vorkenntnisse vor dem Einsatz in der „Irrenpflege" scheuten und nicht ohne Vorbehalte und Angst nach Hoven gingen. Hinzu kam, daß den Schwestern in den Anfangsjahren lediglich die praktischen Ärzte von Zülpich, die ebenfalls über keine psychiatrische Fachausbildung verfügten, bei der Behandlung der Geisteskranken zur Seite standen. Die Provinzialverwaltung, die viele Heil- und Pflegeanstalten in eigener Regie leitete, wird sicherlich Ratschläge zur Behandlung psychisch kranker Patienten gegeben haben. In erster Linie war sie jedoch an der Einhaltung der vertraglich festgelegten Bestimmungen interes-

Kloster Marienborn. Augustinusbau.

siert, die sich hauptsächlich auf den verwaltungstechnischen Bereich stützten. Es war beispielsweise festgelegt, daß der Pflegesatz 1 Mark täglich betrug und jeweils die Hälfte der Aufzunehmenden aus ruhigen bzw. unruhigen Patientinnen bestehen sollte, von denen 10 % inkontinent und bettlägerig sein durften. Diese Einteilung macht die nur grobe Differenzierung der einzelnen psychiatrischen Krankheitsbilder zur damaligen Zeit deutlich.

Die „Heilmethoden" jener Zeit waren im wesentlichen auf das Ruhigstellen unruhiger Patientinnen ausgerichtet, Maßnahmen, die zum Schutz dieser Kranken vor Selbstzerstörung, aber auch zum Schutz der Mitpatientinnen und der Schwestern nötig waren. Erst Ende der 1950er Jahre standen Medikamente zur Verfügung, die die körperlich sehr belastenden Methoden wie Wasserbäder oder „Packungen" für Tobsüchtige ersetzen konnten. Die großen Wachsäle, in denen die Patienten schliefen, waren hier nicht nur zur besseren Überwachung notwendig, sondern im Gegensatz zu Krankenhäusern und Altersheimen, wo sie ebenfalls anzutreffen waren, auch in therapeutischer Hinsicht sinnvoll. Sie gaben den Patientinnen ein Gefühl der

Geborgenheit in einer geschlossenen Gruppe, die meist ein Leben lang zusammenblieb, denn Entlassungen waren selten. Die Schar der Patientinnen und die ebenfalls meist lebenslang in Marienborn eingesetzten Schwestern wuchsen so zu einer Familie zusammen.

Nach dem ersten Weltkrieg begannen erste durchgreifende Änderungen in der Therapie. Für ruhige und halbruhige Patientinnen war schon relativ früh der Wert der aktivierenden Krankenbehandlung erkannt worden. Der Durchbruch zur Arbeitstherapie erfolgte auch in Marienborn erst zu Beginn der 1920er Jahre. Die Ökonomie wurde erweitert, eine Wäscherei und ein großer Websaal errichtet. Die Patientinnen wurden ihrem Behinderungsgrad entsprechend für die verschiedenen Arbeiten eingeteilt. Viele fanden Beschäftigung bei der Feldarbeit und bei der Versorgung des Kleinviehs. Körperlich Gebrechliche wurden im Näh- und Stickzimmer, andere in der Wasch- oder Kochküche eingesetzt. Die Leitung der Heil- und Pflegeanstalt war bestrebt, alle Patientinnen soweit es ging zu beschäftigen. Gelegentlich kam es vor, daß Patientinnen während der Arbeit Tobsuchtsanfälle bekamen. In diesen Situationen mußten sich die Schwestern selbst helfen. Jede hatte für diese Fälle ein

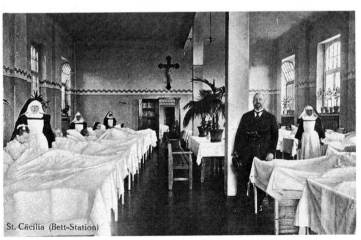

St. Cäcilia (Bett-Station)

Kloster Marienborn, Bett-Station. Um 1920.

Kloster Marienborn. Kranke bei der Feldarbeit. Um 1920.

eigenes Rezept. Eine Schwester nahm zur Feldarbeit immer eine ganze Tasche voller Bonbons mit. Bekam eine Patientin einen Anfall, gab die Schwester ihr Bonbons und trug ihr auf, so viele wie möglich auf einmal in den Mund zu stecken. Die Patientin war beschäftigt, und damit war die Situation meistens gerettet. 64 Jahre lang, 1923 bis 1987, war Pfarrer Wilhelm Kremers als Hausgeistlicher für die Seelsorge in Hoven zuständig. Es ist nicht übertrieben, Pfarrer Kremers als ersten Beschäftigungstherapeuten der Heil- und Pflegeanstalt zu bezeichnen. Er veranstaltete mit den Kranken kleine Theaterstücke. „Lebende Bilder" kamen zu Weihnachtsfeiern zur Aufführung. Auch Tanzveranstaltungen fanden statt, allerdings ohne männliche Beteiligung.

Sankt Marien und Maximin: ein Hauptwerk der Romanik

Unter den Bauten in Hoven ist die Klosterkirche ein architektonisches Denkmal besonderen Rangs. Die Kapelle des ehemaligen Zisterzienserinnenstiftes Marienborn ist erst nach den Restaurierungen durch die Cellitinnen wieder als ein Hauptwerk rhein-maasländischer Romanik erlebbar. Nachdem die Genossenschaft 1888 das Kloster gekauft hatte, wurde die zuvor verwahrloste Kirche des 12. und 13. Jahrhunderts erweitert und renoviert. Die Flachdecke der Kirche wurde im Geschmack des Historismus in romanisierendem Stil ausgemalt. Dabei wurden Motive der Buchmalerei des 12. Jahrhunderts zum Vorbild genommen. Das Gewölbe der Apsis wurde mit dem Bildnis des Pantokrators, dem die 12 Apostel zu Füßen sitzen, ausgemalt. Die zurückhaltende Farbgebung und die der Architektur untergeordneten Formen haben dazu geführt, daß die Malereien von M. Göbbels nie ernsthaft der Gefahr des Übertünchens, der Purifizierung auf einen fiktiven Urzustand ausgesetzt waren.

Ebenso adäquat wie die im Geschmack des ausgehenden 19. Jahrhunderts vorgenommene Ausmalung war die nach der Liturgiereform des Zweiten Vatikanischen Konzils vorgenommene Umgestaltung des Altarraumes. Die von O. Höhnen in modernen Formen gestalteten Ausstattungsstücke des Altarraumes nehmen den Rhythmus des Chorraumes auf, ohne das Konzept des 19. Jahrhunderts zu dominieren. Der in der Apsis aufgestellte Tabernakel leitet den Blick über den Altar in die

Kirche (Südseite)

Kloster Marienborn, Kirche St. Marien und St. Maximin. Ansicht von Süden.

Höhe, auf das Bild des Weltenherrschers. Eine Lösung, die dem Besucher die romanische Raumgestaltung erschließt und gleichzeitig die Wand der Apsis nicht zur leeren Fläche werden läßt.[27]

Die Schwestern der Stadt Köln

Neben den Schwerpunkten im Krankenhauswesen ländlicher Gemeinden und der Psychiatrie blieb die Krankenversorgung in Häusern der Stadt Köln ein wesentlicher Aufgabenbereich, der bis in die 1970er Jahre hinein die Arbeit und Struktur der Genossenschaft bestimmt hat. Dabei waren die Tätigkeiten für die Stadt Köln und für eigene Häuser nicht nur durch die Auswechslung von Schwestern vielfach personell miteinander verbunden. Bis 1917, als Erzbischof Kardinal von Hartmann Mutter Maura Bachofen von Echt zum Wechsel verpflichtete, wohnte die Generaloberin im Bürgerhospital und nicht wie allgemein üblich im Mutterhaus ihrer Gemeinschaft. Eine andere Verflechtung zeigt sich in der Person Professor Bardenheuers. Der 1874 als Nachfolger Dr. Fischers zum Chef der chirurgischen Abteilung des Bürgerhospitals ernannte Bardenheuer gründete auch die chirurgische Abteilung im Klösterchen, dem Krankenhaus der Cellitinnen in der Severinstraße.

Augusta-Hospital

Die Cellitinnen übernahmen 1888 das städtische Augusta-Hospital an der Zülpicher Straße. Zunächst als Hilfskrankenhaus in einem alten preußischen Fort gegründet, wurde das Hospital von Stadtbaumeister H. J. Stübben 1886 bis 1888 komplett neu gebaut und versorgte den südwestlichen Bereich der Neustadt. Das vor dem Zweiten Weltkrieg 470 Betten umfassende Haus war Nachfolger der außerhalb der Stadtmauern liegenden Barackenhospitäler und Pockenhäuser. Diese Tatsache erklärt, warum besonders Infektionskrankheiten zu seinen Arbeitsschwerpunkten gehörten.

Kinderhospital in der Buschgasse

Von 1883 bis 1943 betreuten Cellitinnen aus der Severinstraße auch das zum Andenken an Abraham von Oppenheim gestiftete Kinderhospital in der Buschgasse, unweit des Mutterhauses

Augusta-Hospital, Zülpicher Straße. Zeichnung von J. Schreiner. 1896.

gelegen. Die Berufung der Ordensschwestern erfolgte, nachdem die Ehefrau des Barons von Oppenheim die Tätigkeit der Cellitinnen während einer Krankheit selbst kennengelernt hatte. Die hier tätigen Ärzte legten wichtige Grundlagen zur modernen Kinderheilkunde und Kinderchirurgie. Das von Oppenheim-'sche Kinderhospital mit seinen zuletzt 80 Betten war ein bei den Schwestern beliebter Arbeitsplatz und gehörte wegen seiner Möglichkeiten, in der Kinderkrankenpflege Erfahrungen zu sammeln, zu den besonderen Tätigkeitsschwerpunkten. Seit 1931 befand sich hier auch eine Säuglingsschwesternschule. 1933 wurde die Leitung des Hospitals der es tragenden „jüdischen" Stiftung aus den Händen genommen und von der Stadt Köln wahrgenommen. Nach dem Zweiten Weltkrieg wurde die Arbeit

Oppenheim'sches Kinderhospital, Buschgasse. Gartenseite. Um 1880.

dieses bedeutenden Krankenhauses, 1943 durch Bomben völlig zerstört, durch die Städtische Kinderklinik Amsterdamer Straße fortgesetzt. Weltliche Schwestern lösten die Cellitinnen ab. Von 1905 bis 1931 wirkte die Genossenschaft noch in einer weiteren Spezialklinik der Stadt, der Augenheilanstalt Gereonswall, neben dem Fürsorgeheim im Klapperhof die einzige Krankenhausniederlassung der Cellitinnen in der nördlichen Altstadt, die ansonsten durch Niederlassungen von Vinzentinerinnen und Franziskanerinnen gut versorgt war.

Lindenburg

1908 übernahm die Genossenschaft Pflege und Bewirtschaftung in ihrem bisher umfangreichsten Aufgabenbereich, in den neuerbauten Städtischen Krankenanstalten Lindenburg, aus denen sich die medizinische Akademie, 1919 dann die wiedergegrün-

Krankenanstalten Lindenburg. Innenhof mit Pavillonbauten. 1912.

dete städtische Universität entwickeln sollte. Die Cellitinnen übernahmen mit dem neuen Klinikkomplex eine Wirkungsstätte, an der vor ihnen schon Alexianer in der „Irrenanstalt" Lindenburg tätig waren. Die weitläufige Anlage war in einem noch sehr dünn besiedelten Vorort auf dem Gelände einer alten Villa angelegt worden. Sie bestand aus einer durch geschlossene Arkaden verbundenen Serie freistehender Bauten, die um große Gärten gruppiert waren. Diese Pavillonbauweise galt 1908 wegen der besonderen Infektionssicherheit als hochmodern. 1929 wurde nach ihrem Umzug in die Kerpener Straße auch die ehemalige Hebammenlehranstalt als Frauenklinik in diesen Komplex eingegliedert. Noch 1971, dem Jahr, als die Genossenschaft die Lindenburg verließ, wirkten in der Lindenburg 75 Ordensschwestern in einer Klinik mit über 1100 Betten. Zeitweise und sogar noch während des Zweiten Weltkrieges haben hier einmal annähernd 270 Schwestern gearbeitet.

108

In der Lindenburg nahm man auf das religiöse Leben der Schwestern besonders Rücksicht. Für sie wurde von Anfang an ein kleines Kloster errichtet, komplett mit Kreuzgang, Klostergarten und Kapelle. Nach den Zerstörungen im Zweiten Weltkrieg wurde den Schwestern noch einmal ein solch komplettes Kloster gebaut, vielleicht auch Zeichen der Wertschätzung, die man ihrer Tätigkeit, trotz zurückgehender Schwesternzahlen, immer noch beimaß.

Exemplarische Schwesternpersönlichkeiten

In den Jahren nach der Jahrhundertwende wirkten in Häusern der Stadt Köln drei Ordensschwestern aus der Genossenschaft der Cellitinnen, Severinstraße, deren Wirken exemplarisch für alle anderen aus der weitgehenden Anonymität des Ordenslebens herausgehoben werden soll.

Schwester Blandina, geb. Maria Ridder, war eine der ersten Ordensschwestern, die den Umgang mit der neuentwickelten Röntgentechnik erlernte. Sie arbeitete seit 1898 in der Röntgenabteilung der chirurgischen Station Professor Bardenheuers. Die krebserregende Wirkung einer Überdosis von Röntgenstrahlen war zu jener Zeit noch nicht erkannt, Bleischürzen, Sicherheitsglas und strahlensichere Abdeckung der Röntgenröhre noch unbekannt. Schwester Blandina erkrankte schon nach 18 Monaten an Krebs. An Händen und Unterarmen zeigten sich Blasen und eitrige Geschwüre. Im Laufe der folgenden Jahre mußten ihr nach und nach alle Fingerglieder, zuletzt auch die linke Hand und der linke Unterarm amputiert werden. Von Metastasen in Brust und Rücken gequält, starb sie 1916 im Alter von 45 Jahren im 27. Ordensjahr. Was das Leben dieser Frau so bemerkenswert macht, ist nicht die Tatsache, daß sie sich unwissentlich in Lebensgefahr gebracht hatte, sondern vielmehr ihr zähes Weiterarbeiten, als sie die Ursache ihres Leidens erkannt hatte. Ihr allgemein als froh und ausgeglichen beschriebener Seelenzustand, der ihr bis zuletzt eigen war, zeigt die Stärke Schwester Blandinas in besonderer Weise.

Sie wurde auf und durch drei Denkmale geehrt. Schwester

Schwester Blandine Ridder.

Blandina Ridder ist auf dem Denkmal der Röntgenpioniere beim Krankenhaus Sankt Georg in Hamburg als einzige Frau genannt. In Köln wurde sie mit der Benennung zweier Krankenpflegeschulen geehrt. Die Stadt Köln nannte ihre Schule im Krankenhaus Köln-Merheim 1953 „Schwester-Maria-Ridder-Schule“. Nach deren Auflösung übernahm die Genossenschaft 1977 den Namen als „Schwester-Blandine-Ridder-Schule“.

Zwei andere Schwestern sind wegen ihres Engagements für eine Gruppe von Kranken bemerkenswert, die heute noch, zumindest auf dem Verordnungswege, diskriminiert und entwürdigender Behandlung ausgesetzt wird. Mancher wird beim Durchlesen der „Tarif- und Beförderungsbestimmungen“ der öffentlichen Verkehrsbetriebe auf den Passus gestoßen sein: „Personen mit ekelerregendem Aussehen können von der Beförderung ausgeschlossen werden.“[28] Gemeint waren und sind damit Menschen, deren Haut besonders im Gesicht von einer Lupus vulgaris genannten Form der Tuberkulose durch Geschwüre und Krater zerstört wurde. Menschen ohne Nasen, mit zerfressenen Wangen oder Kiefern sind gewiß kein schöner Anblick. Doch ist einmal die Krankheit ausgeheilt, geht von ihnen keine Anstek-

Denkmal der Röntgenpioniere.
Krankenhaus Sankt Georg,
Hamburg.

kungsgefahr mehr aus; kein Grund also, sie aus der menschlichen Gemeinschaft auszuschließen. Hauptaufgabe der Ärzte und Schwestern, die um diese Kranken kämpften, war also nicht nur die Heilung der akuten Infektion, sondern auch, ihren Patienten einen Weg in die Gesellschaft ihrer Mitmenschen zu ermöglichen.

Zur gezielten Bekämpfung der Infektion war um die Jahrhundertwende von dem dänischen Nobelpreisträger Niels Finsen ein Gerät mit kurzwelliger (UV-)Strahlung entwickelt worden, das bis zur Einführung ursächlich wirkender Tuberkulostatika nach dem Zweiten Weltkrieg die einzige Möglichkeit zur Heilung dieser Krankheit war. Kurz nach der Jahrhundertwende wurden schon zwei Cellitinnen aus der Röntgenabteilung des Bürgerhospitals auf Kosten der Stadt zur Ausbildung am Finsenlichtapparat nach Kopenhagen geschickt. Eine davon war **Schwester Johanna,** geborene Maria Engstenberg (1865–1946), Ordensschwester seit 1892. Sie widmete sich besonders den Lupuskranken. Die Chronik der Cellitinnen schreibt:

„Die Pflege und Betreuung dieser Ausgestoßenen . . . war beispielhaft. Sie versuchte alles und zu jeder Stunde. Sie pflegte

111

und versorgte die Kranken oft in den dunklen Abendstunden, um sie nicht dem Tageslicht und der Herzlosigkeit der Menschen auszusetzen. Sie wollte deren Lebenswillen erhalten, und wie litt sie, wenn ihre Schützlinge durch Gas oder Gift, durch Ertränken oder Erhängen ihrem Dasein ein Ende machten . . . Durch die Einwirkung der Strahlen wurde Schwester Johanna dann selbst ein Opfer ihres Berufes. Hände, Arme, Wangen, Kiefer, Zunge und Gaumen zeigten fortschreitende Schädigungen und furchtbare Entstellungen. Schließlich wurde ihr die Nahrungsaufnahme fast unmöglich. Jeder Händedruck verursachte ihr namenlose Schmerzen. Sie trug alles klaglos; sie wollte nicht weniger leiden als die, für die sie aus letzter religiöser Haltung Pionier und Opfer der Strahlenheilkunde geworden ist."

Galt die Sorge der Schwester Johanna der Bekämpfung der Ursachen, so fand **Schwester Hipolytha,** geborene Maria Wery (1870–1962), in der Genossenschaft seit 1890, einen Weg zu einer, im wahrsten Sinne des Wortes, ansehnlichen Lösung der Krankheitsfolgen. Hierzu zitiert die Chronik die Kölner Kirchenzeitung:

„Am 6. Februar 1962 starb im Kloster Marienborn, Zülpich, im Alter von 93 Jahren Schwester M. Hipolytha, deren Tätigkeit in Köln bis auf den heutigen Tag unvergessen ist, weil sie immer noch segensreich nachwirkt. Schwester M. Hipolytha aus dem Orden der Augustinerinnen hatte in der Zeit nach dem Ersten Weltkrieg bei ihrer Arbeit in der Hautklinik der Kölner ‚Lindenburg' das tragische Schicksal derer miterlebt, die sich durch Entstellungen des Gesichts (Kriegsversehrtheit, Tuberkulose usw.) in der Öffentlichkeit gebrandmarkt fühlten und den Mut zur beruflichen Tätigkeit und Lebensmut überhaupt zu verlieren drohten. Manch ein Selbstmord unter ihren Patienten bestärkte sie darin, eine Möglichkeit zu finden, fehlende Teile des Gesichts wie Nasen, Ohren oder Wangen nachzumodellieren und sie so im Gesicht der Entstellten anzubringen, daß sie sich ohne Scheu wieder unter Menschen wagten. In der Tat gelang ihr dies in Zusammenarbeit mit dem damaligen Prof. Zinsser an der Universitätsklinik so vorzüglich, daß sich noch heute nicht

wenige Kranke derartiger Gesichtsergänzungen bedienen. . . .
Überdies fertigte Schwester M. Hipolytha für die Ärzte der
Hautklinik jener Zeit zahlreiche Wachsmoulagen an, Modelle
von Krankheitszuständen, an denen die Medizinstudenten
anschaulich studieren konnten und die lange Zeit begehrte
Schaustücke in den Hörsälen und Ausstellungen waren. Wichtiger als diese materielle Hilfe aber war die außerordentliche
seelische Betreuung, die Schwester M. Hipolytha ihren Patienten auch lange Zeit über den Krankenhausaufenthalt hinaus
angedeihen ließ. Manch einen hat sie vom Selbstmord zurückge-
halten, und manch einem hat sie Trost für das ganze Leben
gebracht."
1981 meldete sich bei der Generaloberin ein Ehepaar. Die Frau
gehörte zu jenen, denen Schwester Hipolytha mit ihren Moula-
gen zur Gesichtsrekonstruktion neuen Lebensmut geschenkt
hatte. Das Paar berichtete, daß jahrzehntelang niemand etwas
von der Tatsache gemerkt hatte, daß man in ein künstliches
Gesicht geblickt hatte. Der Dank bestand aus einem Zuschuß an
das Altenheim für Ordensschwestern der Genossenschaft in
Heisterbach, der weit höher als ein normales Jahreseinkommen
war!
Heute sind Moulage-Techniken weitgehend vergessen, die pla-
stische Chirurgie, Silikonpolster und Hautverpflanzungen
ermöglichen auch die Rekonstruktion eines so komplizierten
und psychologisch so entscheidenden Körperteils wie eines
Gesichtes. Zu ihrer Zeit war jedoch die Fingerfertigkeit und
Phantasie einer Schwester Hipolytha oft einzige Rettung.
Was die beiden Berichte der Chronik über die Schwestern so
bemerkenswert macht, ist die Betonung dessen, was heute wohl
„psychologische Nacharbeit" genannt würde. Das Ideal christlicher Arbeit für und mit Kranken ist eben immer nicht nur die
körperliche Heilung, sondern auch die Sorge um das seelische,
geistige und geistliche Wohl der Patienten.

Dr. Krautwig – Förderer der Cellitinnen

Neben der eigentlichen Krankenpflege haben die Cellitinnen im Laufe der Jahre auch andere Aufgaben für die Stadt Köln übernommen. Die engen Beziehungen zum städtischen Beigeordneten für das Gesundheitswesen, dem „um die Ecke vom Bürgerhospital" in der Cäcilienstraße tätigen Dr. Krautwig, wirkten sich hier besonders aus. Krautwig war seit 1905 der erste Beigeordnete in Deutschland, dessen Aufgabengebiet im neu entstandenen Gesundheitsamt ausschließlich das Gesundheitswesen war. In Köln war damit dieser Bereich erstmals aus den Strukturen der Armenverwaltung/-deputation traditioneller Art gelöst. Mit Krautwig nahm das Kölner Gesundheitswesen einen rapiden Aufschwung. Unter seiner Leitung wurde nicht nur die Lindenburg zum Großklinikum ausgebaut, sondern auch die Röntgenabteilung des Bürgerhospitals zu einem Spezialinstitut perfektioniert und ein Fürsorgesystem für Lungenkranke von europäischer Bedeutung geschaffen.

Bürgermeister Krautwig, engagierter Katholik, förderte die mit ihm zusammenwirkenden Cellitinnen besonders. Er ordnete als erster obligatorisch für alle bei der Stadt Köln beschäftigten Ordensschwestern einen jährlichen Urlaub von 14 Tagen an. Unterstützt wurde er in seinen Absichten vom Kölner Erzbischof Kardinal Felix von Hartmann (1912–1918), der in besonderer Weise um das Wohl der krankenpflegenden Ordensschwestern bemüht war. Der Kardinal legte nicht nur detailliert tägliche Erholungszeiten für alle Schwestern und gesonderte Ruhezeiten für die Nachtwachen fest, sondern bestimmte auch nachdrücklich, daß der 14tägige Urlaub ausschließlich Erholungszwecken zu dienen habe und keinesfalls zu Exerzitien benutzt werden dürfe! In den Hungerjahren des Ersten Weltkrieges entband er Schwestern in der Krankenpflege von jeglichen Fastgeboten und verpflichtete die Klosterkommissare und Beichtväter nachdrücklich, darauf zu achten, daß von diesen Freistellungen auch wirklich Gebrauch gemacht werde!

Gründung von Kindererholungsheimen
und Lungenheilstätten

Die kriegsbedingte Nahrungsmittelknappheit der Jahre 1914 bis 1920 hatte insbesondere unter Kindern schreckliche Folgen. Mangelkrankheiten, besonders Rachitis, schädigten die 1905 bis 1920 geborenen Generationen besonders. So ist es nicht verwunderlich, daß noch während des Weltkrieges alle Anstrengungen unternommen wurden, diesen Opfern des Krieges besonders zu helfen. Es entstand eine Reihe städtischer Heime, von denen die Genossenschaft drei übernahm. Im Mai 1918 bezogen die Cellitinnen das Kindererholungsheim Adenau in der Eifel, im August des gleichen Jahres das Waldheim Köln-Brück. Letzteres war in den Verwaltungsräumen einer ehemaligen Munitionsfabrik eingerichtet worden. Das Heim wurde 1931 aufgelöst, 1947 von einigen ausgelagerten Abteilungen der städtischen Krankenhäuser wieder bezogen und für lungenkranke Kinder genutzt und 1952 in andere Hände übergeben.

Im Juli 1920 richtete die Stadt Köln mit der Genossenschaft noch ein weiteres Kindererholungsheim auf der Godeshöhe bei Bonn ein, das auch als Heilstätte für lungenkranke Kinder genutzt wurde. Adenau und Godeshöhe wurden auch den Cellitinnen aus städtischen Häusern als Urlaubsdomizil zugewiesen. Die in den drei Kinderheimen beschäftigten Schwestern übernahmen Aufgaben sowohl im pädagogischen als auch im pflegerischen und hauswirtschaftlichen Bereich. Erst 1976 verließen sie das von ihnen wegen seiner Lage und Umgebung besonders geschätzte Adenau, nachdem sie die malerisch über dem Rheintal gelegene Godeshöhe schon 1969 aufgegeben hatten.

Auf Drängen Bürgermeister Krautwigs begründete die Stadt Köln zur Ergänzung des Angebotes der Provinzialverwaltung eigene Lungenheilstätten. Für diese Anstalten bestand von Beginn des Ersten Weltkrieges an bis weit nach dem Zweiten Weltkrieg ein erhöhter Bedarf. Unterernährung weiter Bevölkerungskreise wurde in dieser Zeit immer nur kurz durch Phasen mit nahezu idealer Versorgung unterbrochen. Noch vor dem Ersten Weltkrieg war mit der Erkenntnis der mikrobiellen

Milchküche, 1912.

Ursache der Tuberkulose ein erster Schritt zur Bekämpfung dieser Volksseuche getan. Mit verbesserter Hygiene und erheblich besseren Wohnverhältnissen folgten weitere Schritte, die ein erstes Absinken der Infektionsrate bewirkten.

Eine weitere wichtige Maßnahme war die konsequente Isolation der an offener Tuberkulose erkrankten Personen. Vor Einführung gezielt wirkender Medikamente blieben neben ausgewogener Ernährung Kuren in Reizklima das einzige wirksame Mittel zur Bekämpfung der Krankheit. Die von Tuberkulose am stärksten betroffenen Bevölkerungskreise konnten sich jedoch nur selten eine langfristige Erholung im Idealklima, an der See oder im Hochgebirge, leisten. Daher suchten die Träger der Gesundheitsfürsorge nach geeignetem Ersatz. Für die von der Stadt Köln selbst unterstützten Lungenkranken war dies unter anderem die Lungenheilstätte Rosbach im Siegtal, durch Cellitinnen von 1924 bis 1938 und von 1946 bis 1976 betreut. Gegründet worden war das Haus von einem Hilfsverein, aus dessen Besitz es die Stadt 1936 übernahm.[29]

Einen entscheidenden Durchbruch beim Kampf gegen die Tuberkulose brachte die gesetzliche Verpflichtung, jegliche in den Handel kommende Milch zuvor zu pasteurisieren. Unbehandelte, rohe Kuhmilch war und ist ein Hauptüberträger der schrecklichen Krankheit. Daher ist es verständlich, daß in den Krankenhäusern für die Führung einer Milchküche eine besondere Ausbildung verlangt wurde. Für Kinder- und Säuglingsabteilungen waren diese Milchküchen einfach unentbehrlich. Sie stellten zu Recht den Stolz dieser Häuser und ihrer Ordensschwestern dar.

Neben der Heilstätte Rosbach betreuten die Cellitinnen auch zwei der Landesversicherungsanstalt gehörende Kliniken in Holsterhausen an der Ruhr bei Essen (1920–1977) und in Hohenhonnef am Rhein (1924–1977). In diesen Häusern wurden neben Tuberkulosekranken auch andere Lungenkranke aufgenommen. Für alle in den drei Lungenheilstätten der Genossenschaft beschäftigten Schwestern war die Ansteckungsgefahr besonders hoch. Es ist daher nicht verwunderlich, daß in Lungenheilstätten nur ausgesucht gesunde und kräftige Schwestern geschickt wurden und auf die Lebensmittelversorgung gerade dieser Häuser besonders viel Wert gelegt wurde. Hohenhonnef wurde nach 1945 nicht wegen Personalmangels aufgegeben, sondern weil der kontinuierliche Rückgang der Tuberkuloseheilmaßnahmen zur Stillegung der Klinik zwang. Die Wirkung von verbesserter Hygiene, geänderten Ernährungsweisen und pharmazeutischem Fortschritt zeigt sich in diesem Fall besonders deutlich. Der Abschied von Hohenhonnef war somit eher als Sieg der Medizin denn als wehmütiges Ereignis zu werten.

Zwischenspiel in Düsseldorf

Während die Stadt Köln über 133 Jahre lang mit den Cellitinnen zusammenarbeitete und Ordensschwestern lange Zeit den Vorzug vor weltlichen Schwestern gab, wurde in Düsseldorf demonstrativ ein anderer Weg gewählt.[30] Cellitinnen aus Köln hatten hier am 1. 8. 1896 ein Barackenhospital der Stadt übernommen und erfolgreich ausgebaut. Trotzdem beschloß der Rat der Stadt Düsseldorf, in dem 1906 neu erbauten Städtischen Krankenhaus keinerlei konfessionell gebundenes Pflegepersonal mehr zu beschäftigen und statt dessen weltliche Schwestern zu suchen. Als Grund hierfür wurde die Gleichbehandlung sowohl protestantischer als auch katholischer Patienten angegeben, die bei einer Pflege allein durch Ordensschwestern oder evangelische Diakonissen nicht gewährleistet sei. Antwort der Cellitinnen war die prompte Kündigung des Vertrages durch Mutter Cleopha Diefenthal. Schon am 31. 1. 1907 verließen die Ordensschwestern diese Niederlassung wieder. Sie kehrten jedoch noch im selben Jahr nach Düsseldorf zurück und übernahmen die Leitung eines Fürsorgeheimes.

Dieses vom Katholischen Fürsorgeverein für ledige Mütter errichtete Gertrudisheim sollte die Arbeit der in Düsseldorf etablierten protestantischen Institutionen ergänzen und katholischen jungen Frauen als Zufluchtsstätte dienen.

1908 und 1919 übernahmen die Cellitinnen die Haushaltsführung in zwei weiteren Düsseldorfer Heimen, des Marienheims und des Kaufmannsheims, in denen berufstätige junge Damen und Herren Unterkunft und Verpflegung fanden.

In Düsseldorf wirkte außerdem noch jahrzehntelang eine Schwester der Genossenschaft in der Krankenpflege: Schwester Coleta, die 1965 im Alter von 69 Jahren von ihrem Posten im Gefängniskrankenhaus Düsseldorf zurücktrat. Bis 1958 gehörte sie zum Konvent des nahe gelegenen Gertrudisheimes. Doch auch nachdem die Genossenschaft dieses Haus 1958 in andere Hände übergeben und sich damit endgültig aus Düsseldorf zurückgezogen hatte, blieb sie weiter als Operationsschwester im Gefängnis tätig. Sie war damit die einzige aus der Genossenschaft, der jemals gestattet wurde, nicht in der Gemeinschaft eines Konvents oder Klosters der Cellitinnen zu leben. Ein Beweis, welche Bedeutung auch die Gemeinschaft der Schwestern Sr. Coletas Tätigkeit beimaß. Sie war darüber hinaus auch die einzige aus der Genossenschaft, die regelmäßig mit einer evangelischen Diakonisse Dienst tat. Ökumenische Arbeit im OP, lange vor dem Konzil.

Von der Krankenpflege zum sozial tätigen Orden

Ein sozial bedingtes Problem des 20. Jahrhunderts brachte die Cellitinnen seit 1905 in insgesamt 5 Fürsorgehäuser für sittlich gefährdete Mädchen oder ledige Mütter.[31] Die Zahl der ledigen Mütter war um die Jahrhundertwende rapide gestiegen, da nun vermehrt junge Frauen vom Lande in die Stadt zogen und sich größtenteils als Haus- oder Dienstmädchen, später auch als Fabrikarbeiterinnen ihren Lebensunterhalt verdienten. Ohne familiären Rückhalt vereinsamten die Mädchen häufig.

Die Diskriminierung von Müttern unehelicher Kinder als „gefallene Mädchen" brachte für sie erhebliche gesellschaftliche und wirtschaftliche Nachteile mit sich. Die engen Moralvorstellungen mancher „bürgerlicher" Kreise machten es möglich, daß der Eintrag „hat uneheliches Kind" im obligatorischen Arbeitsbuch der Dienstboten für eine Haushaltshilfe nicht nur eine fristlose Entlassung mit sich brachte, sondern zumeist jede Neuanstellung in einem anderen Haushalt verhinderte. Der Weg ins soziale Elend war damit vorprogrammiert. Um ein Abdriften dieser Mädchen in Kriminalität und Prostitution zu verhindern, wurden um die Jahrhundertwende viele konfessionelle und überkonfessionelle Vereine zum Schutze junger Frauen gegründet. Einige der Hilfsvereine widmeten sich schwerpunktmäßig der Betreuung junger Prostituierter, die meisten boten vor allem ledigen Müttern Schutz und Hilfe. Oft waren den von ihnen getragenen Säuglings- und Fürsorgeheimen auch Säuglingspflegeschulen angeschlossen.

Fürsorgeheime

Als erstes Heim übernahm die Genossenschaft 1905 das St.-Joseph-Haus in Köln-Bayenthal, in dem bis zu 100 Mütter mit ihren Kindern untergebracht werden konnten. Das Heim finanzierte sich durch Beiträge des Trägervereins sowie eine Wäscherei und Büglerei, die Auftragsarbeiten für viele hundert Haushalte annahmen. 1965 mußte die Genossenschaft dieses Haus aus Nachwuchsmangel aufgeben.

Das ebenfalls 1905 bezogene Magdalenenstift in Bonn war als Fürsorgeheim für „sittlich gefährdete Mädchen" gegründet worden. Nach der katastrophalen Grippeepidemie des Jahres 1923 wurde das alte Haus aufgegeben und 1924 in Bonn-Dottendorf ein neues mit anderer Zielsetzung aufgebaut. Noch bis 1950 wurden ledige Mütter beherbergt. Das neue Säuglingsheim entwickelte sich rasch zur Kinderklinik und diente in der Folgezeit vielen weltlichen und Ordensschwestern als Ausbildungsstätte zur Kinderkrankenschwester. Erst 1981 verließ die Genossenschaft dieses liebgewonnene Haus, wie in den meisten anderen Fällen auch, aus Nachwuchsmangel.

30 Jahre, von 1907 bis 1937, wirkte die Genossenschaft im Johannisstift Wiesbaden, einem Fürsorgeheim. Zu jener Zeit nicht nur die einzige Niederlassung außerhalb der preußischen Rheinlande, sondern auch die von Köln am weitesten entfernte. Sogar 50 Jahre lang wurde das Gertrudisheim in Düsseldorf von Cellitinnen geleitet. In diesem Heim war Platz für bis zu 90 Mädchen und 80 Säuglinge. Von 1908 bis 1958 versorgten die Ordensschwestern Haushalt und Küche und leiteten die Arbeit in Wäscherei und Büglerei, die wie im Vorbild Köln-Bayenthal das wirtschaftliche Rückgrat des Heimes bildeten. Ein Brief aus den Zeiten der Auflösung dieser Niederlassung enthält einen kleinen Hinweis, was die Berufung ausgerechnet der Cellitinnen veranlaßt haben mag:

Das besonders teilnahmsvolle und engagierte Verhalten einer Ordensschwester gegenüber den jungen Patientinnen einer Abteilung für Geschlechtskranke des Düsseldorfer „Baracken-Hospitals", die vom Fürsorgeverein betreut wurden, bewog dessen Damen, sich nach Köln mit der Bitte nach weiterer Hilfe zu wenden.

1912 wurde das letzte Fürsorgeheim übernommen, das Haus „Maria Schutz" in der Kölner Straße Klapperhof, von 1925 bis zu seiner Zerstörung im Zweiten Weltkrieg in der Machabäerstraße. In diesem Heim gab es ursprünglich 12 Plätze für „verwahrloste Mädchen". Der Name „Klapperhof" ruft bei Kennern Kölns Erinnerungen an ein einst besonders heruntergekommenes Stadtviertel hervor. Die Cellitinnen waren hier an einem der schwierigsten sozialen Brennpunkte Kölns aktiv. Die Arbeit der Genossenschaft wurde in allen Fürsorgeheimen durch die Tätigkeit der Frauen aus den Fürsorgevereinen ergänzt. In Zeiten von Prüderie und Scheinmoral scheuten sie die soziale Wirklichkeit nicht. Mit großem Engagement und viel liebevoller Teilnahme zeigten sie einen anderen Weg auf als die, die entrüstet „Moral" riefen und bitteres Elend bewirkten. Die Tätigkeit dieser freiwilligen Helferinnen beschränkte sich nicht nur auf Gespräche mit den jungen Frauen, sondern umfaßte so konkrete Leistungen wie die Vermittlung einer Dauerunterkunft oder einer Arbeitsstelle und vielfach Vermittlung von Adoptions- und Pflegestellen für die Kinder. Schutz und Hilfe für den ganzen Menschen, materielle und psychologische Unterstützung war in allen Fürsorgeheimen Leitgedanke jeder Arbeit. Daher gehörten die Tests, die in der Zeit des Nationalsozialismus jede junge Frau in Fürsorgeheimen über sich ergehen lassen mußte, zu den schlimmsten Erlebnissen, die freiwillige Helferinnen und Schwestern aus diesen Jahren zu berichten haben. Wurde der „Intelligenztest" nicht bestanden, ließen die „Fürsorgerinnen" der NS-Volkswohlfahrt die betreffende junge Frau in ein staatliches Krankenhaus abholen, um sie dort zwangsweise sterilisieren oder im Falle einer Schwangerschaft eine Abtreibung vornehmen zu lassen.

Haushaltsführung

Andere Häuser, die die Genossenschaft im Auftrage caritativer Vereine führte, leisteten Arbeit, die Verelendung und Ausgestoßensein von vornherein verhindern sollten: Sie boten preiswerte Unterkunft, Betreuung und ein bißchen Nestwärme für Menschen, die in Zeiten ohne gesetzlich garantierte Sozialhilfe und andere staatliche Leistungen verloren waren. So wirkten Cellitinnen von 1900 bis 1920 in der Wirtschaftsführung und Aufsicht von Schule und Lehrlingsheim „St. Joseph an der Höhe" in Bonn. In der Kölner Weißgerbereckgasse bewirtschafteten die Cellitinnen seit 1886 das St.-Joseph-Asyl. Hier wurde auch ein Lehrlingsheim für 120 elternlose arbeitende Jungen von 15 bis 25 Jahren eingerichtet, das nach dem Zweiten Weltkrieg über mehrere Ausweichquartiere in die Georgstraße, nicht weit vom Mutterhaus, ins Kölner Stadtzentrum zurückkehrte. Bis 1956 währte die Arbeit in diesem Heim.

Für alleinstehende Frauen, besonders aus kaufmännischen Berufen, war das Marienheim in Düsseldorf von einem katholischen Frauenverein eingerichtet worden. Es wurde von 1908 bis 1939 von der Genossenschaft versorgt. Das Haus bot nicht nur preiswerte Unterkunft, die Schwestern führten auch eine kleine Nähschule für Frauen aus der Umgebung. Nicht als Hobbykurs im heutigen Sinne ist diese Tätigkeit zu werten, sondern als aus der Not geborener Lösungsansatz für Frauen ohne Ausbildungsmöglichkeit. Die Nähschule ermöglichte es ihnen, später ein Zubrot mit Näharbeiten zu verdienen und unabhängig von teuren Fertigwaren zu werden. Das soziale Angebot wurde im Marienheim noch durch einen Kindergarten/-hort ergänzt. Da der Trägerverein in finanzielle Schwierigkeiten geraten war, übernahm die Genossenschaft der Cellitinnen Anteile und wurde so seit den 20er Jahren auch Miteigentümer. 1939 gaben die Cellitinnen die Leitung des Heimes in die Hände der „Schwestern unserer Lieben Frau" aus dem Mutterhaus Mühlhausen-Oedt am Niederrhein ab. Die Schwestern dieser Genossenschaft waren kurz zuvor von den Nationalsozialisten aus ihrem alten Wirkungskreis in einer Schule vertrieben worden und erhielten mit dem Marienheim eine neue Aufgabe und Finanzierungsmöglichkeit. Noch heute führen sie hier, nach Umwidmung des Hauses und Umbauten, den Liebfrauen-Kindergarten in der Pfarrgemeinde St. Maria Empfängnis.

6 Jahre lang, von 1919 bis 1925, wurde auch im Düsseldorfer Kaufmannsheim für junge ledige Mütter der Haushalt geführt. Auch heute noch ist Haushaltsführung für andere ein Tätigkeitsbereich der Genossenschaft. Seit 1891 leiten Cellitinnen die Bewirtschaftung des erzbischöflichen Priesterseminars. Für die Cellitinnen war und ist der sich daraus ergebende Kontakt zum Priesternachwuchs der Diözese besonders wichtig. Mit dem

Seminar zogen die Schwestern vom heutigen Generalvikariat in der Marzellenstraße nach Bensberg und nach der Verwüstung ihres dortigen Domizils 1945/46 wieder nach Köln in das heutige Gebäude in der Kardinal-Frings-Straße beim erzbischöflichen Haus. Heute befindet sich bei der Niederlassung im Priesterseminar auch das Noviziat der Genossenschaft, das damit einen abgeschiedenen, ruhigen Ort inmitten der Stadt gefunden hat, umgeben von vielerlei kirchlichen Bildungs- und Ausbildungsmöglichkeiten.

Hauswirtschaftliche Lehrstätten

Ihre Tätigkeit in vielen eigenen und fremden Großhaushalten, die dabei erworbenen Fertigkeiten und Kenntnisse qualifizierten viele Ordensschwestern zu Spezialistinnen. Ihr besonderes Wissen wurde in einer Reihe von Haushaltungsschulen an junge Frauen weitergegeben. Die älteste dieser Schulen befand sich von 1896 bis 1950 in einem dem Erzbistum gehörenden Haus in Füssenich in der Eifel. Im selben Jahr, 1896, wurde die bis 1973 bestehende hauswirtschaftliche Lehrstätte in (Groß-)Königsdorf eingerichtet. Die letzte noch existierende Lehrstätte wird seit den 1920er Jahren in Heisterbach betrieben. Diese Schulen (insgesamt waren es einmal 5) waren in der Zeit ihrer Blüte von der Jahrhundertwende bis in die 1960er Jahre eine wesentliche Ergänzung des Bildungsangebotes für junge Frauen, vor allem aus ländlichen Gebieten. Sie konnten und können in diesen Ausbildungsstätten Grundfertigkeiten erlernen, die sie in den Städten als qualifizierte Haushälterinnen/Haushaltshilfen einsetzen konnten und heute im Gast- und Hotelgewerbe in Stadt und Land nutzen können. Damit schuf die Genossenschaft auf dem Lande, also dort, wo Ausbildungs- und Arbeitsplätze knapp waren, für eine ohnehin schon wenig privilegierte Bevölkerungsgruppe die Möglichkeit, aus eigener Kraft wirtschaftlich unabhängig zu werden.

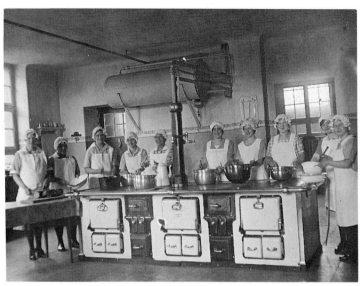

Herz-Jesu-Kloster Nettersheim. Hauswirtschaftliche Lehrlinge. Um 1930.

Herz-Jesu-Kloster Nettersheim. Sr. Elisea in der Waschküche. Um 1930.

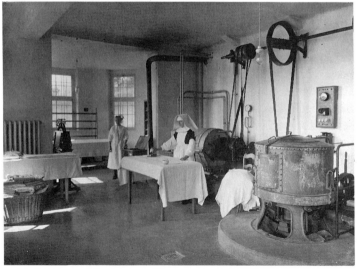

Erster Weltkrieg und seine Folgen
– Schwesterneinsatz im Lazarett –

Der Erste Weltkrieg brachte für die Genossenschaft der Cellitinnen ein völlig neues Aufgabengebiet, das unerfreulichste. Die Zahl der Soldaten, die 1866 und 1870/71 versorgt werden mußten, war verschwindend gering gegenüber jener, die 1914 bis 1918 betreut wurden. Alle städtischen Kliniken waren zumindest teilweise zu Reservelazaretten umgewandelt worden. Das Augusta-Hospital wurde sogar bis 1916 völlig für militärische Zwecke genutzt. Ende 1914 nahm dieses Lazarett die ersten Patienten auf, schwer verwundete Briten und Franzosen. Auch im Hilfskrankenhaus Lützowstraße, von der jüdischen Gemeinde Kölns zur Verfügung gestellt, wirkten Cellitinnen für lungenkranke Soldaten. Ebenfalls ganz oder teilweise wurden die ordenseigenen Häuser in Lazarette verwandelt. Dies geschah freiwillig, die Mehrkosten trug die Genossenschaft aus eigenen Mitteln. Das erst wenige Jahre alte St. Agatha Krankenhaus wurde vollständig mit allem Personal den Malteserrittern als Hospital zur Verfügung gestellt. Darüber hinaus verpflegte das Kloster in den Hungerjahren bis 1919 täglich 40 bis 50 Kinder vollständig, ebenfalls auf Kosten der Genossenschaft. Krankenhaus und Mutterhaus an der Severinstraße wurden gleichfalls in einigen Stationen mit Verwundeten belegt. Hier wurden, wie in allen anderen Häusern auch, durchziehende Soldaten kostenlos verpflegt. Als die Lebensmittelknappheit mit Andauern des Krieges immer spürbarer wurde, verteilte das Mutterhaus täglich an 30 mittellose Familien ein Mittagessen.
Im Reservelazarett des St.-Antonius-Krankenhauses, Köln-Bayenthal, zeigte sich wähend des Krieges auch die Verbundenheit der Bevölkerung mit dem neuerrichteten Hospital: Als während einer einzigen Nacht über 150 Verwundete in das ohnehin schon überfüllte Haus eingeliefert wurden, schafften die Bayenthaler noch in derselben Nacht ausreichend Bettzeug und Wäsche ins Krankenhaus, um ihrem Hospital aus seiner Notlage zu helfen. Im November 1918 standen dann die Ordens-

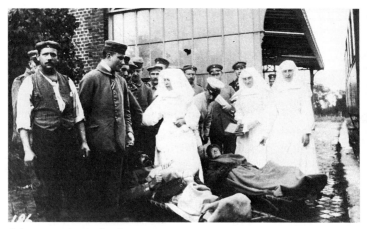

Schwesterneinsatz im Lazarettzug.

schwestern und die Schülerinnen der Haushaltungsschule
wochenlang an einer der südlichen Einfallsstraßen Kölns, um
den auf dem Rückzug befindlichen Soldaten Suppe, Brote und
Getränke zu reichen.

Die Schwestern im St.-Joseph-Kloster in St. Vith erlebten als
erste den Krieg unmittelbar. Mit dem deutschen Überfall auf das
neutrale Belgien waren die Kreise Eupen und Malmedy zum
Frontgebiet geworden. Hier wurden nicht nur Lazarettdienste
geleistet und Soldaten verpflegt, sondern in den letzten Kriegsjahren auch über 1000 russische Kriegsgefangene, die als
Zwangsarbeiter die Eifelbahn bauen mußten, medizinisch versorgt und im harten Hungerwinter 1916/17 zusätzlich verpflegt.
Eine während des Rückzuges der deutschen Armeen Ende 1918
eingeschleppte Grippeepidemie forderte viele Opfer unter den
Verwundeten im Lazarett. Die zuletzt durchziehenden Frontsol-
daten hinterließen dem Kloster eine Epidemie der „schwarzen
Pocken". Die im Kloster isolierten Ordensschwestern und Zivili-
sten wurden von dem aus Köln gekommenen Universitätsarzt
Dr. Senge betreut, der sich freiwillig mit den Kranken einschlie-
ßen ließ. Er überlebte, doch drei Schwestern und zwei Frauen
aus St. Vith starben.

Verwundetenpflege im Lazarettzug

Ähnlich den Kölner Häusern versorgten Schwestern und Schülerinnen in Großkönigsdorf die auf dem nahe gelegenen Bahnhof rastenden Soldaten. Gleiche Dienste leisteten die Schwestern des Priesterseminars auf dem in unmittelbarer Nähe liegenden Hauptbahnhof. Ihre größte Sorge galt jedoch den Verwundeten in den täglich einrollenden Lazarettzügen. Zwei dieser Züge, komplett eingerichtete rollende Hospitäler, wurden von der Genossenschaft der Cellitinnen mit Krankenschwestern besetzt. Die beiden Züge waren von Kölner Industriellen gestiftet worden, ein Zug von der Familie von Mevissen und einer von der Familie von Guilleaume. 1917 bis 1950 finanzierten Baron von Guilleaume bzw. seine Gattin die von ihnen eingerichtete und unterhaltene ambulante Krankenpflegestation auf Burg Gudenau. In dieser Stiftung zum Andenken an eine früh verstorbene Tochter waren Schwestern der Genossenschaft für die Bevölkerung von Villip bei Bonn tätig.

Der Zug der Stiftung von Mevissen bestand aus 25 Waggons mit insgesamt 248 Betten, dazu weiterer 7 Waggons für Operationsraum, Küche, Proviant, Gepäck, Heizung, Kapelle und Unterkünfte. Insgesamt 78 Fahrten wurden bis Ende 1918 ausgeführt. 19 Ordensschwestern und 17 Sanitäter versorgten die Verwundeten. Es wurden Soldaten aller Nationen übernommen und an Haltepunkten im besetzten Gebiet auch die Versorgung der Zivilbevölkerung mitbesorgt.

Schwester Callista Thiele berichtet in ihren Aufzeichnungen von der 12. Fahrt (1914) vom Aufenthalt im verwüsteten Hinterland der Front:

„Bei mir im Operationssaal saßen drei verwundete Franzosen und drei verwundete Bayern. Wenn wir an den kleinen Bahnhöfen Franzosen einluden, standen die Frauen bis an die Wagen. Als sie sahen, daß wir die Franzosen gut behandelten, ihre Wunden frisch verbanden, brachten sie mir Blumen und dankten so herzlich . . .“

Und von der 29. Fahrt: „Am 9. 9. 1915 kamen wir in Blanc-Misseron an und blieben bis zum 13. September. Sonntags gingen wir zur Pfarrkirche. Der Pfarrer war sehr nett zu uns. Wir haben ihn eingeladen, unseren Zug zu besichtigen. Das hat ihn sehr gefreut. Nachmittags kam er mit seiner Schwester. Herr Baron von Mevissen hat ihn tüchtig beschenkt. Er ist sehr arm, er gibt alles seinen armen Pfarrkindern. Der Ort ist zur Hälfte niedergebrannt. Es herrscht großes Elend hier. Kein Arzt und keine Apotheke weit und breit. Die Leute kommen zum Zuge und suchen ärztliche Hilfe. Herr Dr. Wimers ist sehr nett zu den Leuten, er geht mit ihnen in die Häuser, ich begleite ihn des öfteren mit dem Korb."

Die oft wochenlangen Fahrten führten nicht nur an die Westfront, sondern auch an den östlichen Kriegsschauplatz, auf den Balkan und an die polnische Front. Oft wurde in das Kampfgebiet hereingefahren; in den letzten Kriegsjahren wegen der Fliegerangriffe ein riskantes Unternehmen. Mehrmals wurden auch Fahrten in die neutralen Niederlande durchgeführt. Dabei wurden in Rotterdam Verwundete der Alliierten gegen deutsche Kriegsgefangene ausgetauscht.

Schon im Oktober 1914 wurde der Zug der Familie von Guilleaume eingesetzt. Er bestand aus insgesamt 30 Waggons, in ähnlicher Zusammensetzung wie der der Familie von Mevissen. Schon bei der dritten Fahrt zur Front, Mitte November 1914, entgleiste der Zug. Eine Ordensschwester kam in den Trümmern des Operationswagens um. Der Zug der Stiftung von Mevissen wurde jedoch von einem noch weit schwereren Unglück betroffen. Am 4. Oktober 1917 um 3 Uhr morgens wurde er von einem Munitionszug gerammt. Kapellen- und Schwesternwagen waren völlig zertrümmert. Als am Mittag die letzte Schwester geborgen war, stand fest: 5 Schwestern waren getötet worden, viele andere verletzt. Die Beerdigung der fünf fand unter großer Beteiligung der Bevölkerung und der Kölner Garnison statt. Es war das letzte Mal, daß Schwestern der Genossenschaft in dieser Form geehrt wurden. Ein Zugunglück im Zweiten, dem „totalen" Weltkrieg sollte ganz anders enden. Der Erste Weltkrieg war der letzte Krieg, in den Cellitinnen noch mit freudigem Patriotismus zogen!

*Lazarettzug der
Stiftung von Mevissen.
Um 1916.*

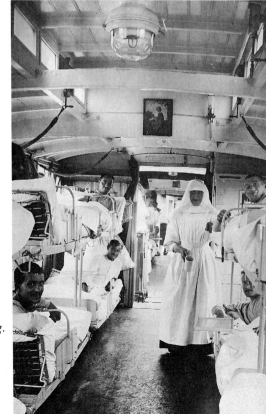

*Krankenstation im Lazarettzug.
Um 1916.*

An die im Dienst getöteten und alle anderen Lazarettschwestern, an ihren Einsatz für Verwundete beider Seiten erinnert heute noch das kleine Denkmal unter der Blutbuche im Innenhof des Mutterhauses, das nach dem Ersten Weltkrieg von einem Veteranenverein aufgestellt wurde. Bei einem Denkmal im Kölner Severinsviertel verwundert die etwas kuriose Inschrift wohl kaum, die zum Gedenken an die Nächstenliebe im 4 Jahre langen Weltkrieg **„In Memoriam Charitatis 1914–17"** gewidmet ist.

Ernährungslage

Die extrem schlechte Versorgungslage während des Krieges bescherte Deutschland seit 1916 sogenannte „Steckrübenwinter". Viele Niederlassungen, besonders außerhalb Kölns, hatten erhebliche Versorgungsprobleme, nicht jedoch die mit einer eigenen Ökonomie gesegneten Niederlassungen wie Bornheim oder Kloster Hoven bei Zülpich. In Hoven besaß die Genossenschaft ausgedehnte Ländereien rund um das Klostergelände, die teils aus Käufen, teils aus Schenkungen oder Pflegeverträgen stammten. Auf den besonders fruchtbaren Lößböden der Zülpicher Börde konnte das Kloster den Eigenbedarf für seine Patienten und das gesamte Personal, über 600 Personen, decken. Ein Revisionsbericht der Rheinischen Provinzialverwaltung aus dem Jahre 1917 über die von ihr kontrollierte Anstalt hebt die für Kriegszeiten ungewöhnlich niedrige Sterberate hervor und schreibt diese einem überaus großen Kartoffelvorrat und der daraus resultierenden guten Ernährungslage zu.[32]

St. Vith wird belgisch

Für das Kloster in St. Vith war die Mangellage der Kriegsjahre Anlaß, 1922 das Gut Wiesenbach zu erwerben, das vor allem im Zweiten Weltkrieg und in der Nachkriegszeit von unschätzbarer Bedeutung für den Fortbestand und Wiederaufbau der Niederlassung war. Die Zeit nach dem Ersten Weltkrieg brachte für St. Vith größte Schwierigkeiten mit sich. 1919 wurden die

132

Erntedank in Heisterbach. Um 1940.

Kloster Heisterbach. Ordensschwestern bei der Kartoffelernte. Um 1940.

preußischen Kreise Eupen und Malmedy unter das Kommando des Generals Baltia gestellt und im Versailler Vertrag zu einem der Abstimmungsgebiete in den Randgebieten des Deutschen Reiches erklärt. Die unter intensiver militärischer „Aufsicht" durchgeführte Abstimmung erbrachte eine Mehrheit für einen Anschluß an Belgien. Bewohner, die nicht im nun entstandenen

Neubelgien geboren waren oder nicht vor 1914 dort gelebt hatten, wurden ebenso ausgewiesen wie jene, die gegen den Anschluß gestimmt hatten. Auch eine Reihe von Schwestern mußte St. Vith verlassen. Deutsche Ordensgemeinschaften durften keine Niederlassung auf belgischem Boden unterhalten. Um einer entschädigungslosen Enteignung des St.-Joseph-Klosters zuvorzukommen, wurde das Krankenhaus 1923 an eine ausschließlich aus einheimischen Schwestern bestehende Gesellschaft nach belgischem Recht übertragen, die „Gesellschaft der Augustinerinnen St. Vith, Ges. ohne Erwerbszweck". Mit der Auflösung der Militärregierung im Jahre 1925 wurden auch die strengen Grenzregelungen wieder gelockert. Der Kontakt zum Mutterhaus bestand wieder.

Heute ist die deutsche Minderheit in Belgien voll integriert. Das deutschsprachige Ostbelgien, zur Wallonie gehörig, hat ein eigenes Parlament, Kulturhoheit, eigene Rundfunksender und sogar eigene Minister in Brüssel: eine komfortabel eingerichtete, wohlgeschützte Minderheit, die voll in Staat und Kirche Belgiens eingegliedert ist. Die belgische Kirche kam schon sehr früh auf das Kloster zu, um es, und damit auch St. Vith, in die Arbeit der gesamten Diözese Lüttich einzubinden und durch diese Integration auch rechtlich abzusichern. Schon zu Beginn der 20er Jahre wurden in St. Vith Ferienkinder aus dem Lütticher Industrierevier aufgenommen und gepflegt. 1925 besuchte der Lütticher Bischof Kerkhofs das Kloster, dankte für die Ferienaktion und schenkte dem Kloster demonstrativ eine unübersehbare Marienstatue. Auf Anregung des Bischofs versorgten die Augustinerinnen im Laufe der Jahre drei Einrichtungen der Diözese Lüttich: von 1924 bis 1987 das Lehrerseminar „Institut St. Roche" in Theux bei Verviers, von 1926 bis 1971 das Lehrerseminar St. Remacle in Stavelot und von 1938 bis 1962 das Lütticher „Institut St. Laurent" zur Ausbildung katholischer Arbeiter. Alle drei liegen im französischsprachigen Teil der Diözese.

Weitere belgische Niederlassungen

Nach 1930 kamen noch weitere Niederlassungen der St. Vither

Augustinerinnen hinzu. Zunächst das Elisabethkloster in Manderfeld (1930–1982), wo mit Kindergärten, Altenpflege und einer Nähschule in diesem abgelegensten und lange Zeit ärmsten Teil der Eifel elementare Sozialarbeit geleistet wurde.

Seit 1935 betreuen die Augustinerinnen das Elisabethkloster in Weismes bei Eupen. In einem pfarreigenen Haus bestanden hier eine ambulante Krankenpflege, ein Kindergarten und ein Altenheim. Zeitweise wurde hier auch eine kleine Klinik für Wöchnerinnen unterhalten. Das Altenheim besteht bis heute fort. Von 1936 bis zum Brand 1942 betreuten die Augustinerinnen aus St. Vith auch die Burg Reuland in der gleichnamigen Gemeinde mit einer Ambulanz, einem Kindergarten und einem Altersheim. Ebenfalls nur 6 Jahre bestand die letzte Niederlassung, die 1948 bezogene Ambulanzstation in Kelmis, unweit des Dreiländerecks. Die Ordensschwestern von der Regel des hl. Augustinus in Ostbelgien waren also durch eigenes Tun und mit der helfenden Hand ihres Bischofs innerhalb weniger Jahre durch neue, vielfältige Aufgaben voll in die Diözese Lüttich integriert. Ein Umstand, der vielleicht den erfolgreichen neuen Anfang nach dem zweiten Überfall Deutschlands auf Belgien 1940–45 erklärt.

Kloster St. Elisabeth, Manderfeld. Um 1940.

Filialgründungen in den Kriegsjahren

Noch während des Krieges 1917 und 1918 gründete die Genossenschaft zwei eigene Niederlassungen, die bis heute ihre Bedeutung für die Genossenschaft nicht verloren haben.

Herz-Jesu Kloster Nettersheim

1917 wandte sich eine kleine Gruppe von Schwestern in das abgelegene Eifeldörfchen Nettersheim, um dort ambulante Krankenpflege auszuüben und einen Kindergarten aufzubauen.[33] 1921 wurde ein großes, nach den Plänen des Kölner Architekten Thomas Klee neugebautes Haus bezogen, das Herz-Jesu-Kloster (seit 1979 Haus Tannenblick). Die Fassade des neuen Erholungsheimes ahmt süddeutsche Barockbauten nach, ist also gewiß nicht ortstypisch für das herbe Eifelland. Doch paßt diese Architektur dennoch in das von einem romantischen Empfinden geprägte Erholungskonzept der 20er Jahre. Sie ist heute aus dem Nettersheimer Ortsbild nicht mehr wegzudenken.

Das neue Heim diente nicht nur zahlenden Gästen, sondern

Herz-Jesu-Kloster Nettersheim. Um 1930.

wurde hauptsächlich von Kindern belegt, die vom Caritasverband und anderen sozialen Einrichtungen dorthin zur Erholung geschickt wurden. Ursprünglich waren diese Kinder aus Köln und Umgebung sowie dem Ruhrgebiet nach Kloster Hoven bei Zülpich verschickt worden, wo aber die Bedingungen für ihre Erholung alles andere als ideal waren. Die Genossenschaft schuf mit der neuen Niederlassung im waldreichen Nettersheimer Eifelland einen eigenen Beitrag zur Behebung des katastrophalen Gesundheitszustandes kriegs- und tuberkulosegeschädigter Großstadtkinder. Die Einrichtung einer Haushaltsschule ermöglichte vielen jungen Mädchen aus den umliegenden Dörfern eine qualifizierte Ausbildung und somit die Chance zu einer Anstellung in einem städtischen Haushalt.

Ein 1920 von Schwester Caritas mit aufgebauter Kindergarten wurde 1956 geschlossen. Die nach 1940 einsetzenden Versuche, religiöse Erziehung im Kindergarten zu unterbinden, wurden von Schwester Caritas standhaft und erfolgreich unterlaufen. Sie blieb bis zum Weggang der geistlichen Schwestern aus Nettersheim (1987) im Herz-Jesu-Kloster (Haus Tannenblick).

Schwester Soteris war lange Zeit, bis 1976, im Auftrag des

Herz-Jesu-Kloster Nettersheim. Hauswirtschaftliche Lehranstalt. Um 1930.

Kreises als Gemeindeschwester unterwegs. Um den für diesen Zweck zur Verfügung gestellten Pkw fahren zu können, erwarb sie 1965 als eine der ersten aus der Genossenschaft den Führerschein.

Heute übt nur noch Schwester Herwigis aus Kloster Heisterbach die ambulante Krankenpflege in der Caritas-Sozialstation Königswinter aus. Sie ist damit derzeit die einzige Schwester der Genossenschaft in der Bundesrepublik, die im ursprünglichen Beruf der Cellitinnen als Wartenonne tätig ist.

Kindergarten Nettersheim, 1926.

Am 20. 7. 1918 kaufte die Genossenschaft der Cellitinnen das Gelände des ehemaligen Zisterzienserklosters Heisterbach im Siebengebirge, südlich von Köln. Miterworben wurde auch der landwirtschaftliche Betrieb, den die weltlichen Besitzer des Klosters hier nach 1820 eingerichtet hatten. Das alte Kloster war 1803 enteignet und von 1809 bis 1819 als Steinbruch mißbraucht worden. Danach ging es in den Besitz der Grafen zur Lippe über, die es 1918 verkauften. Die Genossenschaft wurde zum Kauf des bedeutenden Anwesens durch die Unterstützung des Erzbistums ermutigt, stieß aber mit ihrer Maßnahme in den folgenden Jahren auf erhebliche Kritik von Außenstehenden. Vom alten Zisterzienserkloster waren nur noch die Ruine des Ostchores der romanischen Abteikirche sowie einige Wirtschaftsgebäude aus der Barockzeit übriggeblieben. Die Grafen zur Lippe hatten auf dem Gelände um die Jahrhundertwende ein kleines Hotel erbaut, das aber schon seit 1910 ungenutzt verfiel.

Mit dem Kauf des großen Komplexes kamen auf die Genossenschaft erhebliche Schwierigkeiten zu. Da war die kunstgeschichtlich wichtige Ruine, die als denkmalgeschütztes Objekt fachgerecht und teuer gesichert werden mußte. Dazu kamen ein völlig verwilderter Park und das Hotel in seinem katastrophalen Zustand sowie die heruntergekommenen Ökonomiegebäude. Um aus dieser Niederlassung wie geplant ein Erholungs- und Exerzitienheim für Schwestern zu machen, das auch Feriengästen Plätze anbot, war also noch sehr viel Arbeit zu leisten. Juristische Probleme kamen hinzu. Sie betrafen die Pflege einiger Grabmale des 19. Jahrhunderts, die Lippesche Familiengruft und ein Generalsgrab. Aber vor allem die Zahlung des Kaufpreises bereitete erhebliche Schwierigkeiten, die in ähnlicher Weise bei vielen Objekten auftraten, die die Genossenschaft in jener Zeit erwarb. Durch die einsetzende Inflation war der Verkäufer, Prinz Bernhard zur Lippe, in Ungelegenheiten geraten. Ein Aufwertungsprozeß, nach dem Ende der Geldentwertung zur Bewertung von Altschulden üblich, sprach ihm erneut ein Recht auf Zahlungen zu. Sie wurden noch bis 1933 geleistet und belasteten die Genossenschaft in der Zeit der Weltwirtschaftskrise besonders.

Gegen den Kauf regte sich besonders bei einigen in Bonn wirkenden Burschenschaften Widerstand, die um den freien Zugang zu Park und Chorruine fürchteten, die für sie Sinnbilder

Heisterbach, Chorruine der Zisterzienser-Abteikirche.

für Ruinen- und Rheinromantik waren. Die mit viel Verve geführte Auseinandersetzung, in die auch der verdienstvolle Siebengebirgsverein hineingezogen wurde, war von viel unterschwelliger Abneigung gegen alles Kirchliche getragen und nahm sehr polemische Züge an. Unterschwellig wurde immer wieder betont, daß man Frauen die Bewältigung einer Aufgabe wie des kulturhistorisch so wichtigen Heisterbach kaum zutrauen könne, schon gar nicht Ordensschwestern. Ein Beteiligter schilderte in einem Leserbrief bewegt, wie er an die nun völlig veränderte Stätte zurückgekehrt sei, an der er als Student manches Fest gefeiert hatte. Den durch Restaurantbetrieb entweihten Zustand des Parks und das „Verschwinden" des Generalsgrabes schrieb er dem Tun der Ordensschwestern zu. Er werde nie mehr seinen Fuß auf diesen entweihten Ort setzen! Hätte er es doch getan. Er würde nur wenige Jahre später, nach dem Ende allen Aufräumens, einen gepflegten Park samt allen Denkmälern und einer aus eigenen Mitteln restaurierten Ruine erblickt haben.

Krankenhaus der Augustinerinnen in der Jakobstraße

Die bauliche Situation des Krankenhauses Severinstraße entsprach in der Zeit nach dem Ersten Weltkrieg nicht mehr den Anforderungen, die ein erhöhter Bedarf an Betten und neue Erkenntnisse der Medizin an Hygiene und Medizintechnik eines funktionstüchtigen Hospitals stellten. Daher wurde 1929 mit dem Bau eines neuen Komplexes begonnen. Das neue „Krankenhaus der Augustinerinnen" wurde parallel zum Verlauf der Jakobstraße errichtet. Aus dem „Klöösterche" wurde so das Krankenhaus der Augustinerinnen, Jakobstraße. Vor dem Bau wurden erhebliche Geländekäufe getätigt. Fast die gesamte Südseite der Jakobstraße mußte für große Summen erworben werden. Im Westen wurde das Gelände einer alten Tabakfabrik aufgekauft. Ebenfalls 1929 ging nach langen Verhandlungen und tatkräftiger Mithilfe Bürgermeister Krautwigs die alte Hebammenlehranstalt an der Karthäusergasse als Noviziatsgebäude in den Besitz der Genossenschaft über. Da der Neubau wesentliche Versorgungslücken in der südlichen Altstadt und der Neustadt Süd ausfüllte, kam die Stadt der Genossenschaft beim Ankauf von Gelände im Innenhof finanziell entgegen. Die Kosten des Großprojektes aber überstiegen die Finanzkräfte der städtischen Sparkasse oder anderer in Frage kommender Kreditinstitute.

Wie im Stadtzentrum Kölns üblich, wurden die Bauarbeiten auch hier von einer archäologischen Ausgrabung begleitet, die wichtige Teile eines römischen Friedhofs erfaßte und reiche Funde fürs Museum brachte.

In den 20er Jahren stritten zwei Architekturrichtungen miteinander: eine weiter in historischen Formen schwelgende Richtung und eine sachliche, an Funktionalität orientierte.[34] Der Heimatstil wurde unter nationalsozialistischer Herrschaft zur Architekturdoktrin im Siedlungsbau neben altgriechische Vorbilder karikierenden Monumentalbauten. 1921 hatte sich die Genossenschaft noch für einen historisierenden Entwurf entschieden, als der Neubau des Erholungsheimes in Nettersheim geplant wurde. Für den Neubau in Köln standen zwei Konzepte zur Auswahl: zum einen ein traditioneller Entwurf, im Innern durch beidseits der Flure aufgereihte Zimmerfluchten geprägt, dessen Fassadengestaltung Elemente des Barocks aufnahm.

Dagegen stand das Konzept des Aachener Professors Pirlet, der nicht nur die neuentwickelte Stahlbetonskelett-Bauweise nutzen wollte, sondern auch beim Innenausbau und der Fassadengestaltung neue Wege ging. Den breit gelagerten Bau mit seinen ausladenden Horizontalen gliederte er in der Jakobstraße durch schmale vertikale Fensterbahnen und betonte dieses Gegengewicht noch durch die streng vertikal gegliederte Eingangspartie in der Mitte der mit braun-grauem Naturstein verblendeten Fassade. An der nach Süden exponierten Gartenseite verwirklichte er ein völlig neues Konzept. Hier legte er die Stockwerke terrassenförmig übereinander, so daß jedem Zimmer ein eigener Balkon zur Verfügung stand. Auf die sonnenlose Nordseite wurden in Pirlets Konzept die Funktionsräume gelegt, so daß alle Patientenzimmer auf der Sonnenseite liegen konnten. Zu starke Sonneneinstrahlung schaltete Pirlet durch ein System von Sonnenblenden aus. Von 1929 an wurde sein Konzept verwirklicht, 1931 das neue Krankenhaus fertiggestellt.

Pirlet nahm mit seinen von Funktionalität und Nüchternheit geprägten Plänen Konzepte vorweg, die erst in den 50er Jahren Allgemeingut werden sollten und von da an die Auffassung von Krankenhausarchitektur entscheidend prägen sollten. Wie solide seine Architektur war, zeigt sich an der Tatsache, daß trotz schwerer Bombentreffer die tragende Substanz im Weltkrieg so wenig gelitten hatte, daß die Rekonstruktionsarbeiten weitgehend dem Konzept des Jahres 1929 folgen konnten.

Krankenhaus der Augustinerinnen, Jakobstraße. Neubau des Jahres 1929. Gartenseite von Südosten.

Die Genossenschaft in der Zeit
des Nationalsozialismus

Die National-Sozialistische Deutsche Arbeiter-Partei (NSDAP) hatte im katholischen Bevölkerungsteil Deutschlands nur mäßige Wahlerfolge erringen können. Um nach der „Machtergreifung" vom 30. 1. 1933 den katholischen Bevölkerungsteil für das neue System nutzbar zu machen, mußten die vier Stützen unterminiert werden, auf denen seit der Zeit des Kulturkampfes die katholische Kirche Deutschlands ruhte: Vereinswesen der Laien, Klerus und Orden, Bildungswesen und caritative Arbeit. Die Aktivitäten der Kirche sollten auf rein kultische und caritative Aufgaben zurückgeschraubt werden. Das zunächst garantierte Vereinswesen wurde im Laufe der Jahre bis auf Reste zurückgedrängt. Im NS-Staat sollten auch Klerus und Ordensleute Hitlers Bewegung dienen. Priestern konnte man durch einseitige Auslegung des Konkordats von 1933 und mit Bismarcks bewährtem „Kanzelparagraphen", der die Predigt auf rein religiöse Themen beschränkte, einen Maulkorb umhängen. Zur Reglementierung von Caritas und Bildungsarbeit waren andere Methoden notwendig. 1936 gelang der Schlag gegen die Orden in der Bildungsarbeit mit den sogenannten Sittlichkeitsprozessen.

Schon 1935 begannen Aktionen gegen die sozial tätigen Gemeinschaften unter dem Vorwand der Devisenprozesse. Der Hebel wurde hautpsächlich bei krankenpflegenden Orden angesetzt, da Krankenhauswesen, Altenpflege und verwandte Betätigungen eine Möglichkeit boten, die Segnungen des NS-Staates auf sozialem Gebiet besonders augenfällig zu dokumentieren. Doch konnte das kaum gelingen, solange das in diesen Anstalten tätige Personal Ordenstracht trug und damit den wahren Träger der Sozialarbeit verriet.

Finanznöte als Druckmittel gegen Orden

Während des Ersten Weltkrieges und in der nachfolgenden Inflationszeit waren Ersatzinvestitionen in die Bausubstanz von

Krankenhäusern weitgehend unterblieben. In der zweiten Hälfte der 20er Jahre wurden Um- und Neubauten dringend notwendig. Der deutsche Kapitalmarkt war jedoch zu jener Zeit wegen der hohen Reparationsleistungen an die Siegermächte und der Deflationspolitik der Weimarer Republik nicht in der Lage, diese Gelder zur Verfügung zu stellen. Anders dagegen die Nachbarländer, die Schweiz und die Niederlande. Sie hatten als Neutrale während des Krieges große Währungsreserven aufbauen können, die sich im Inland nicht mehr lohnend investieren ließen. Nicht nur die deutsche Wirtschaft, sondern auch viele Ordensgemeinschaften nutzten nach 1925 diesen Kapitalüberhang zur Aufnahme von Baukrediten. Die verschiedenen Institutionen der katholischen Kirche nahmen in den Niederlanden über 60 Millionen Gulden auf. Davon entfielen auf einige Bistümer 3,685 Mio. Hfl, auf die männlichen Ordensgemeinschaften 9,195 Mio. Hfl und auf die weiblichen 19,221 Mio. Hfl. 1929 legte auch die Genossenschaft in Köln für den Bau ihres Krankenhauses der Augustinerinnen in der Jakobstraße in den Niederlanden 2 Anleihen über je 1,2 Millionen Hfl auf. Das entsprach einem Wert von etwa 3,84 Mio. RM.

Die mit dem „Schwarzen Freitag" 1930 einsetzende Wirtschaftskrise fraß im Verbund mit den weiter zu zahlenden Reparationen die geringen Währungsreserven des Reiches völlig auf. Eine Rückzahlung von Auslandsanleihen wurde fast unmöglich. Die unter Reichskanzler Brüning 1931 einsetzende strenge Devisenbewirtschaftung ließ Zahlungen nur noch nach vorheriger Genehmigung über die Konversionskasse der Reichsbank zu. Deutsche Wertpapierbesitzer mußten den Besitz ausländischer Obligationen der Reichsbank anzeigen. Devisen aller Art waren dem Reich zum Ankauf anzubieten. Verschärft wurden diese Bestimmungen durch das von Hitler 1933 erlassene Gesetz gegen den Verrat der deutschen Volkswirtschaft. Dieses „Volksverratsgesetz" sah Straffreiheit für alle Besitzer von Devisen vor, die sich durch Selbstanzeige „devisenehrlich" gemacht hatten.

Mit der Weltwirtschaftskrise erlitten alle im Ausland aufgelegten Obligationen einen erheblichen Kursverfall. Ankäufe der eigenen Obligationen waren oft zu 60 % des Rückzahlungswertes möglich. Eine Schuld von 100 RM konnte so durch Zahlung von 60 RM getilgt werden. Nach dem 30. 1. 1933 versagte die Reichsbank den katholischen Orden jegliche Ankäufe ihrer Papiere, während sie der Industrie dies weiterhin gestattete. Die Konversationskasse verzögerte seit der Machtübernahme der Nationalsozialisten Zahlungen der Orden ins Ausland.

Um auf dem deutschen und ausländischen Markt Kapital aufnehmen zu können, hatten einige deutsche Orden 1929 in Berlin die Universum-Bank gegründet. Als rechtlich selbständiges Institut wurde von dieser Berliner „Ordensbank" in Amsterdam die Universum Bank N. V. gegründet. Mit der Amsterdamer Bank sollte Ordensgemeinschaften, die Provinzialate oder selbständige Niederlassungen im Ausland besaßen, eine Möglichkeit geboten werden, ohne die Beschränkungen der deutschen Devisenbestimmungen die günstigen Kurse ihrer Anleihen zum Ankauf zu nutzen. Als Provision bot die Bank ihren Auftraggebern eigene Aktien an, so daß die Amsterdamer Gründung ihre Kapitalbasis ausbauen konnte.

Schon 1931 hatten Zahlungsschwierigkeiten die Genossenschaft veranlaßt, mehrfach mit den niederländischen Gläubigern über eine Verringerung der Zinslast und Zahlungsaufschübe zu verhandeln. Ein staatlicherseits verfügtes Verbot zur Anpassung der Pflegesätze verstärkte die wirtschaftlichen Probleme der Genossenschaft erheblich. Neben vielen anderen erkannte auch die Generaloberin Mutter Neophyta Menke, wie günstig der Kauf der eigenen Obligationen für ihre Genossenschaft war. Sie konnte das belgische St.-Joseph-Kloster in St. Vith mit dem Kauf beauftragen. Die Gesellschaft der Augustinerinnen zu St. Vith war eine wirtschaftlich selbständige Organisation, mit dem Mutterhaus in Köln ordensrechtlich durch die Satzung der Genossenschaft verbunden. Ankäufe im Gegenwert von insgesamt 190 000 RM nahm das St.-Joseph-Kloster seit 1933 über die Amsterdamer Universum-Bank vor. Obligationen wurden auf belgischem Boden deponiert, dazu die als Provision für die Amsterdamer gekauften Aktien der Universum Bank N. V.

Die Genossenschaft zahlte weiterhin Zinsen und Tilgung für die gesamte Anleihe über die Konversionskasse nach Amsterdam. Das Kloster in St. Vith konnte nun mit den für seinen Anleihebesitz ausgezahlten Geldern weitere Obligationen und Aktien ankaufen und damit die Auslandsschuld der Genossenschaft weiter mindern. Kopien der Abrechnungen über die Ankäufe aber mußte die Bank aus ordensrechtlichen Gründen auch an das Mutterhaus in Köln schicken.

Als die Berliner „Ordensbank" 1935 einer Prüfung durch Reichsbank und Zoll unterzogen wurde, wurden auch Belege über Ankäufe für das belgische St.-Joseph-Kloster gefunden. Eine Überprüfung des Mutterhauses in Köln erbrachte ebenfalls Belege für den Obligationenbesitz in Belgien. Da die belgischen Niederlassungen ordensrechtlich von Köln abhingen, betrachtete sie die Reichsbank als Auslandsbesitz der Kölner Genossenschaft. Dieser wurde nun vorgeworfen, den Besitz ausländischer Anleihen nicht ordnungsgemäß angezeigt zu haben. Das St.-Joseph-Kloster in St. Vith war jedoch nach belgischem Recht wirtschaftlich von Köln völlig unabhängig. Eine Tatsache, die das Deutsche Reich im Versailler Vertrag ausdrücklich anerkannt hatte. Ein Rechtsbruch lag also weder nach deutschem noch nach internationalem Recht vor. Eine Selbstanzeige nach dem „Volksverratsgesetz" war nicht nötig. Dennoch wurde der Vorwurf illegalen Auslandsbesitzes zu einem Kernpunkt der Anklage.

Einen klaren Verstoß gegen geltendes Devisenrecht hatte Mutter Neophyta allerdings begangen. Sie hatte der Oberin von St. Vith mehrfach versiegelte Briefumschläge mitgegeben, die hohe Reichsmarkbeträge zum Ankauf der Obligationen enthielten. Diese Tatsache hatten die Reichsbank-Fahnder in Erfahrung gebracht. Ein weiterer Vorwurf, Devisenschmuggel, war gefunden. Damit bot sich eine Gelegenheit, die Genossenschaft als gewissenlose, ausschließlich an Profit orientierte Organisation darzustellen. Ein propagandistischer Effekt, den Propagandaminister Goebbels weidlich ausnutzte.

Devisenprozeß

Kölnische Volkszeitung, 22. Mai 1935:

„Das Berliner Schöffengericht verurteilte . . . die 56 Jahre alte Generaloberin Maria Menke, genannt Schwester Neophyta, . . . zu fünf Jahren Zuchthaus, fünf Jahren Ehrenverlust und 121000 Mark Geldstrafe . . .

Die Angeklagte Dohm, genannt Schwester Englatia, wurde wegen Beihilfe zu zehn Monaten Gefängnis und 1000 Mark Geldstrafe verurteilt . . .

Ferner wurde die Einziehung von 190000 Mark angeordnet. Für diesen Betrag haftet die ,Genossenschaft der Cellitinnen nach der Regel des hl. Augustinus in Köln, e. V.'."

Der **Westdeutsche Beobachter,** Goebbels' rheinisches Sprachrohr, wußte das Urteil rasch zu interpretieren: „Es ist eine einzige Anklage gegen den Geist der Vaterlandslosigkeit und der völkischen Verkommenheit, der übereinstimmend diese . . . Verbrecher leitete."

Das Ausland sah die Vorgänge um die Devisenprozesse ganz anders. **Der Elsässer** aus Straßburg in Frankreich nannte Schwester Wernera, die noch vor Mutter Neophyta mit gleicher Begründung als erste Ordensschwester verurteilt worden war: „Die erste Märtyrin der Caritas!"

Erst im August 1936, nach einer zweiten Prozeßwelle, nannte die Fuldaer Bischofskonferenz diese Vorgänge offen beim Namen: Klosterkampf.

Urteil gegen Mutter Neophyta

Obwohl die Ankäufe der Holland-Anleihe durch Devisen-Ausländer im Ausland vorgenommen wurden und somit von deutschem Recht nicht erfaßt waren, machte das Gericht die angebliche Illegalität und besondere Verwerflichkeit dieses Vorgehens zum Kernpunkt seines Urteils über Mutter Neophyta und Schwester Englatia. Der eigentliche Rechtsbruch, der Schmuggel von Reichsmark im Auftrag der Generaloberin, wurde weniger intensiv gewürdigt. Die Obligationenankäufe waren sowohl für die Auslandsschuld des Reiches wie für die Genossenschaft selbst besonders günstig, doch hatte sie das Verbot zur Anpassung der Pflegesätze, zusammen mit der restriktiven Genehmigungspolitik der Reichsbank gegenüber katholischen Orden, in eine Zwangslage gebracht. Ihr blieben nur noch Wege, die der NS-Staat als illegal einstufte.

Mutter Neophyta war die zweite von insgesamt 96 Ordensleuten und Priestern, die in den Devisenprozessen des Jahres 1935 von Sondergerichten zu hohen Haft- und Geldstrafen verurteilt wurden. Insgesamt wurden 33 katholische Ordensgemeinschaften und 2 Bistümer verschiedener Verstöße gegen Devisenvorschriften angeklagt. Bis 1935 wurden über 200 Mio. RM Auslandsbesitz durch Selbstanzeigen nach dem Volksverratsgesetz gemeldet. Nur 2 Mio. RM davon betrafen Orden und Bistümer. „Devisenprozesse" wurden jedoch nur gegen katholische Organisationen geführt.

Mutter Neophyta blieb bis März 1936 in der Frauenhaftanstalt Berlin-Moabit, danach wurde sie mit anderen Ordensschwestern in das Zuchthaus Jauer (heute Jawór) bei Liegnitz in Schlesien gebracht. Sie blieb während der gesamten Zeit in Einzelhaft. Briefe durfte sie seit April 1936 nur noch alle 8 Wochen versenden, im Wechsel an Mutter Fidelis und an ihre Geschwister. Alle 14 Tage wurde ihr ein Brief ausgehändigt. In Jauer fertigte sie während der ganzen Haft Papierblumen für einen örtlichen Händler an.

Besonders bedrückend wirkte die Erklärung des Kölner Erzbischofs Kardinal Schulte vom 16. 6. 1935. Er verurteilte in dieser öffentlichen Erklärung das Vorgehen Mutter Neophytas vollkommen und behauptete weiter, sie und die ebenfalls in Haft sitzende Provinzsekretärin der Nippesser Vinzentinerinnen, Schwester Wernera, hätten gegen seine ausdrückliche Warnung gehandelt. Später zog er diese öffentliche Erklärung intern zurück. Betroffenheit löste auch die Anklage gegen Professor Pirlet, den Architekten des Krankenhauses in der Jakobstraße, aus. Er hatte die Holland-Anleihen mitinitiiert und war maßgeblich an den Verhandlungen zur Zinssenkung und Milderung der Anleihekonditionen beteiligt. Mit der Anklage wegen Beihilfe konnten die Nationalsozialisten einen engagierten Katholiken treffen, der sich trotz allen Drucks nicht aus dem Amt in die innere Emigration drängen ließ.

Wie hart Mutter Neophyta die Haftbedingungen empfand, mag ein Zitat aus ihren Briefen verdeutlichen: „Es ist auch besser, wenn Sie und die lieben guten Schwestern gar nicht erfahren, wie es mir geht. – Denn wer noch nie solches Leid und seelische Qualen in einer solchen Lage durchgekostet hat, kann sich auch kein wahres Bild davon machen. Ich hätte das früher auch nicht gekonnt. Mit all den Menschen, die in einer solchen Verfassung sich das Leben nehmen, habe ich jetzt ganz großes Mitleid und ganz sicher wird auch der liebe Gott solchen ein gnädiger Richter sein" (Jan./Febr. 1936).

Großen Halt gaben ihr in Berlin die vielen Briefe aus der Genossenschaft und von deren Freunden und Gönnern; in Jauer dann die von Mutter Fidelis zusammengestellten Sammelbriefe aus allen Niederlassungen. Im Gefängnis Moabit war ihr Pater Offergeld eine große Stütze. Große Freude und Rührung bewirkte der unerwartete Besuch, den ihr Mutter Fidelis und Schwester Larga am 12. 6. 1936 in Jauer abstatteten. Mutter Neophyta hatte sich in ihren Briefen jeglichen Besuch verbeten, doch brachten die beiden eine unerwartete und entscheidende Nachricht. Der Genossenschaft war es gelungen, die immens hohen Geldstrafen und Prozeßkosten vollständig zu bezahlen: Voraussetzungen für ein erfolgreiches Begnadigungsverfahren, das der neue Syndikus der Genossenschaft, Dr. Wilhelm Warsch, in die Wege geleitet hatte.

Am 21. 1. 1938 endlich gelang es: Mutter Neophyta wurde zum 16. 3. begnadigt. Sie fand Unterkunft im Erholungsheim Herz-Jesu-Kloster in Nettersheim. Ein zunächst von der Polizei verhängtes Ausgehverbot war, nun da sie wieder im Kreise ihrer Schwestern leben durfte, kaum ein Problem. Viel schwerer wog da ein durch das Generalvikariat über sie ausgesprochenes Besuchsverbot. Dieses war Teil der Entlassungsbedingungen, doch die harten und unfreundlichen Formulierungen sind es, die auch heute noch dieses Schreiben als besonders verletzend erscheinen lassen.

Nach dem Ende der NS-Herrschaft bemühten sich viele der in den Ordensdevisenprozessen Verurteilten um ihre Rehabilitierung. In allen Wiederaufnahmeverfahren kamen die Gerichte zu dem Schluß, daß das eigentliche Ziel der Devisenprozesse nicht Rechtsprechung war, sondern politischer und moralischer Druck auf die hinter den Angeklagten stehenden Ordensgemeinschaften. Die NS-Gesetzgebung wurde als rechtswidrig und damit nicht bindend gewürdigt. Auch in den Fällen, in denen die Revisionsgerichte zu der Auffassung kamen, daß tatsächlich Verstöße gegen gesetzliche Bestimmungen vorlagen, wurden daher die Haftstrafen aufgehoben, Geldstrafen erheblich abgemildert. Mutter Neophyta jedoch hat nie ein Wiederaufnahmeverfahren angestrebt. Während des Prozesses hatte sie alle Schuld auf sich genommen und die Mitschwestern zu schützen gesucht, indem sie immer wieder auf deren Gehorsamspflicht ihr gegenüber verwies. Vielleicht bewog sie das Gefühl, ihre Genossenschaft trotz bester Absichten großen Problemen ausgesetzt zu haben, in den 50er Jahren trotz guter Aussichten kein Wiederaufnahmeverfahren anzustrengen.

Die langjährige Oberin der Kölner Universitätskliniken und ehemalige Generaloberin Mutter Neophyta blieb bis zu ihrem Tode eine vorbildlich gehorsame Schwester. Nach dem Kriege wurde sie als Oberin von Nettersheim noch einmal mit einer leitenden Aufgabe betraut. Die letzten 20 Lebensjahre verbrachte sie in Kloster Heisterbach. Dort beeindruckte die hochbetagte Frau durch ihre verständnisvolle, aufgeschlossene Art. Vor allem jene Schwestern, die in dieser Zeit in Heisterbach ihr Noviziat verbrachten, wissen davon zu berichten. In Zeiten, als mancher noch glaubte, „streng katholisch" bedeute vor allem Strenge, übersetzte sie dies schon ganz anders.

Mutter Neophyta, geborene Maria Menke, aus Etteln in Westfalen, Ordensschwester und Zuchthäuslerin, starb am 5. 3. 1971 im Alter von 93 Jahren.

Mutter Neophyta Menke (1878–1971).

Tilgung der Schuld und Begnadigung

Am 18. September 1935 ernannte Kardinal Schulte kraft päpstlicher Vollmacht die bis dahin geschäftsführende Stellvertreterin Mutter Neophytas, Sr. Fidelis, ohne vorhergehende Wahl zur Generaloberin. Mutter Neophyta war schon im Mai zurückgetreten. Zur Regelung der finanziellen Probleme und zur Straffung der Verwaltungstätigkeit des Mutterhauses wurde am 1. 7. 1935 der von den Nazis 1933 aus dem Amt getriebene stellvertretende Oberbürgermeister von Krefeld, Dr. Wilhelm Warsch, als Syndikus eingestellt. Ihm gelang es mit Energie und viel Durchsetzungsvermögen, die der Genossenschaft gehörenden Niederlassungen zu erheblichen Einsparungen und Rationalisierungen zu veranlassen. Ziel war es, die Mittel zur Zahlung der Geldstrafen und Prozeßkosten so schnell wie möglich zu beschaffen, da das die Grundvoraussetzung für eine Begnadigung Mutter Neophytas und einer sofortigen Freilassung Schwester Englatias war. Darüber hinaus mühte sich Warsch, die

153

Dr. Wilhelm Warsch
(1894–1969).

Rückzahlungsbedingungen für die Holland-Anleihe weiter zu mildern. Vor allem gelang es ihm endlich, Berlin zu regelmäßigen und pünktlichen Zahlungen nach Amsterdam zu verpflichten.

Die Rundbriefe von Mutter Fidelis und Dr. Warsch wurden in den Filialen mit Bangen erwartet, bedeuteten sie doch meist, daß das Mutterhaus mal wieder eine Einsparungsmöglichkeit gefunden hatte, die möglichst schnell, sofort, am besten „vorgestern" auszuführen war. Warschs Buchprüfungen waren wegen ihrer Rigorosität, ihrer Detailgenauigkeit gefürchtet. Doch nur dieses harte Vorgehen ermöglichte Freiheit für die Mutter und die wirtschaftliche Sanierung der Genossenschaft. Beides war notwendig, um nicht mehr erpreßbar zu sein.

1938 konnte Warsch seinen größten Erfolg verbuchen: Mutter Neophyta wurde als erste aller verurteilten Schwestern begnadigt. Warschs Arbeit ging weiter, die Holland-Anleihe war weiter abzuzahlen. Der Ausbruch des Zweiten Weltkriegs brachte große Umstellungen und Personallücken mit sich, denen das Verwaltungstalent Warsch immer neue Lösungen entgegen-

154

setzte. 1944 gelang es ihm, vom Kriegsschädenamt einen Vorschuß auf Zahlungen für das fast völlig vernichtete Mutterhaus und das Krankenhaus in der Jakobstraße zu erhalten. Mit Genehmigung der Reichsbank durfte mit diesem Geld die Holland-Anleihe völlig getilgt werden. Der Anspruch auf Wiederaufbauhilfe wurde jedoch nicht geschmälert. Die Genossenschaft war schuldenfrei in einer Zeit, als alles zugrunde ging.

Nach dem Einmarsch der Alliierten verließ Warsch bald seinen Posten bei der Genossenschaft, die nun unter der energischen Leitung von Mutter Remberta an den Wiederaufbau ging. Von der Militärverwaltung zunächst wieder als Oberbürgermeister von Krefeld eingesetzt, wurde er 1947 Regierungspräsident von Köln. Dort konnte er erneut sein Talent unter Beweis stellen, ein Werk von Grund auf neu zu gestalten, „den Karren aus dem Dreck zu ziehen". Daß das Kölner Regierungspräsidium nicht mehr Machtinstrument einer fernen Obrigkeit ist, sondern funktionierendes Organ der Demokratie, ist auch sein Werk. In den Jahren seines Präsidiums blieb Warsch den Cellitinnen eng verbunden. 1957 wurde er in den Ruhestand versetzt. Nach seiner Pensionierung blieb er noch bis 1963 in seiner alten, sehr rigorosen Art Berater der Genossenschaft. Dr. Wilhelm Warsch starb 74jährig am 27. 12. 1969.

Jakob Hendrichs, sein Nachfolger als Berater und Syndikus, war ein wichtiger Helfer in der Umbruchphase in den 60er und 70er Jahren. Er vertrat die Genossenschaft bis zum Jahre 1974 in kooperativer und harmonischer Weise.

Die Kölner Stadtverwaltung übt Druck aus

Nach der Machtübernahme der Nationalsozialisten begannen auch Versuche zur Eingliederung des Krankenhauswesens in das neue politische System. Die dafür zuständige NS-Organisation war die Nationalsozialistische Volkswohlfahrt „NSV". Ihr Personal wurde offiziell „Braune Schwestern" genannt. Diese sollten nach und nach Ordensleute verdrängen und die gesamte Krankenpflege übernehmen.

Schon 1933 begann die Stadtverwaltung, Cellitinnen durch Braune Schwestern zu ersetzen. In diesen Jahren wurde der Vertrag der Ordensschwestern für das Augusta-Hospital gekündigt. Es wurde nun von NS-Schwestern übernommen. Daß diese die ehemalige Schwesternkapelle zur Turnhalle umfunktionierten, empörte und beleidigte die Ordensschwestern, für die dieser Sakralraum ebenso wichtig war wie die Stationen, in denen sie tätig waren. Während des Zweiten Weltkrieges waren im Augusta-Hospital zeitweise wieder Cellitinnen aus evakuierten Abteilungen der Universitätskliniken tätig. Das instand gesetzte Gebäude diente noch bis zum Abriß 1976 den chemischen Instituten der Universität. Auch in dieser neuen Nutzung behielt das Haus seine außergewöhnliche Atmosphäre.

Nach dem Urteil gegen Mutter Neophyta und Sr. Englatia wurde die Lage für die gesamte Genossenschaft bedrohlich. In 7 städtischen Häusern wirkten nahezu 500 Ordensschwestern aus der Genossenschaft der Cellitinnen in der Severinstraße. Eine Kündigung des Vertrages mit der Stadt Köln hätte für die Genossenschaft den wirtschaftlichen Ruin bedeutet. Ein Drittel ihrer Mitglieder hätte ohne jede Versorgung dagestanden. Diese prekäre Situation nutzten der Kölner Oberbürgermeister Dr. Riesen und sein Beigeordneter für Gesundheitswesen, Dr. Coerper, auf ihre Weise. In Besprechungen mit Schwester Fidelis und Klosterkommissar Prälat Dr. Corsten am 25. 5. und 27. 6. 1935 forderten sie mit Nachdruck Umbesetzungen im Generalat. Sie warfen der Genossenschaft vor, einige Schwestern behandelten nationalsozialistische Patienten schlechter als andere, und verlangten ultimativ die Abberufung dieser „unzuverlässigen" Schwestern und drohten unverhohlen mit der Kündigung aller Verträge.

Die stellvertretende Generaloberin Sr. Fidelis mühte sich redlich, eine Katastrophe abzuwenden. Zu Verhandlungen mit der Stadtverwaltung benannte sie am 27. 6. 1935 die Oberin des Bürgerhospitals, Sr. Remberta. Auch bot sie an, jene Schwestern zur Verantwortung zu ziehen, die Kranke wegen ihrer politischen Einstellung schlechter behandelten. Allerdings wurden Namen solcher Schwestern seitens der Stadtverwaltung nie vorgelegt. Eine Bemerkung von Schwester Remberta, von einem Denunzianten der Stadtverwaltung hinterbracht, gab. Dr. Coerper Anlaß, den ersten konkreten Schritt gegen die Genossenschaft zu tun: Am 5. 7. 1935 kündigte er allen in städtischen Häusern beschäftigten Schwestern, „die nicht mittelbar oder unmittelbar in Krankenpflege und Küche" tätig waren. Dies war nach dem Vertrag von 1901 kurzfristig möglich. Betroffen waren 28 Schwestern, die vornehmlich in Büros und im Telefondienst arbeiteten. Sie mußten ihren Platz zum 1. 8. verlassen. Da auf dem Arbeitsmarkt für ihre Aufgabenbereiche genügend Frauen bereitstanden, konnte Coerper diese Maßnahme ohne Schwierigkeiten durchführen.

Sr. Remberta – kein Verhandlungspartner der Nazis

Sr. Remberta, zu den Verhandlungen mit der Stadtverwaltung beauftragt, war vielen Nationalsozialisten ein Dorn im Auge. Einer von ihnen, der Arzt Mathias M., schrieb am 4. 7. 1935 an Sr. Fidelis: „Da der Nationalsozialismus mit offenen Waffen kämpft, übersende ich Ihnen anbei die Abschrift meines Schreibens an den Oberbürgermeister . . .". In diesem Brief empört sich der „alte Nationalsozialist" (d. h. Parteimitglied vor 1933) aus dem Martinsfeld dann, daß als Mittlerin zwischen Genossenschaft und Stadt Sr. Remberta vorgeschlagen wurde. Bedeute es nach allen Vorkommnissen schon eine Herausforderung, daß der Orden nicht freudig den Wünschen der Bewegung und der Stadt nachkomme, so sei der neue Vorschlag (Sr. Remberta) einfach unglaublich. Es werde eine Oberin in Vorschlag gebracht, die nicht einen Funken Nationalsozialismus ihr eigen nennen dürfe. Er sei der Auffassung, daß eine solche Oberin keine Stunde länger einem städtischen Hause vorstehen könne. Darüber hinaus beschwert er sich über die Behandlung, die Schwester Romina[35], einer „alten Nationalsozialistin", von seiten Schwester Rembertas widerfuhr.

Nach dem Brief des mit „offenen Waffen" kämpfenden Arztes verstärkte sich der Druck auf die Genossenschaft. Am

11. 7. 1935 teilte Sr. Fidelis dem Oberbürgermeister mit, daß man die Beauftragung der Sr. Remberta zurückzöge, statt dessen Sr. Romina, Oberin der städt. Frauenklinik, mit der Führung der Verhandlungen betraue und über die Besetzung einiger Oberinnenstellen in städtischen Häusern verhandeln werde.

Schwester Romina war schon vor 1933 Parteimitglied: ein klarer Ungehorsam gegen Weisungen des Bischofs und die Bestimmungen der Genossenschaft. Doch erwies sich dieser Ungehorsam ausnahmsweise als glückliche Fügung für die Genossenschaft, denn sie besaß damit eine Mittlerin, die in jedem Falle auf Gehör bei den NS-Behörden hoffen durfte. War die Parteimitgliedschaft Schwester Rominas unter kirchlichen Gesichtspunkten unzweifelhaft verwerflich, so bewies sie doch in ihrem weiteren Wirken viel Mut und Durchsetzungsvermögen gegenüber ihren Parteigenossen.

Die Genossenschaft taktiert

Als Reaktion auf die Kündigungsdrohung wurde von der Genossenschaft im Juni/Juli 1935 eine Denkschrift erstellt. Sie berechnet die Kosten, die die Stadt bei Abzug aller Ordensschwestern aus städtischen Häusern aufzubringen hätte. Die Kosten von 147 900,– RM/Jahr für 578 Ordensschwestern wären für die gleiche Anzahl weltlicher Schwestern auf das 4,5fache, auf 642 200,– RM, gestiegen. Die Zuschußkosten für die Krankenanstalten wären bei Übernahme der konfessionellen Krankenhäuser mehr als verdoppelt worden, von etwa 1,2 Mio. RM auf über 2,5 Mio. RM im Jahr. Eine immens hohe Summe, die zu jener Zeit kaum aufgebracht werden konnte. Zum Vergleich: Eine weltliche Krankenschwester verdiente im Jahr 1935 monatlich 200 RM brutto, einschließlich Kost und Unterkunft.
In der Besprechung vom 27. 6. 1935 hatte Oberbürgermeister Riesen zwar behauptet, es bestünde die Möglichkeit, 500 Ordensschwestern innerhalb eines Jahres durch Rote-Kreuz- und NSV-Schwestern zu ersetzen, doch kannte die Genossenschaft inzwischen die oben genannten Berechnungen und die knappen Finanzmittel der Stadt. Trotzdem war Nachgeben vor

allem bei der Besetzung von Oberinnenstellen einiger Häuser nötig; bei der Forderung nach Abzug „untragbarer Nonnen" konnte Sr. Romina die Stadtverwaltung mit der Bemerkung hinhalten, die betreffenden Schwestern auszuwechseln, wenn die neuen Oberinnen einen besseren Überblick hätten (29. 7. 1935). Offensichtlich gelang es den neuen Oberinnen nicht, diesen Überblick vor Ende der NS-Zeit zu gewinnen; in den vorliegenden Akten ist nie wieder die Rede vom Auswechseln politisch unzuverlässiger Schwestern . . .

1938 gelang der NS-Führung Kölns noch einmal ein erfolgreicher Schlag gegen die Cellitinnen. Die Stadtverwaltung übernahm die Trägerschaft der Lungenheilstätte Rosbach und kündigte kurzerhand den Gestellungsvertrag für die dort tätigen Ordensschwestern. Sie wurden durch Braune Schwestern der NSV ersetzt.

Aufruhr in der Severinstraße

Während auf höherer Ebene intensiv Gespräche geführt wurden, grobe Drohungen und hinhaltendes Taktieren sich abwechselten, mobilisierte die SA ihre Schlägertrupps. So demonstrierten während des Prozesses und auch danach rund um Kloster und Krankenhaus die „vom Volkszorn entflammten Massen". **„Nonnen raus, hängt die Pfaffen auf"** war noch eine der freundlichsten Parolen. Die Schwestern, vor allem aber die Novizinnen verbrachten viele Nächte betend in der Kapelle des Mutterhauses. „Sturmandachten", so werden diese Nächte in Erinnerungen immer wieder genannt. Einer der Mitarbeiter des Krankenhauses, der technische Leiter Fritz Thewes, von den Schwestern liebevoll „der Lockenfritz" genannt, empört über das rabiate und beleidigende Vorgehen der SA-Horden, stürzte sich eines Nachts wütend auf die Straße und wurde von der „mit offenen Waffen kämpfenden" Menge übel zugerichtet und in das Stadtgefängnis Klingelpütz verschleppt. Den Schwestern erschien es wie ein Wunder, als der mutige Mann am nächsten Tag schon wieder vor der Tür stand. Er hatte stolz und ungebeugt die zwei Kilometer durch die Innenstadt zu Fuß zurückgelegt – in Nachthemd und Pantoffeln!

Kirchliche Kindergärten werden der NSV unterstellt

1941 erhielten alle Kindergärten und Kinderhorte der Genossenschaft, sofern sie noch nicht für „kriegswichtige" Maßnahmen beschlagnahmt waren, Schreiben wie dieses:

Der Regierungspräsident   **Köln, den 7. Juli 1941**
An den Kindergarten
in Großkönigsdorf, Litzmannstr. 10
Durch Verfügung vom 26. Juni ds. Js. ist die auf jederzeitigen Widerruf erteilte Genehmigung zur Errichtung und zum Betriebe eines Kindergartens widerrufen worden. Ich gebe Ihnen hierdurch Kenntnis, daß der Weiterbetrieb des Kindergartens auf das Amt für Volkswohlfahrt, Gau Köln–Aachen in Köln, übertragen worden ist.
Im Einvernehmen mit der Staatspolizeistelle in Köln bestimme ich, daß der bisherigen Leiterin sofort jegliches Verfügungsrecht über die gesamte Einrichtung entzogen wird.
Die Leitung des Kindergartens geht sofort mit allen sich daraus ergebenden Rechten an die NSV über. Die in den Kindergärten tätigen Schwestern und sonstigen Angestellten haben in den Kindergärten zu verbleiben und die ihnen obliegenden Pflichten wie bisher gewissenhaft zu erfüllen, es sei denn, daß die NSV sie beauftragt, von einer weiteren Betätigung Abstand zu nehmen.
Ohne Genehmigung der NSV-Beauftragten dürfen Schwestern und sonstige Angestellte weder die Arbeit niederlegen noch aus dem Kindergarten verziehen.
Den Anweisungen der NSV-Beauftragten ist Folge zu leisten. Zuwiderhandelnde haben staatspolizeiliche Maßnahmen zu erwarten.

In Vertretung
gez.
Dr. Beckhaus

Damit war ein wesentlicher Arbeitsbereich der Genossenschaft, die Möglickeit, Kinder gegen den Geist des Nationalsozialismus immun zu machen, in die Hände der NSV gefallen. Das Personal war zwangsweise der Partei unterstellt, nicht mehr der Genossenschaft, nicht mehr der Kirche. Allerdings konnten die katholischen Ordensschwestern weiter ihren Dienst versehen. 1942 wurde gar das Elisabeth-Kloster in Weismes, Belgien, von der Partei beschlagnahmt. Es diente der Hitlerjugend bis 1944 als „Adolf-Hitler-Heim". Den Schwestern wurde weiterhin ein Wohnrecht eingeräumt; die örtliche Krankenpflege wäre sonst wohl zusammengebrochen.

Braune Schwestern im Bürgerhospital

1942 versuchten Riesen und Coerper ein letztes Mal, Cellitinnen aus einem städtischen Haus zu drängen, diesmal jedoch vergeblich. „Zur Sicherstellung einer umfassenden Ausbildung" sollten NS-Schwestern in den pflegerischen Abteilungen des Bürgerhospitals eingesetzt, die dort tätigen Ordensschwestern auf Küche und Wäscherei beschränkt werden. Schon 1941 hatte der zum Bürgermeister avancierte Dr. Coerper der Generaloberin Mutter Fidelis zweimal mit dürren Worten die Ablösung von je 7 Ordensschwestern durch NSV-Schwestern mitgeteilt. Am 9. 2. 1942 nun meldete er sich mit dem Bemerken, er wolle der NS-Schwesternschaft „die Möglichkeit einer mannigfacheren Tätigkeit bieten".

Die abgelösten Schwestern sollten für ein Jahr im alten Augusta-Hospital einige der aus der Lindenburg evakuierten Abteilungen übernehmen. Die Antwort von Mutter Fidelis war unerwartet hart. Am 18. 3. 1942 kündigte sie kühn „die Tätigkeit **aller** Schwestern im Bürgerhospital zum 1. 4. 1943 für den Fall, daß bis zu diesem Zeitpunkt der alte Zustand nicht wiederhergestellt . . . und der gesamte Pflegedienst nicht in die Hände unserer Schwestern zurückgegeben sein sollte". Dies war durchaus legal, denn die dort tätigen Ordensschwestern waren nicht für das Haus dienstverpflichtet. Coerper, von diesem Schritt wohl sehr überrascht, nahm am 21. 3. 1942 zu der wahrheitswidrigen Behauptung Zuflucht, eine derartige Kündigung sei „während des Krieges nicht statthaft". .

Die Drohung von Mutter Fidelis zeigte dennoch Wirkung: **1943**

übernahmen die Cellitinnen das Bürgerhospital wieder ganz!
Doch schon im Oktober 1944 verließen die letzen 7 von ihnen das
völlig zerstörte Bürgerhospital und zogen mit ihren Patienten in
Ausweichkrankenhäuser bei Bonn. Damit endete nach 106
Jahren der Einsatz im Geburtsort der Genossenschaft. Das
Bürgerhospital wurde nach dem Kriege nicht wieder errichtet.
Im provisorisch hergerichteten Südflügel fristete die städtische
Poliklinik ein trauriges Dasein. 1962 wurde auch dieser Rest des
einst stolzen Baus abgetragen. Es entstand hier der große
Kulturkomplex am Joseph-Haubrich-Hof. Einige der Schwestern, die bis zuletzt im Bürgerhospital Dienst taten, gehören zu
jenen, die 1946 zum letzten Mal in der bis dahin über 100jährigen
Geschichte der Genossenschaft ein städtisches Haus neu aufbauen konnten – die Krankenanstalten Köln-Merheim.
1942 brachte für die Genossenschaft eine Umbesetzung im
Generalat. Mutter Fidelis hatte im August ihr Amt niedergelegt,
am 8. September wurde Schwester Remberta Scheller zur Generaloberin gewählt, jene „keinen Funken Nationalsozialismus in
sich tragende" ehemalige Oberin des Bürgerhospitals. 14 Jahre
leitete sie die Genossenschaft mit Energie und Geschick durch
Zerstörung und Wiederaufbau in eine neue Zeit.

Die Katastrophe in Marienborn (Kloster Hoven)

1942 aber war auch das Jahr der größten Katastrophe in der
Geschichte der Genossenschaft: der Abtransport von Geistes-
kranken zum Zwecke der Euthanasie aus Kloster Hoven bei
Zülpich durch die SS.[36]
In der nationalsozialistischen Gesundheitsideologie waren gei-
stig Behinderte „nutzlose Esser" und „wertlose" Mitglieder der
Gesellschaft. Zudem war das gesamte Gesundheitssystem dar-
auf abgestellt, Kosten zu reduzieren. In diesem Sinne setzte die
Provinzialverwaltung Mitte der 1930er Jahre die Pflegesätze der
Patienten herab. Dadurch wurde auch die Klosterleitung genö-
tigt, die Verpflegungskosten der Kranken zu senken.
Ab 1940 wurden dann die jährlich durchgeführten Besichtigun-

gen der Anstalt verschärft und von Angehörigen der Gestapo bzw. der Reichsarbeitsgemeinschaft Heil- und Pflegeanstalten durchgeführt. Die Besichtigungen liefen in einem bedrückenden Klima ab. Einige Kranke hatten aus den Zeitungen oder durch ihre Angehörigen erfahren, daß Geisteskranke und alte Menschen in sogenannte „kriegsfreie Zonen" verlegt werden sollten. Es war allerdings durchgesickert, daß dies nur die beschönigende Bezeichnung für den Abtransport in Tötungsanstalten war. Bei einem der Kontrollgänge der Gestapo gerieten einige Patientinnen in Panik und riefen: „Da kommen unsere Mörder. Wir sind die nächsten, die vergast werden." Die Gestapo notierte sich die Namen dieser Kranken, und sie waren bei den ersten, die kurze Zeit später abgeholt wurden.

Neben der Erfassung im Erbbiologischen Institut Bonn mußte Chefarzt Dr. Peters der Reichsarbeitsgemeinschaft in Berlin auf speziellen Meldebögen die Krankengeschichte einer jeden Patientin berichten. Er war gezwungen anzugeben, inwieweit die Patientin noch arbeitsfähig bzw. bettlägerig war, um so ihren „Nutzen" für die nationalsozialistische Gesellschaft erkennbar zu machen. In der folgenden Zeit versuchten die Assistenzärztin Dr. Hamacher und Pastor Kremers eine Reihe von Patienten in Absprache mit ihren Angehörigen zu entlassen, um sie vor der Vernichtung zu bewahren.

Ab Februar 1941 wurde dann mit dem Abtransport und der Umverlegung der Patientinnen begonnen. In der Zeit vom 10. 2. 1941 bis zum 24. 1. 1943 wurden insgesamt 480 Patientinnen in andere Heil- und Pflegeanstalten der Rheinischen Provinzialverwaltung verlegt. Ein Großteil der Patientinnen sollte, wie vorher bekannt geworden, nach Hadamar, einer Pflegeanstalt, von der man seit 1941 wußte, daß hier die Tötung Geisteskranker (Euthanasie) vorgenommen wurde.

Der Abtransport nach Hadamar geschah auf Weisung der „Gemeinnützigen Krankentransport-Gesellschaft Berlin" (einer Firma im Eigentum der SS), die sich auf einen Antrag des Reichsverteidigungskommissars Göring berief. In der Befürchtung, die Verlegung geschehe im Rahmen der „Euthanasierung"

Geisteskranker, wandte sich die Anstaltsleitung voller Besorgnis an die Provinzialverwaltung in Düsseldorf. Dort wurden diese Bedenken ausdrücklich verneint. Es hieß, in Hadamar sei die SS abgezogen und das Krematorium abgebrochen worden. Das Heim solle wieder als Krankenanstalt dienen, und die neu eingerichtete Frauenstation solle mit Patientinnen aus Kloster Hoven belegt werden. Durch diese Versicherung der Provinzialverwaltung beschwichtigt, konnte sich die Anstaltsleitung nicht mehr gegen die Verlegung sperren.

Der Bericht einer Zeitzeugin dokumentiert, in welch menschenverachtender Weise der Abtransport der Kranken vor sich ging: „Wir Schwestern erhielten den Auftrag, die Leute zu einer bestimmten Zeit zu baden, ihre Sachen zu packen und ein Pflaster mit dem Namen der jeweiligen Person auf den Nacken zu kleben. Das verschlug uns den Atem. Wir hatten bisher nur Toten den Namen angeheftet, damit es keine Verwechslung geben konnte, aber lebenden Menschen? Das brachte niemand von uns fertig, und so taten wir das auch nicht. . . . Die hilflosen Kranken krallten sich an uns Schwestern fest und schrien ‚Halt mich hier, die machen uns doch tot‘. In solchen Szenen kam Begleitpersonal der Gestapo und injizierte den Schreienden Betäubungsmittel durch die Kleider hindurch. Die Roheit und die Routine dieser neuen Krankenschwestern schockierte uns." Die Kranken wurden zum großen Teil mit Gewalt in Autos und Busse geschoben, die sie zu einem Güterzug im Bahnhof von Zülpich brachten. Die Schwestern reichten den Kranken am Zug noch Suppe, und auch Frl. Dr. Hamacher und Pastor Kremers versuchten, so gut es ging, die Kranken zu beruhigen und ihnen noch letzte Wünsche zu erfüllen.

Pastor Kremers hatte den Beteuerungen der Provinzialverwaltung keinen Glauben geschenkt und fuhr per Fahrrad schon kurz nach dem Abtransport der geisteskranken Frauen heimlich ins 100 km entfernte Hadamar. Er wollte sich an Ort und Stelle nach dem Verbleib der Kranken erkundigen. Er mußte dort feststellen, daß allein in der Zeit vom 13. bis 26. September 1942 bereits 43 der ehemaligen Patientinnen auf der öffentlichen Tafel des

Hadamarer Rathauses als verstorben aufgeführt waren. Diese traurige Tatsache teilte Pastor Kremers Domkapitular Engels und dem Erzbischöflichen Generalvikar in Köln mit, die daraufhin bemerkten: „Man hat uns also doch wieder betrogen."

Im Oktober 1942 sollten die noch in Hoven verbliebenen Geisteskranken verlegt werden, um im Haus Platz für Fliegergeschädigte zu schaffen. Die Schwestern wehrten sich entschieden gegen dieses Vorhaben, und nach langen Verhandlungen konnte erreicht werden, daß die restlichen 200 Geisteskranken im Kloster bleiben durften. Die Ordensschwestern konnten trotz ihrer Bemühungen jedoch nicht verhindern, daß nochmals 30 Patientinnen nach Düsseldorf und Neuß verlegt wurden. Innerhalb eines Jahres verlor die Heil- und Pflegeanstalt nahezu zwei Drittel ihrer Patientinnen. Die meisten von ihnen wurden in Hadamar ermordet.

Pastor Kremers, der sich unermüdlich für die Kranken eingesetzt hatte, wurde zweimal von der Gestapo nach Köln ins EL-DE-Haus vorgeladen, weil er Angehörige von Kranken angeschrieben und gebeten hatte, sie möchten veranlassen, daß die Kranken in Hadamar seelsorglich betreut würden. Mit diesem Hinweis wollte er auf das Schicksal der Kranken aufmerksam machen. Die Gestapo warf ihm vor, er habe damit gegen einen Ministerialerlaß verstoßen, und erlegte ihm eine Geldstrafe von 1000 RM auf. Es kam bei diesen längeren Verhören glücklicherweise nicht zur Sprache, daß Pastor Kremers im Einvernehmen mit Frl. Dr. Hamacher versucht hatte, so viele Patienten wie möglich zu retten, indem er sie von ihren Angehörigen nach Hause holen ließ.

Die durch den Abtransport der Kranken frei gewordenen Räume und Säle wurden schon ab 1. September 1942 von Insassen der Riehler Heimstätten, einem Kölner Altersheim, belegt. Große Teile des Hauses wurden nun zum Pflegeheim für über 300 alte und schwache Menschen umfunktioniert. Im Sommer 1945 wurde Sr. Ruthildis, die gut englisch sprechen konnte und ein relativ großes Durchsetzungsvermögen hatte, ausgeschickt, um 160 im November 1944 nach Doberlog bei

Leipzig evakuierte alte Leute und 7 Schwestern zurückzuholen. Nach einer abenteuerlichen Reise durch die Besatzungszonen gelang es ihr, die in einer Scheune untergebrachten Menschen zurückzubringen. Von diesen war jedoch ein Großteil den Strapazen erlegen und 60 in Vernichtungsanstalten getötet worden!

Dieser Schilderung ist nichts mehr hinzuzufügen.

Zweiter Weltkrieg – Einsatz in Lazaretten

Der Zweite Weltkrieg traf die Genossenschaft der Cellitinnen als Organisation, die mit Köln und dem Rheinland so sehr verbunden ist, mit der gleichen Härte, die auch den Westen Deutschlands traf. Unmittelbar nach Kriegsbeginn wurden schon 50, später noch weitere Ordensschwestern in Lazarette dienstverpflichtet. Zunächst im Westen, z. B. in Bensberg, Neheim oder Bad Godesberg eingesetzt, spannte sich das Betätigungsfeld dieser Schwestern zuletzt von St. Vith in Ostbelgien bis Gumbinnen in Ostpreußen. Einige Häuser, darunter das Herz-Jesu-Kloster Nettersheim und Kloster Hoven, dienten zeitweise als Feld- oder Reservelazarett.

St. Vith wird völlig vernichtet

Die in Ostbelgien tätigen Cellitinnen erlebten als erste die volle Härte des Krieges. Als sich der „Sitzkrieg" im Sommer 1940 zur Westoffensive ausweitete, wurde die Niederlassung in St. Vith rasch zum Feldlazarett, das von Schwerverwundeten überfüllt war. Im Herbst 1944 kurzfristig wieder Lazarett, wurde das St.-Joseph-Kloster dann rasch von der Front überrollt und von Amerikanern besetzt. Die Gebäude hatten zwar schwere Schäden erlitten, doch blieben sie funktionsfähig. Die kurz vor Weihnachten 1944 einsetzende Ardennenoffensive des Generals Rundstedt brachte dann das Ende für St. Vith. Der massive Gegenschlag der Amerikaner vernichtete Stadt und Kloster vollständig. Weit über 100 Menschen starben am 25. 12. 1944, davon über 30, die in der Kapelle des Krankenhauses Schutz gesucht hatten. Sr. Martina Kraß starb mit 4 transportunfähigen Patienten, die sie nicht im Stich lassen wollte.

Das landwirtschaftliche Anwesen des Klosters, Gut Wiesenbach, blieb lange Zeit Zufluchtsstätte für Schwestern und Patienten. Ohne diese mit aller Kraft erhaltene und geschützte Ökonomie wäre gewiß nicht nur die Niederlassung der Genossenschaft zugrunde gegangen.

Klinik Sankt Joseph, St. Vith. 1945, nach der Ardennen-Offensive.

Klinik Sankt Joseph, St. Vith, Klosterkapelle. 1945.

Kloster Hoven – Zufluchtsort für die Zülpicher

Die an die Vernichtung St. Viths anschließende Schlacht im Hürtgenwald machte Kloster Hoven bei Zülpich erneut zum Feldlazarett, nachdem es zuvor schon mehrmals diesem Zweck gedient hatte. Die Härte dieses völlig sinnlosen Kampfes mag man sich dadurch verdeutlichen, daß in den 3 Monaten, die diese Schlacht tobte, die US-Armee mehr Soldaten verlor als im gesamten Vietnamkrieg!

Lazarett, Altenheim, Pflegeheim und letzte Zuflucht für die verängstigte Zivilbevölkerung – das alles war Hoven zur Jahreswende 1944/45. Wegen der Massierung von Militärfahrzeugen in der Umgebung lag das Kloster trotz groß aufgemalter Neutralitätszeichen immer unter Tieffliegerbeschuß. Am 2. 3. 1945 kam dann der erlösende Funkspruch an die Amerikaner: „Hoven wird nicht verteidigt!" Mit dem Einmarsch der Alliierten am 3. März endete für die etwa 1000 Menschen, die im Kloster Hoven Schutz gefunden hatten, der Krieg.

Zerstörung und Evakuierung

Ähnliche Schrecken erlebten alle Niederlassungen in der Eifel. So total jedoch wie St. Vith traf es nur noch die Häuser in der Kölner Innenstadt. Es ist bekannt, daß Köln insgesamt zu 80 %, der Süden der Altstadt sogar zu 95 % zerstört wurde. Um so größer ist die Leistung zu werten, daß bis zuletzt der Betrieb im schwerbeschädigten Krankenhaus in der Jakobstraße aufrechterhalten wurde, dem „modernsten" Krankenhaus in Köln. Die massiven Betondecken des Neubaus von 1929 ermöglichten trotz weitgehender Zerstörung der Inneneinrichtung den Mitarbeitern und Schwestern, ihre Arbeit in den Kellern und dem provisorisch gesicherten Erdgeschoß fortzusetzen. Nur so kann man verstehen, daß der Volksmund vom „Kloostersche" als vom „ersten Haus hinter dem Hauptbahnhof" sprach. Dieser ist 1,5 km entfernt!

Während die der Genossenschaft gehörenden Krankenhäuser St. Agatha in Köln-Niehl und St. Antonius in Köln-Bayenthal fast unzerstört den Krieg überstanden, wurden alle anderen Niederlassungen in Köln weitgehend vernichtet. Das Bürgerhospital und das Kinderhospital in der Buschgasse wurden nicht wieder aufgebaut. Die Universitätskliniken in der Lindenburg, erheblich zerstört, wurden wieder errichtet. Endgültig werden dort die kriegsbedingten Provisorien jedoch erst 1989 mit der Fertigstellung des OP-Traktes beendet sein.

Zu den bewegendsten Ereignissen der letzten Kriegswochen in Köln gehört der Sieg über die Fleckfieberepidemie der Monate Februar und März 1945. Unter den 64 in der Isolierabteilung liegenden Patienten befanden sich auch 9 Ordensschwestern, die sich im Dienst infiziert hatten, 4 von ihnen starben. Diese „Isolierabteilung" war der noch einigermaßen intakte Flur der Röntgenstation des Krankenhauses in der Jakobstraße. Unter primitivsten Verhältnissen, fast ohne Medikamente und Desinfektionsmittel, gelang es den sie betreuenden Schwestern mit Dr. Dietlein, Dr. Müller und Pater Wipper, einem Spiritaner aus Knechtsteden, die meisten der Erkrankten zu retten. Dies geschah in höchster Gefahr für ihr eigenes Leben, im Bombenhagel und unter ständigem Artilleriebeschuß.

Die meisten Kölner Niederlassungen, ob nun Krankenhäuser,

Bürgerhospital. Klosterkapelle St. Cäcilia mit Pfarrkirche St. Peter. Ansicht von Nordosten. 1945.

Mädchenschutz- oder Säuglingsheime, waren in den letzten Kriegsjahren in die relativ sicheren Kleinstädte Bonn, Bad Godesberg und Königswinter südlich Kölns ausgelagert worden. Mutterhaus und Noviziat waren schon seit 1942 in Heisterbach untergebracht, wo am 7. 3. 1941 auch das St.-Bernhard-Hospital als Ausweichhospital des Krankenhauses in der Kölner Jakobstraße eingerichtet wurde.

Schwesternschicksale im Feldlazarett

Die 1939–46 in Lazaretten tätigen Schwestern konnten allgemein mit viel Anerkennung und Teilnahme rechnen. Ein Vorgang beleuchtet noch einmal deutlich die Zeitumstände. Die in Gumbinnen/Ostpreußen eingesetzten Ordensschwestern wurden am 22. 1. 1945 vor der heranrückenden Front nach Westen evakuiert. Der Aufbruch geschah fluchtartig, zwei Züge fuhren „auf Sicht" hintereinander. Als die hinteren Waggons des ersten Zuges, in dem sich die Schwestern befanden, entgleisten, wurden sie von dem nachfolgenden zweiten Zug zertrümmert. Unter den Toten befand sich auch Schwester Amalia Briefs, „deren Gepäck sich aufgefunden hat", wie die Dienststelle Feldpost Nr. 36954 pflichtbewußt mitteilt. Eher beiläufig wird erwähnt, daß die beiden schwerverletzten Schwestern Pazifika Siepmann und Cleopatra Rüther in den Trümmern eingeklemmt zurückgelassen wurden! „Mit ihrem Ableben ist wohl zu rechnen!"
Schwester Pazifika jedoch wachte am nächsten Tag im Schnee neben der toten Schwester Amalia auf. Sie wurde von einem Flüchtlingstreck aufgegriffen und gerettet. Im Herbst 1945 gelangte ein erstes Lebenszeichen von ihr aus Westfalen an Mutter Remberta. Schwester Cleopatra erlitt ein weit schlimmeres Schicksal. Sie gelangte, ebenfalls schwer verletzt, in sowjetische Gefangenschaft. Nach einem halbjährigen Leidensweg in einem Frauenlager gelang ihr die Flucht. Auch sie erreichte im Herbst 1945 Westfalen.

Die Genossenschaft
in einer gewandelten Gesellschaft

Wiederaufbau nach dem Zweiten Weltkrieg

Als im Sommer 1945 die ersten Schwestern aus Militärlazaretten und ihren Evakuierungsorten in Westfalen und Thüringen, in die Mutter Remberta zuletzt fast 200 Schwestern geschickt hatte, zurückkehrten, begannen an einigen Häusern schon erste Sicherungs- und Wiederaufbauarbeiten. Schon während des Krieges war immer wieder versucht worden, Zerstörtes wieder herzurichten. Ein Umstand, der Bürgermeister Coerper zu einer seiner raren positiven Äußerungen über die Cellitinnen nötigte. Anläßlich einer Inspektion im Kinderheim Godeshöhe in Bad Godesberg, im Oktober 1944 als Feldlazarett zerstört, stellte er fest, daß die Schwestern sich verbissen an den Wiederaufbau gemacht hatten. Der Kommentar zu seinen Begleitern: „Setzen Sie drei Augustinerinnen auf einen Sandhaufen, so steht unter Garantie in einem Jahr ein Haus darauf!"

Andere Niederlassungen wurden erst 1945/46 nachhaltigen Zerstörungen unterworfen; die in einem Teil von Kloster Hoven, im Antonius-Krankenhaus Köln-Bayenthal und im Priesterseminar Bensberg einquartierte britische Besatzung hinterließ, anders als ihre amerikanischen Vorgänger, selten mehr als Trümmer. Gerade in der Zeit allgemeiner Zerstörung erwies sich die

Köln, Alter Markt, 1946. Cellitinnen bei der ersten Fronleichnamsprozession nach dem Kriege.

Spiritualität der Schwestern als Rückhalt und Antrieb für den Neubeginn. Sie hatte sich ungebrochen auch in Zeiten schwerster Not und Bedrängnisse erhalten.

Renovierung und Instandsetzung – Neue Ideen

Die Tätigkeit der unmittelbaren Nachkriegszeit konzentrierte sich vor allem auf die Wiedererrichtung völlig zerstörter Bausubstanz. So lagen die Schwerpunkte zunächst auf der Neuerrichtung des St.-Joseph-Klosters St. Vith und in Köln bei der Wiederherstellung des Mutterhauses in der Severinstraße und des Krankenhauses der Augustinerinnen in der Jakobstraße. In den übrigen Häusern der Genossenschaft waren in jener Zeit hauptsächlich Instandsetzungsarbeiten notwendig, bedingt durch kleinere Bombenschäden oder durch die Nutzung als Lazarette wie in Zülpich oder in Nettersheim.

Für Mutterhaus und Krankenhaus im Kölner Severinsviertel brachte die Zerstörung der umliegenden Gebäude die Möglichkeit zu Ausweitung und Zusammenfassung des Areals. Ein in das Gelände hineinragendes städtisches Grundstück wurde im Tausch gegen Straßenland erworben und ermöglichte einen an den wiederhergestellten Altbau Jakobstraße angelehnten Neubau. Beiderseits des Mutterhauses konnte das Gelände durch Kauf bzw. Tausch so erweitert werden, daß 1951 der Wiederaufbau von Generalat und Kapelle großzügiger und sinnvoller als zuvor erfolgen konnte. Hiermit sollte der Genossenschaft wieder eine effiziente Grundstruktur gegeben werden, da Heisterbach, wo seit 1943 das Generalat seinen Sitz hatte, in seiner Abgeschiedenheit zwar für ein Noviziat gut geeignet war, nicht jedoch für die Zentrale einer weitverzweigten Organisation. Daher kehrte die Generalleitung 1951 endgültig nach Köln zurück.

Seit jener Zeit wird der Innenhof von der Mutterhauskapelle dominiert. Architekt Theo Heuser erbaute sie 1954 an Stelle ihrer zerstörten Vorgängerin.[37] Ein zu seiner Zeit sehr fortschrittlicher Sakralbau mit streng betonter Funktionalität, dessen heller Innenraum von Anfang an auf einen einzigen zentralen Altar hin konzipiert war. Beherrscht wird das Innere von dem monumentalen Hängekreuz, das der Kölner Künstler Hanns Rheindorf 1958 geschaffen hat. Die qualitätsvollen Glasfenster Hubert Schaffmeisters, deren senkrechte Bahnen das Äußere der Kapelle noch stärker beherrschen als ihr Inneres, zeigen Szenen und Personen aus Kirchen- und Ordensgeschichte, die für die Genossenschaft besondere Bedeutung erlangten.

Während die Generalleitung nach Köln zurückkehrte, verblieb das Noviziat in Heisterbach. Hoffnungen auf weiter wachsende Eintrittszahlen und die Enge in Heisterbach veranlaßten die Genossenchaft 1954–1956 einen Komplex drei- und vierstöckiger Gebäude neu zu bauen. Die Gebäudegruppe ist von P. Krücken entgegen ursprünglicher Planungen nicht im Stil der 20er und 30er Jahre errichtet worden, sondern konsequent in den Formen und Techniken ihrer Zeit. Bemerkenswertester Teil ist die Kirche, die mit ihrer schlichten, funktionalen Ausstattung, dem durch die Stahlbetonkonstruktion möglich werdenden Einbau großer Fensterbahnen und der Betonung der Altarinsel manches vorweg nimmt, was erst die Bauten der 60er und

Noviziat in Heisterbach. Tanz vor der Chorruine. Um 1955.

Einkleidung in Heisterbach. 1955.

70er Jahre bestimmen sollte. Typisch für die neuen Lösungen der 50er Jahre ist in dieser Kirche die durchdachte Gestaltung jedes Details, die einen Rückgriff auf Vorgedachtes von vorneherein ausschloß. Verbindung zur Geschichte sind in Krückens Konzept einige Spolien aus der 1803 zerstörten Zisterzienserkirche, ein 750 Jahre alter Portalsturz über dem Eingang und romanische Kapitelle zur Belebung des Altarraums. Ungewollt ist durch die Verwendung weißer Außenfarbe eine Anlehnung an die Zisterzienserbauten erfolgt. Denn wie die ordenseigene Ausgrabung zweifelsfrei erwiesen hat, muß auch die mittelalterliche Kirche weiß durch die Bäume geschimmert haben, so wie heute die Neubauten der Cellitinnen.

Als mit sinkenden Eintrittszahlen ein großer Noviziatskomplex für die Genossenschaft überflüssig wurde, wurde das Noviziat in den Konvent im Kölner Priesterseminar verlegt. Das ehemalige Noviziatsgebäude dient seit 1982 als Pflegestation des allgemeinen Altenheims. Das ehemalige Exerzitienhaus in Heisterbach wird seit den 70er Jahren als Altenpflegeheim für Ordensschwestern genutzt.

Eine erfreulich positive Entwicklung ist für die Niederlassungen in St. Vith und Bornheim zu verzeichnen. In St. Vith wurde bis 1953 von Grund auf neu gebaut. In Bornheim wurden nach Abzug der dort von 1944 bis 1952 evakuierten Bonner Universi-

König Baudouin besucht St. Vith. 1965.

tätskinderklinik alte Strukturen so hergerichtet, daß sie den Anforderungen einer neuen Zeit entsprachen. Nach der umfassenden Renovierung widmete sich das Maria Hilf Kloster Bornheim verstärkt der Pflege und Versorgung alter Menschen. Für beide Häuser wurden 1982 bzw. 1983 aus Anlaß ihres 100jährigen Bestehens Festschriften herausgegeben, so daß hier der Hinweis auf diese informativen und ansprechend gestalteten Bücher genügen möge.

Neubeginn in den Filialen

Wie die eigenen Niederlassungen hatten auch die Filialen in Häusern fremder Träger unter den Zerstörungen des Krieges gelitten. Bis auf wenige Ausnahmen wurde überall renoviert und aufgebaut. Allmählich konnte die Arbeit in den wiedereröffneten Häusern aufgenommen werden. Im September 1948 kehrten annähernd 40 Schwestern in das instand gesetzte Landesbad in Aachen zurück, 1950 bis 1952 konnten die verschiedenen Abteilungen der Universitätskinderklinik Bonn wieder in einem Haus vereinigt werden.

Auch in einigen Anstalten der Stadt Köln wurde nach 1945 ein neuer Anfang gewagt. Zug um Zug kehrten die nach Süden ausgelagerten Abteilungen in die schwerbeschädigte Universitätsklinik Lindenburg zurück, die bis 1954 städtisches Eigentum blieb. Der Wiederaufbau war langwierig und durch die extreme Überbelegung besonders schwierig.

Auch das seit 1931 geschlossene Kindererholungsheim Köln-Brück öffnete 1947 erneut seine Pforten. Wiederum übernahmen 9 Schwestern die Pflege und Betreuung von tuberkulosekranken Kindern. Im Kindererholungsheim Adenau war schon 1946 die Arbeit wieder aufgenommen worden.

Ein städtisches Haus übernahmen die Schwestern jedoch nach 1945 nur ungern wieder. Nach Kriegsende bemühte sich die Stadtverwaltung, das Lungensanatorium Rosbach, das die Schwestern 1938 auf Druck der Nazis verlassen mußten, wieder in die alten Hände zurückzugeben. Dem Beigeordneten für das

Gesundheitswesen, Dr. Vonessen, gelang es 1945 erst nach langen Verhandlungen, Mutter Remberta davon zu überzeugen, das Haus wieder zu übernehmen. Die Generaloberin hatte deshalb gezögert, weil in jenen Jahren für die Schwestern die Gefahr einer Ansteckung mit Tbc größer war als je zuvor.

Cellitinnen übernehmen Krankenpflege in Köln-Merheim

Das größte Wagnis für Stadt und Genossenschaft war jedoch der Neubeginn in den Krankenanstalten Köln-Merheim, dem letzten städtischen Haus, in das Cellitinnen aus der Severinstraße in Krankendienst und Wirtschaftsführung berufen wurden. Mit wachsender Bedeutung des Hauses wirkten hier insgesamt 85 Schwestern.

1946 waren die Pläne für ein Klinikum auf dem Gelände eines ehemaligen Fliegerhorstes im Rechtsrheinischen herangereift. Der Gesundheitsdezernent Dr. Vonessen, engagierter Katholik wie sein 20 Jahre zuvor verstorbener Vorgänger Dr. Krautwig, suchte nach Möglichkeiten, dieses neue Haus in die Hände einer katholischen Gemeinschaft zu legen. Erleichtert wurde die Entscheidung der Genossenschaft für Köln-Merheim dadurch, daß einige der alten Wirkungsstätten nicht wieder besetzt werden mußten. Allerdings wurde die Frauenklinik des neuen Hauses von Anfang an weltlichen Schwestern übergeben. Am 6. März 1946 begann der Einzug in das verwahrloste Kasernengelände, dessen Anpassung an die Bedürfnisse eines Krankenhausbetriebes mehrere Jahre in Anspruch nahmen. Nach hartnäckigem Kampf gegen das Ungeziefer wurden die Krankenstationen und Wohnräume nach und nach mit Material ausgerüstet. Die britische Armee hinterließ ein besonders nützliches Geschenk: eine gutbestückte Kleiderkammer mit Betten, Stühlen und sogar Wäsche – ein unerwarteter Glücksfall.

Aus den verschütteten Kellern des Bürgerhospitals barg man eine voll funktionstüchtige Eismaschine, auch die Apotheke zog von dort auf die „Schääl Sick", ins Rechtsrheinische. Die Kapelle wurde mit Bänken versehen, die man aus den Trümmern der Cäcilienkirche barg. Neben diesen materiellen Verbindungen waren es vor allem Ärzte und Schwestern, die zum großen Teil früher im Bürgerhospital tätig waren, die Köln-Merheim zum Nachfolger dieses traditionsreichen Krankenhauses machten. Es entwickelte sich unter den neueingestellten Spezialisten rasch zu einem weit über Köln hinaus bekannten medizinischen Zentrum. – Wieder einmal wirkten die Cellitinnen in einem der fortschrittlichsten Häuser Deutschlands mit.[38]

Neue Wirkungskreise in Spich und Kelmis

Durch die kriegsbedingte Aufgabe vieler Häuser waren einige Schwestern zur Übernahme eines neuen Wirkungskreises frei, so daß 1945/46 noch zwei weitere neue Filialen übernommen werden konnten.

In Spich bei Troisdorf wurden die Schwestern vom ersten Tag an herzlich empfangen. Hier eröffneten sie zunächst einen Kindergarten, der innerhalb kürzester Zeit von über 40 3–5jährigen besucht wurde.

Im belgischen La Calamine (Kelmis) übernahm die Genossenschaft auf Bitten des Pfarrers die ambulante Krankenpflege. Bis 1954 waren hier 4 Schwestern der Genossenschaft im Einsatz.

Eigene Landwirtschaft – Basis der Versorgung

Seit dem 19. Jahrhundert besaß die Genossenschaft mehrere landwirtschaftliche Anwesen, die den Niederlassungen direkt angeschlossen waren. Sie sicherten diesen Häusern eine Grundversorgung mit Lebensmitteln. Im Laufe der 70er Jahre wurde eigene Landwirtschaft für die meisten Niederlassungen unrentabel und an Pächter abgegeben oder verkauft. Mancher mag mit Erstaunen das zähe Festhalten vieler alter Schwestern und Mitarbeiter an diesen Betrieben registriert haben. Doch war in den Jahren nach dem Kriege, insbesondere 1945–49, diese Selbstversorgung mit Lebensmitteln für Häuser wie Marienborn, Bornheim oder Heisterbach oft die letzte Rettung. Der Wilhelmshof in Köln-Longerich wurde vom Generalat direkt

Tendenzen in der Entwicklung der Schwesternzahl

Seit dem Jahre 1882 übernahm die Genossenschaft der Cellitinnen in zunehmendem Maße auch Niederlassungen außerhalb der Stadt Köln und ihres Bürgerhospitals. Die über 50 Jahre anhaltende Expansion erweiterte das Arbeitsfeld der Genossenschaft über den Bereich der eigentlichen Krankenpflege auf nahezu alle Dienste, die im Rahmen der kirchlichen Sozialarbeit angeboten wurden.

Die mit der Übernahme des Hospitals in Frechen beginnende Ausweitung geht einher mit einem ständigen Anwachsen der Schwesternzahl (Abb. S. 184), das sich ungebrochen bis zum Jahre 1936 fortsetzt. Danach fällt die Schwesternzahl ebenso stetig wieder ab. Die Zahl der Niederlassungen steigt mit der der Schwestern und nimmt mit ihr, nach einer gewissen Verzögerung, auch wieder ab (Abb. S. 184). Auch die Zahl der Eintritte (Abb. S. 189) vergrößerte sich von Jahrzehnt zu Jahrzehnt, unterlag aber gewissen Schwankungen, die zu bestimmten Zeiten sogar erheblich sein konnten. Die Entwicklung der ersten drei Jahrzehnte nach 1838 zeigt nur geringe Neueintritte, bedingt durch die Begrenzung der Schwesternzahl seitens der Armenverwaltung. Nur bei Pensionierung oder Tod einer Schwester durften Neuaufnahmen stattfinden. Die Zahl der Eintritte lag daher bei maximal 5 Schwestern pro Jahr.

Anwachsen der Schwesternzahl

Die Gründung des ersten Mutterhauses in Nieder-Zündorf 1864 wirkte sich auf die Zahl der Neuzugänge nicht aus, dagegen hatte die Gründung des Mutterhauses in der Severinstraße einen Schub von über 10 Aspirantinnen zur Folge. Das 1871 bis 1881 folgende Abflachen der Kurve auf ein nur wenig über den alten Zahlen liegendes Niveau ist nicht nur durch die stärker werdenden Repressionen der Kulturkampfzeit bedingt, sondern auch durch die noch geringen Ausbildungskapazitäten des Mutter-

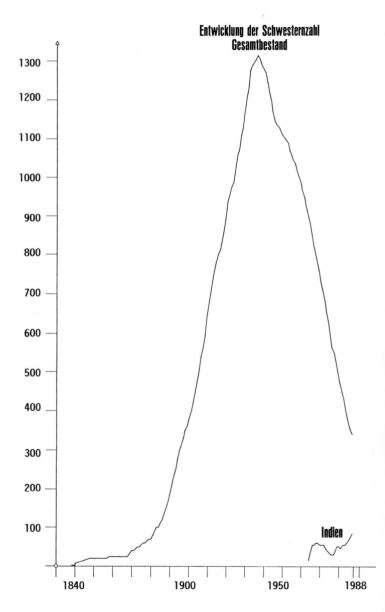

Entwicklung der Schwesternzahl
Gesamtbestand

Indien

1840   1900   1950   1988

184

hauses im alten Mommerslocher Hof. Eine Änderung, die ein sprunghaftes Ansteigen der Eintrittszahlen bewirkte, trat mit dem Ende staatlicher Repressionen ein, denen der Neubau des Mutterhauskomplexes folgte.

Die grundlegende Reform des Sozialversicherungswesens vom Jahre 1883 gab Krankenhäusern, später auch anderen sozialen Institutionen, eine gesicherte Finanzierung und ermöglichte der Genossenschaft bei immer weiter zunehmender Schwesternzahl, neue Niederlassungen zu gründen oder zu übernehmen.

Der beständige Aufwärtstrend wird an zwei Stellen eindeutig unterbrochen. Die Abwärtsentwicklung zwischen 1896 und 1905, die ihren Tiefstand 1899 erreichte, ist durch die innere Entwicklung der Genossenschaft nicht erklärbar. Eher können hier äußere Ereignisse, vor allem im politischen Bereich, eine Rolle gespielt haben. In Frankreich begann zu jener Zeit eine lautstarke Kampagne, deren Ergebnis die Vertreibung und Auflösung aller Orden und geistlichen Gemeinschaften im Jahre 1905 war. Ereignisse, die auch in Deutschland große Aufmerksamkeit fanden und Anlaß zur Nachahmung gaben. Die National-Liberale Partei, aber auch manche Sozialdemokraten setzten sich an die Spitze einer Bewegung, die, dem Beispiel des Nachbarlandes folgend, ihren Kulturkampf doch noch zu dem bisher verfehlten Ende führen wollte. Erst mit dem Abebben dieser Bewegung zeigt sich auch ein erneuter Anstieg der Eintritte, der mit dem Jahre 1906 wieder die zu erwartende Höhe erreicht.

Das erneute Abflachen der Kurve zwischen 1913 und 1919 ist kriegsbedingt. Die Genossenschaft war durch eingeschränkte Finanzierungsmöglichkeiten nicht in der Lage, neuen Schwestern auch neue Arbeitsplätze zu stellen. Das mag zu einer zurückhaltenden Aufnahmepraxis beigetragen haben. Der Anstieg auf die Rekordhöhe von 73 Neuaufnahmen im Jahre 1920 geht einher mit der Ausweitung des Krankenhauses und Noviziats beim Mutterhaus.

Rückgang der Schwesternzahl

Von 1921 bis 1988 folgt die Kurve einem kontinuierlichen Abwärtstrend, der jedoch durch zwei Ereignisse beschleunigt wird: Zwischen 1921 und 1929 bewegen sich die Zahlen unter dem zu erwartenden Niveau, ein Ergebnis von Inflation und Wirtschaftskrise. Von 1933 an ist dann ein steiler Abfall zu beobachten, bis mit dem Jahre 1942 zum ersten Male seit 1867 keine einzige Schwester neu eintrat. Bis 1939 läßt sich diese Entwicklung durch erneute staatliche Repressionen erklären, die das wirtschaftliche Überleben der Genossenschaft in Frage stellten und manche Kandidatin eingeschüchtert haben mögen. Die Zahlen der Jahre 1939 bis 1945 erklären sich dadurch, daß die meisten Frauen in den Kriegsjahren keine Möglichkeit hatten, ihren Arbeits- oder Ausbildungsplatz zu wechseln bzw. dienstverpflichtet waren.

Der nach dem Kriege folgende Anstieg der Eintrittszahlen führt zu Beginn der 50er Jahre noch einmal auf ein einer stetigen Entwicklung entsprechendes Niveau, das dann bis zum Jahre 1967 auf Null absinkt. Danach traten nur noch sporadisch Schwestern in die Genossenschaft ein. Nach 100 Jahren werden also wieder die niedrigen Werte der Gründungsphase erreicht. Wie nach dem Kulturkampf erfolgte also auch nach der Zeit des Nationalsozialismus noch einmal eine Eintrittswelle; doch folgte diesem ersten Schub keine weitere Aufwärtsentwicklung mehr. Es soll nicht unerwähnt bleiben, daß die Zahl der Ordensschwestern nicht nur durch fehlenden Nachwuchs sank, sondern auch Austritte, die in einigen Wellen in den 50er, 60er und zu Beginn der 70er Jahre erfolgten, die Statistik bestimmen.

Nachwuchsmangel

Den Nachwuchsmangel allein auf mangelnde Religiosität weiter Bevölkerungskreise zurückzuführen bedeutet, entscheidende Faktoren für dieses Phänomen zu übersehen. Eher ist die Befreiung der Kirche von jeglichem staatlichem Druck ein Faktor, der zur Motivsuche herangezogen werden sollte. Die

Repression der Orden unter aufgeklärter oder liberaler Herrschaft machte diese im 19. Jahrhundert zum idealen Betätigungsfeld für Menschen, die ihren Glauben offen bekennen wollten. Heute gilt es nicht mehr, Glauben gegen andere zu bekennen, sondern für andere. Doch auch dieser Aspekt beleuchtet nur einen Teil der Ursachen des Nachwuchsmangels.

Armutsgebot und Gehorsamspflicht stellen bei objektiver Betrachtung der heutigen Lebensumstände auch keine übergroßen Hindernisse mehr dar: Nächstenliebe und christliche Armut bekommen heute wieder einen hohen Stellenwert zugemessen. Dies zeigt sich in den vielen Solidaritätsaktionen zur materiellen Hilfe für Notleidende und in der weitverbreiteten Kritik an Materialismus und egoistischer Gier. Die seit Beginn der 80er Jahre wieder steigenden Eintrittszahlen gerade bei strengen, kontemplativen Orden wie den Karmelitinnen sind ein Beleg für diese Entwicklung. Andere für die caritativen Orden spezifische Gründe kommen hinzu.

Es ist zum einen für eine katholisch denkende und lebende Frau nicht mehr notwendig, Ordensschwester zu werden, um an entscheidender Stelle in Caritas oder Verkündigung tätig zu werden. Um von der Kirche ernst genommen zu werden, muß eine Frau heute nicht mehr Ordensfrau oder Religionslehrerin sein. Die Lehren des Zweiten Vatikanischen Konzils haben diese Entwicklung deutlich dokumentiert.

Zum anderen trugen die erweiterten Berufsmöglichkeiten für weltliche Schwestern seit den 30er Jahren des 20. Jahrhunderts ihren Teil dazu bei, den Ordensstand als eine härtere Lebensform erscheinen zu lassen. Die lebensrettende Technisierung im Gesundheitswesen und die unbestreitbar großen Erfolge der Pharmakologie lassen heute die Tätigkeit von Krankenschwestern und Pflegern in Laienaugen oft als nebenrangig erscheinen. Die zur Heilung ebenso wesentlichen seelischen Komponenten, Zuwendung und Mitleiden treten bei einer fast allmächtig scheinenden Technik in den Hintergrund. Um so schwerer wird es für potentiellen Nachwuchs, dieses „**einfach da sein**" als zentralen Punkt der Tätigkeit der Cellitinnen zu erkennen und sich dementsprechend zu entscheiden. Dieser Mangel wirkt um so tragischer, je mehr die Medizin Körper und Geist als miteinander verwobene Einheiten erkennt und behandelt. Ein Denken, das den Ordensgemeinschaften schon immer zu eigen war.

Fehlende Kontaktmöglichkeiten

Doch noch ein anderer Aspekt ist entscheidend: Eines der wesentlichen Elemente, das Nachwuchs anspornt, ist das sichtbare Vorbild, sind **direkter Kontakt** zu den Ordensschwestern und Möglichkeiten, ihr Wirken unmittelbar mitzuerleben. Beginnen jedoch Orden, sich aus Nachwuchsmangel zurückzuziehen, fehlen immer mehr dieser Vorbilder. Mit immer weniger Berührungspunkten ergibt sich immer weniger Nachwuchs, somit noch weniger Kontakte und noch weniger Ordensberufe. Wie prägend und beeindruckend die Persönlichkeit einer Ordensfrau sein kann, beweist das Beispiel der Schwester M. Secunda Weber, die 49 Jahre lang, bis zu ihrem Tod im Juli 1957, in Bornheim wirkte. Zu ihren Aufgaben gehörten häusliche Krankenpflege und Geburtsvorbereitungen, darüber hinaus saß sie einem katholischen Mädchenverein vor, damals Marianische Jungfrauenkongregation genannt. 14 Jahre nach ihrem Tod, zum 1. 1. 1971, benannte die Gemeinde eine Hauptstraße, die am Kloster Maria Hilf vorbeiführende Rheinstraße, nach ihrer Ehrenbürgerin in Secundastraße um.

Ein weiterer, für die Cellitinnen besonders wichtiger Gesichtspunkt bei der Suche nach Ursachen ist die ungeheure soziale und kulturelle Umwälzung, die in allen ländlichen Gebieten Deutschlands stattfand. Wer die Herkunft der Schwesternschaft analysiert, wird feststellen, daß zu allen Zeiten ihrer 150jährigen Geschichte der Nachwuchs aus dem gesamten Rheinland und Westfalen, besonders aus der Eifel und sogar weit darüber hinaus stammte. Schwestern dieser „Kölner" Genossenschaft, die aus Köln selbst gebürtig sind, stellen dagegen eine verschwindend kleine Minderheit dar. Gleiches gilt für Schwestern aus anderen Großstädten. Auch Kleinstädte sind unter den Herkunftsorten nur nachrangig vertreten; die meisten Schwestern stammen aus Landgemeinden und Dörfern.

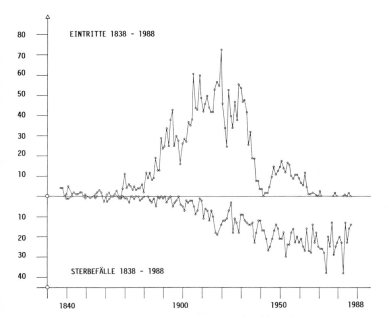

Wirtschaftliche Situation der Cellitinnen nach 1950

Seit der Verordnung über das Verbot von Preiserhöhungen vom 26. 11. 1936 unterlag die Preisbildung der Krankenhäuser staatlicher Reglementierung.[39] Auch nach der Währungsreform 1948 wurde die Preisstoppverordnung durch die Anordnung PR Nr. 140/48 für Krankenhäuser beibehalten. Durch die Verordnung PR Nr. 7/54 aus dem Jahre 1954 wurden zudem weitere finanzielle Einschränkungen gemacht. Durch sie wurde die Kalkulation der Abschreibungen von Anlagegütern im Pflegesatz begrenzt. Die Entwicklung der Pflegesätze wurde an die wirtschaftliche Leistungsfähigkeit der Sozialleistungsträger gekoppelt. Dies hatte zur Folge, daß die Pflegesätze die Kosten nicht mehr deckten. Nach Schätzung der Deutschen Krankenhausgesellschaft betrug das Defizit der Krankenhäuser jährlich 120 Mio. DM. Die kommunalen Krankenhäuser traf dies nicht so hart, sie konnten auf städtische Steuermittel zurückgreifen. Dagegen war den freigemeinnützigen Anstalten eine Anpassung an die Leistungsentwicklung der Medizin nicht möglich. Notwendige Investitionen auf diesem Gebiet mußten unterbleiben. Das „Wirtschaftswunder" ging an ihnen vorbei.

Ein weiteres kaum zu lösendes Problem war trotz der hohen Arbeitslosenquote zu Beginn der 50er Jahre der große Mangel an Pflegekräften. Seine Ursache wurde in der langen Arbeitszeit (60-Stunden-Woche) und einer unzureichenden, oft nur in freier Kost und Logis bestehenden Vergütung gesehen. Hintergrund waren die mit dem deutschen Wirtschaftswunder gestiegenen Lebensansprüche. Der Beruf der Krankenschwester galt nicht mehr wie bisher als Berufung und Lebensinhalt. Der Personalmangel dehnte sich Ende der 50er Jahre nach Aufhebung der Zulassungsbeschränkungen für Kassenärzte auf den ärztlichen Sektor aus. Im nachgeordneten ärztlichen Dienst mußten daher Assistenzarztstellen vorwiegend mit nicht approbierten Medizinalassistenten aufgefüllt werden.

Die rasche Entwicklung der Medizin erforderte eine Spezialisierung innerhalb der Krankenhäuser und sogar der Krankenhäuser untereinander. Diese Spezialisierung führte zum Rückgang des bis dahin noch weitverbreiteten Belegarztsystems und zur Dominanz spezialisierter Gebiets- und Chefärzte.

Für die Cellitinnen entstanden in den 60er Jahren viele Schwierigkeiten, die ihnen Ende der 70er Jahre fast unlösbare Probleme bereiteten. Ein Bemühen um möglichst kostendeckende Pflegesätze unterblieb. Man verzichtete auf eine finanzielle Bewertung der Arbeitskraft der Ordensschwestern, so daß die Gewinn- und Verlustrechnung der Krankenhäuser nur geringe Defizite aufwies. Immerhin waren Anfang der 60er Jahre fast 50 % der Planstellen mit Ordensschwestern besetzt. Mitte der 70er Jahre wurden nur noch 30 % des Personalaufkommens von Ordensschwestern gestellt. Dadurch lag der Personalaufwand 1960 pro Vollkraft und Jahr durchschnittlich nur bei 3685 DM, während er in Krankenhäusern mit weltlichem Personal durchschnittlich etwa 7000 DM betrug. In die Kalkulation der Pflegesätze wurden lediglich die Kosten für die Versorgung der Schwestern einbezogen und nicht ein sogenanntes Gestellungsgeld. Die Arbeitskraft der Schwestern war somit in finanzieller Hinsicht Puffer zwischen Pflegesatznotwendigkeit und tatsächlichen Kosten. Diese Strategie führte dazu, daß sich bei rückläufiger Tendenz der Ordenseintritte und zunehmender Zahl weltlicher Mitarbeiter die Kostenproblematik verschärfte.

Zentrales Problem: Personalmangel

Aus den Zahlen der Bilanzberichte der Genossenschaft geht hervor, daß es zumindest teilweise gelungen ist, dringend benötigte Mitarbeiter für ihre Krankenhäuser und Altenheime zu gewinnen:

	1960	1970
Vollkräfte gesamt	787	1128
Beschäftigte Ordensschwestern	373	352
Weltliche Pflegekräfte	41	96
Ärzte	45	67
Aufwand pro Vollkraft in DM	3685	8865

Mutterhaus der Cellitinnen

100 Jahre Krankenhaus der Augustinerinnen: Jubiläumsgäste mit Generaloberin Sr. M. Nikodema, Kardinal Josef Höffner, Generalvikar Norbert Feldhoff, Prof. Dr. H. J. Herkenrath

Monstranz von Egino Weinert im Mutterhaus der Cellitinnen, gearbeitet aus 270 Profeßringen verstorbener Mitschwestern

Schwestern bei der Meditation

Bibelgespräch im Noviziat

Rekreation im Konvent

Handarbeitskreis der älteren Schwestern

Unterricht in der ordenseigenen Blandine-Ridder-Krankenpflegeschule

Visite im Krankenzimmer

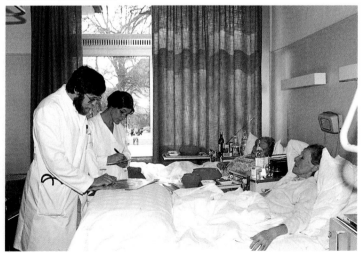

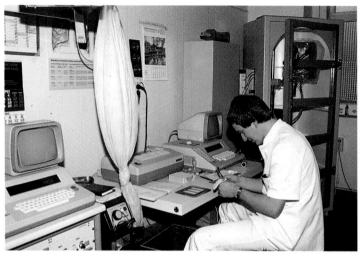

Diagnoseeinrichtung Lungenfunktionsprüfung

Patientenaufnahme

Im Büro der Pflegedienstleitung

Mitarbeiterfortbildung

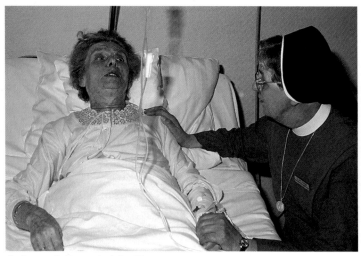

Seelsorge als Bestandteil der Therapie

1960 waren also 47 % der Stellen mit Ordensschwestern besetzt, 1970 waren es nur noch 31 %.

Als krankenpflegender Orden tat die Genossenschaft alles, um eine qualifizierte Pflege in ihren Häusern zu gewährleisten. Alle Anstrengungen konzentrierten sich daher darauf, hierfür genügend qualifiziertes Personal bereitzustellen.

Sanierungspläne

Die Entwicklung der Medizintechnik konnte in den eigenen Krankenhäusern nicht nachvollzogen werden. Die Ausgaben für Einrichtungen und Ausstattung des medizinischen Bedarfs waren in den 60er Jahren minimal (vgl. Abb. S. 194), vergleichbar gering waren auch die Aufwendungen für medizinischen Sachbedarf (vgl. Abb. S. 194).

Für das St.-Antonius-Krankenhaus erschien eine Sanierung der erwähnten Pflegesatzproblematik sicher auch darin zu sehen, daß die Lösung anderer Aufgaben wie Personalbeschaffung und Raumprobleme Vorrang hatte. Zudem erschien es nicht notwendig, die medizinische Leistungsfähigkeit zu steigern, da die Krankenhäuser der Genossenschaft fast zu 100 % ausgelastet waren. Dennoch war der Genossenschaft bewußt, daß auch der Entwicklung der Medizintechnik Rechnung getragen werden mußte. Hierzu mußten nicht nur neue Geräte, sondern auch Räume für den Einsatz neuer Diagnose- und Therapiemethoden bereitgestellt werden.

In den Krankenhäusern konnte dies nur geschehen, indem die Klausuren, die Wohnbereiche der Ordensschwestern, ausgelagert wurden. Für die Schwestern wurde in allen Krankenhäusern Ersatzwohnraum neu geschaffen. Allerdings konnte dies für die Krankenhäuser keine auf Dauer zufriedenstellende Lösung sein, da eine funktional sinnvolle Eingliederung dieser nun zusätzlich zur Verfügung stehenden Flächen nur bedingt möglich war. So entschloß sich die Ordensleitung bald dazu, alle Krankenhäuser einer grundlegenden Sanierung und Modernisierung zu unterziehen. Die entsprechenden Pläne wurden zwischen 1964 und 1970 entwickelt.

Für das St.-Antonius-Krankenhaus erschien eine Sanierung der bestehenden Bausubstanz nicht möglich. Daher wurde eine stufenweise Erneuerung des Gesamtkomplexes vorgesehen. Hiervon konnte allerdings 1968 nur die erste Baustufe, der Südflügel als Bettenhaus, fertiggestellt werden.

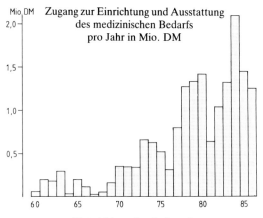

Zugang zur Einrichtung und Ausstattung des medizinischen Bedarfs pro Jahr in Mio. DM

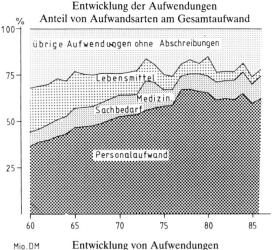

Entwicklung der Aufwendungen
Anteil von Aufwandsarten am Gesamtaufwand

Entwicklung von Aufwendungen

Aufgabe vieler Tätigkeitsbereiche

Hauswirtschaftliche Lehrstätten – „Haushaltungsschulen"

Für die Genossenschaft bestand mit ihren vielen kleinen Niederlassungen auf dem Lande, vor allem aber mit ihren hauswirtschaftlichen Lehrstätten, eine Möglichkeit, potentielle Kandidatinnen direkt anzusprechen. Aufgabe dieser Häuser war es, in Anbetracht der mangelnden Berufschancen in ländlichen Gebieten, insbesondere für Mädchen, diesen eine Möglichkeit zu verschaffen, mit einer soliden Ausbildung Arbeit in den Städten zu finden. Der nach dem Zweiten Weltkrieg einsetzende grundlegende Wandel auf dem Lande machte diese Haushaltungsschulen weitgehend überflüssig. Die Schulausbildung ist heute in Stadt und Land gleichermaßen umfassend. Mit der Verstädterung des Landes, auch der mittlerweile über erste Ansätze hinausgehenden beruflichen Emanzipation der Frauen, boten sich nun auch außerhalb der Städte gute Arbeitsplätze. Mit diesem, durch gesellschaftlichen Wandel bedingten Wegfall der Schulen fehlt der Genossenschaft nun eine geeignete Möglichkeit, Zugang zu ihrem bis dahin größten Nachwuchsreservoir zu finden.

Hauswirtschaftliche Lehrstätten

Krankenhaus der Augustinerinnen/Köln	1874–1973
St. Josef Kloster/B-St. Vith	1889–1934
Herz-Jesu-Kloster/Königsdorf	1896–1975
St.-Nikolaus-Stift/Füssenich	1896–1950
St. Agatha Krankenhaus/Köln-Niehl	1905–1953
St. Antonius Krankenhaus/Köln	1910–1974
Kloster Heisterbach/Königswinter	1918–1988
Herz-Jesu-Kloster/Nettersheim	1921–1977
Kloster Maria Hilf/Bornheim	1926–1980

Eine Haushaltungsschule gaben die Schwestern auf Bitten von Kardinal Frings ab. Füssenich, im Besitz des Erzbistums, wurde 1950 den aus Schlesien vertriebenen Schwestern vom Heiligsten Herzen Jesu übertragen, die mit dieser Aufgabe auch wieder eine Zukunft erhielten.

Rückzug aus den Kindergärten

Auch aus der Kinderpflege und -betreuung hat sich die Genossenschaft weitgehend zurückgezogen. Die Kinderbewahrschulen waren um die Jahrhundertwende durch die Kindergartenbewegung allmählich in Kindergärten umgewandelt worden. Der seit 1921 betreute Kindergarten in Meschenich ist der letzte, in dem Cellitinnen aus der Severinstraße tätig sind. Ein seit 1894 der Genossenschaft gehörender Kindergarten in Frechen-Königsdorf wird heute von weltlichen Erzieherinnen geleitet. Vielerorts wie z. B. in Oberzündorf sind die von der Genossenschaft geführten Kindergärten durch kommunale oder pfarreigene ersetzt worden.

Mit der Aufgabe der meisten Kindergärten verlor die Genossenschaft auch ein ganz wesentliches psychologisches Element. Wer von Kindesbeinen Schwestern erlebt hat, mit denen man spielen kann, wird in späteren Jahren wohl kaum Scheu beim Kontakt zu Ordensschwestern verspüren. Schwellenängste vor Klöstern und Kirchen können auf diese Weise gewiß am leichtesten verhütet werden.

Waren die Waisenhäuser bereits vor oder während des Zweiten Weltkrieges aufgegeben worden, setzte der Rückzug aus den Kindererholungsheimen erst in den 60er und 70er Jahren ein. Zum einen war Schwesternmangel das Motiv, aber auch andere Ursachen, wie der Rückgang der an Tuberkulose erkrankten Kinder, wurden wirksam, so daß die städtischen Häuser Adenau und Godeshöhe heute anderen Zwecken dienen.

Kinderbewahrschulen und Kindergärten

St.-Josef-Kloster/Zündorf	1864–1974
St. Josef Kloster/B-St. Vith	1886–1961
St.-Joseph-Asyl/Köln	1886–1922
Kloster Maria Hilf/Bornheim	1887–1974
St. Agatha Krankenhaus/Köln-Niehl	1894–1972
Herz-Jesu-Kloster/Königsdorf	1894–
St.-Katharinenhospital/Frechen	1894–1943
Marienheim/Düsseldorf	1908–1939
Burg Gudenau/Villip	1917–1950
Herz-Jesu-Kloster/Nettersheim	1921–1956
Kindergarten Meschenich	1921–
Elisabeth Kloster/B-Manderfeld	1930–1982
Haus Elisabeth/Rheinbreitbach	1931–1977
Kloster Elisabeth/B-Weismes	1935–1942
Caritas-Haus/Spich	1945–1971

Waisenhäuser

Städt. Waisenhaus/Köln	1850–1852
St. Josef Kloster/B-St. Vith	1882–1923
Kloster Maria Hilf/Bornheim	1884–1929
Martinskloster/Zündorf	1928–1943

Kinderheime und Kindererholungsheime

St.-Josef-Haus/Köln	1905–1965
Städt. Erholungsheim/Adenau	1918–1976
Waldheim/Köln-Brück	1918–1931
	und 1947–1952
Städt. Erholungsheim	
Godeshöhe/Bad Godesberg	1920–1969
Herz-Jesu-Kloster/Nettersheim	1921–1970
Säuglingsheim Nazareth/Köln	1923–1928

Kinderkrankenhäuser

Oppenheim'sches Kinderhospital/Köln	1883–1943
Universitätskinderklinik/Bonn	1923–1970
Kinderkrankenhaus/Bonn-Dottendorf	1924–1981

Zentralisierung der Krankenpflegeschulen

Seit der Gründung des Mutterhauses in der Severinstraße bildete die Genossenschaft ihre Novizinnen selbständig als Krankenschwestern aus. Mit der Errichtung eigener Krankenhäuser und der Übernahme der Krankenpflege in fremden Häusern entstanden auch dezentrale Ausbildungsstätten. Zunächst wurden nur Ordensschwestern aufgenommen, aber schon bald erfolgte auch die Ausbildung weltlicher Schwestern. Heute besitzt die Genossenschaft mit der „Blandine-Ridder-Schule" nur noch eine zentrale Ausbildungsstätte am Antonius-Krankenhaus Köln-Bayenthal. Die Schließung der übrigen Krankenpflegeschulen war unter wirtschaftlichen Aspekten notwendig geworden. Die praktische Ausbildung wird aber immer noch in allen Kölner Häusern der Genossenschaft sowie in Marienborn durchgeführt. Viele Schwestern berichten übereinstimmend, daß sie zunächst eine Ausbildung zur Krankenschwester suchten, dann aber durch das Vorbild der Ordensschwestern und den intensiven Einblick, den sie in deren Gemeinschaftsleben nehmen durften, zum Eintritt in die Genossenschaft angeregt wurden. Da heute diese Kontaktgelegenheiten oft nicht mehr gegeben sind, bieten die Cellitinnen, wie andere Gemeinschaften auch, jungen Frauen die Möglichkeit, als Besucherinnen eine Zeitlang das tägliche Leben der Schwestern mitleben zu können.

Krankenpflege- und Kinderkrankenpflegeschulen

Krankenhaus der Augustinerinnen/Köln	1874–1977
Oppenheim'sches Kinderhospital/Köln	1883–1943
Städt. Krankenanstalten Lindenburg/Köln	1908–1971
Universitätskinderkrankenpflegeschule/Köln	1908–1970
St. Antonius Krankenhaus/Köln	1909–1977
Universitätskinderklinik/Bonn	1923–1970
Kinderkrankenhaus/Bonn-Dottendorf	1924–1979
Katharinen-Krankenhaus/Frechen	1971–1975
Schwester-Blandine-Ridder-Schule/Köln	1977–
Wochenpflegeschule im Krankenhaus der Augustinerinnen/Köln	1958–1972
Krankenpflegehilfeschule St. Agatha Krankenhaus/Köln	1970–1979

Haushaltsführung und Krankenhäuser

Schon die Besetzung des Klinikums Köln-Merheim im Jahre 1946 bereitete einige personelle Engpässe in anderen Häusern. Nachwuchsmangel und Personalknappheit bewirkten die Abgabe kleinerer Häuser in fremder Trägerschaft.

In rascher Folge wurden viele liebgewonnene Arbeitsbereiche aufgegeben: Lehrlingsheime, Heime für junge Mütter, kleine Krankenhäuser, Sozialstationen sowie Schulen und andere Institutionen, in denen die Hauswirtschaft geführt wurde.

Wurde der Rückzug aus Kleinstniederlassungen von der Bevölkerung zwar mit Wehmut begleitet, aber doch hingenommen, so bereitete die Aufgabe von Krankenhäusern oft große Bestürzung und erhebliche Widerstände. Aus den 50er und 60er Jahren läßt sich eine Fülle von Schreiben mit Bitten nachweisen, die Schwestern „doch noch einige Monate", „noch ein Jahr oder zwei" am Ort zu belassen. Wurde diesen Bitten nachgegeben, gaben sich viele Außenstehende der Illusion hin, es bliebe nun doch alles beim alten. Um so größer war dann der Schock, wenn wirklich das Ende gekommen war. Natürlich gab es auch Träger, die die „billigen und willigen" Ordensschwestern den „teuren" Kräften vom freien Markt vorzogen und deshalb die Berufung von Nachfolgerinnen einfach nicht bewerkstelligen „konnten".

Für die Cellitinnen war es immer ein Moment besonderer Tragik, wenn ein Haus aufgegeben werden mußte, das von ihrer Genossenschaft aufgebaut worden war. In vielen Gemeinden waren die Schwestern in das Pfarrleben integriert. Teilnahme an Pfarrprozessionen war für sie immer eine Selbstverständlichkeit, die ihnen große Freude bereitete. Man kann den Schmerz nachempfinden, den alle spürten, als traditionsreiche Wirkungsstätten wie das Katharinen-Krankenhaus in Frechen, das kleine, für die Gemeinde Erkelenz so wichtige Krankenhaus in Lövenich oder auch liebgewonnene Orte verlassen wurden wie die LVA-Kliniken in Aachen, Holsterhausen oder Hohenhonnef.

Beeindruckend war der Abschied aus Spich bei Siegburg im Süden Kölns, wo nach 29 Jahren das 1945 übernommene Haus mit Kindergarten, Altenheim und ambulanter Krankenpflege aufgegeben wurde. Eine Institution, die vom ersten Tag an, als Bürger das Kloster der Schwestern mit eigenen Mitteln möblierten, besonders eng mit der Gemeinde verbunden waren. Ähnlich war der Rückzug aus dem bischöflichen Institut in Lüttich oder dem Elisabethkloster in Manderfeld, wichtigen Bindegliedern zwischen den Augustinerinnen von St. Vith und der belgischen Kirche.

Große Bestürzung gab es, als 1971 die noch über 70 Schwestern zählende Niederlassung in der Kölner Lindenburg aufgegeben wurde. Ein Großkomplex, den die Cellitinnen zweimal, 1908 und nach 1945, mit aufgebaut hatten. Auch das verbleibende städtische Großkrankenhaus Köln-Merheim mußte 1978 wegen des drückenden Nachwuchsmangels verlassen werden.

Haushaltsführung

Priesterseminar/Köln	1891–
Lehrlingsheim St. Josef/Bonn	1900–1921
Marienheim/Düsseldorf	1908–1939
Prov. Hebammen-Lehranstalt/Köln	1909–1964
Kaufmannsheim/Düsseldorf	1919–1925
St.-Josef-Asyl/Köln	1922–1956
Institut St. Roch/B-Theux	1924–1987
Lehrerseminar St. Remacle/B-Stavelot	1926–1971
Bischöfl. Institut/B-Lüttich	1938–1962

Haushaltsführung in Fürsorgeheimen

St.-Joseph-Haus/Köln	1905–1965
Magdalenenstift/Bonn	1905–1924
Gertrudisheim/Düsseldorf	1905–1958
Johannesstift/Wiesbaden	1907–1937
Haus Marienschutz/Köln	1912–1943

Krankenhäuser

Bürgerhospital/Köln	1838–1943
Krankenhaus der Augustinerinnen/Köln	1874–
St.-Katharinen-Hospital/Frechen	1882–1974
St. Josef Kloster/B-St. Vith	1882–
St.-Josef-Krankenhaus/Lövenich	1882–1965
Augusta-Hospital/Köln	1888–1933
	und 1942–1962
Städt. Krankenhaus/Düsseldorf	1896–1907
St. Agatha Krankenhaus/Köln	1905–
Augenheilanstalt/Köln	1905–1931
Städt. Krankenanstalt Lindenburg/Köln	1908–1971
St. Antonius Krankenhaus/Köln	1909–
Landesbad/Aachen	1912–1984
Lungenheilanstalt/Hohenhonnef	1914–1977
Ruhrlandklinik/Holsterhausen	1920–1966
Waldkrankenhaus/Rosbach	1924–1938
	und 1946–1976

Städt. Krankenanstalt Merheim/Köln	1946–1978
St.-Katharinen-Krankenhaus/Rheindahlen	1966–
Psychiatrische Krankenanstalten Marienborn/Zülpich	1888–

Altenzentrum St. Augustinus, Königsdorf

Seniorengymnastik im Altenheim, Bornheim

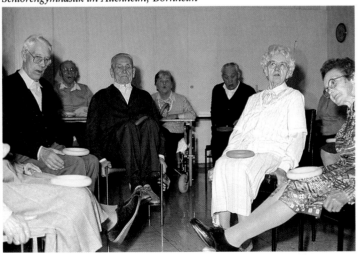

Küchenschwester, Priesterseminar Köln

Kloster Marienborn, „Hovener Madonna", um 1170 ▶

Gästebetreuung, Cafeteria Heisterbach

1981 heißen die Augustinerinnen von Manila erstmalig die deutschen Augustinerinnen, Generaloberin Sr. M. Nikodema und Sr. M. Wiltrud willkommen.

Kardinal Sin, Manila, besucht im Mutterhaus die älteren Schwestern

Besuch der Generaloberin Sr. M. Nikodema in Japan

Neue Konzepte

Aufbau in Rheindahlen

Seit 1945 wurden insgesamt 29 Niederlassungen in Deutschland und Belgien aufgegeben. In Deutschland betreut die Genossenschaft nur noch 3 nicht ordenseigene Häuser, seit 1891 Küche und Haushalt im Priesterseminar, seit 1921 den Kindergarten in Köln-Meschenich und das St.-Katharinen-Krankenhaus in Mönchengladbach-Rheindahlen. Dieses Haus wurde erst 1966 übernommen, nachdem die Stadt Mönchengladbach der Genossenschaft das verwaiste Krankenhaus in Rheindahlen angeboten hatte, um damit trotz allgemeinen Arbeitskräftemangels das Funktionieren dieses Vorortkrankenhauses zu sichern. Das kleine Haus mit nur 50 Betten bot die Möglichkeit, in einem neugebauten Schwesternwohnheim 20 alten Schwestern einen Platz in einem Haus zu schaffen, das von ihrer Gemeinschaft selbst betreut wurde. Schon 1976 stellten Schwesternmangel, Krankenhausfinanzierungsgesetz und der Krankenhausbedarfsplan des Landes die Existenz des Hauses wieder in Frage. Die geringe Bettenkapazität ließ eine weitere Förderung nicht mehr zu. Es wurde daher als neurologische Klinik in die Maria-Hilf-Krankenhaus GmbH eingegliedert, zu der in Mönchengladbach noch zwei weitere Häuser der Franziskanerinnen aus dem Mutterhaus Heijthuijsen in Holland gehören.

Änderungen in Belgien

In Belgien sind die Augustinerinnen nach der 1987 erfolgten Aufgabe des Lehrerinstituts St. Roche in Theux nur noch in zwei Häusern präsent: im St.-Elisabeth-Altenheim der Pfarrgemeinde St. Saturninus in Weismes und in der Klinik in St. Vith. Letztere wird seit 1976 von einem neuen Trägerverein geführt, der „Klinik St. Josef in St. Vith, Gesellschaft ohne Erwerbszweck", an der die Augustinerinnen, die christliche Krankenkasse Lüttich und die niedergelassenen Allgemeinärzte beteiligt sind. Seit 1988 sind auch die fünf Gemeinden des Einzugsbereiches beteiligt. Die 1923 gegründete Gesellschaft der Augustinerinnen zu St. Vith ist aber weiterhin Eigentümerin von Gebäude, Mobiliar und Grundstück.

Konzentration auf eigene Häuser

Ein in den 60er Jahren beginnender durchgreifender Wandel im Krankenhauswesen, für den nicht nur der Begriff Intensivmedizin steht, erforderte hohe Investitionen in bestehende und neue Anlagen.[40] Die Pflege hatte einen anderen Stellenwert erhalten. Das „Krankenhausfinanzierungsgesetz" war eine der Lösungsmöglichkeiten für die erheblichen Probleme, denen die freien Träger angesichts dieser neuen Herausforderungen gegenüberstanden. Die Ordensgemeinschaften stellte der immer stärker spürbare Nachwuchsmangel vor zusätzliche Probleme. In den 70er Jahren war eine intensive Umstrukturierung der Ordensarbeit erforderlich. Mit dieser Herausforderung wurde die 1972 gewählte Generaloberin Sr. M. Nikodema konfrontiert. Die Ziele der Gemeinschaft wurden nicht verändert, diese blieben weiter Caritas für Alte, Kranke und Hilfsbedürftige.

Umstrukturierung in den 70er Jahren

Im deutschen Krankenhauswesen hatten sich in den 60er Jahren immense Probleme aufgetürmt. Entsprechend stark waren Forderungen nach gesetzlichen Regelungen, da die Krankenhäuser sich zu großen Wirtschaftseinheiten entwickelt hatten, die nicht mehr durch Spenden oder durch kirchliche Institutionen finanziert werden konnten. Die durchschnittlichen Baukosten für ein Krankenhausbett betrugen 1950 etwa 20000 DM, 1970 etwa 120000 DM. So haben vornehmlich die Kommunen und Kreise mit Steuermitteln neue, große Krankenhäuser errichtet und freigemeinnützige Anstalten durch zinslose Darlehen und Zuschüsse für Baumaßnahmen unterstützt.

Das jährliche Betriebskostendefizit der deutschen Krankenhäuser wurde 1971 auf rd. eine Milliarde DM geschätzt. Es setzte sich daher die Auffassung durch, daß das Vorhalten von Krankenhäusern eine öffentliche Aufgabe sei, die gleichzeitig eine entsprechende finanzielle Beteiligung der öffentlichen Hand erforderte.

Aus diesen Überlegungen heraus entstand 1972 das neue Krankenhausfinanzierungsgesetz, das die wirtschaftliche Sicherung der Krankenhäuser erreichen sollte. Es bestimmte die Vorhaltung von Krankenhäusern als öffentliche Aufgabe, die Einzelförderung mittel- und langfristiger Investitionen, die pauschale Förderung zur Beschaffung kurzfristiger Anlagegüter und einen Anspruch auf kostendeckende Pflegesätze bei sparsamer Wirtschaftsführung.

Auf der Grundlage dieses Gesetzes regelte die Bundespflegesatzverordnung 1973 die Entgelte der Benutzer oder ihrer Kostenträger für stationäre und halbstationäre Leistungen. Das Landeskrankenhausgesetz von Nordrhein-Westfalen von 1975 regelte dagegen die Planung und Förderung von Krankenhäusern und deren innerer Struktur. Dieses auf den ersten Blick positive Gesetzeswerk hatte jedoch für die Genossenschaft und andere freigemeinnützige Träger einschneidende Bedeutung.

Krankenhausvorhaltung als öffentliche Aufgabe

Die Planungshoheit im Krankenhausbereich lag infolge der öffentlichen Investitionsfinanzierung nunmehr bei den Ländern. Sie entschieden nun über Umfang und Aufgabenverteilung der Krankenhäuser. Dies traf den Lebensnerv der Genossenschaft, deren Geschichte zeigt, daß sie dort, wo Hilfe gefragt war, ihre Aufgabe sah. Eine schwerfällige staatliche Planung sollte nun über die Tätigkeit einer Gemeinschaft entscheiden, die ihre Motivation allein aus dem Evangelium herleitete.

In dieser Situation stellte sich für die Genossenschaft nicht nur die Frage, wo und wie wirkungsvoll geholfen werden konnte, sondern darüber hinaus, wie sie sich in das System einer bedarfsgerechten und leistungsfähigen Krankenhausversorgung eingliedern konnte. Dabei wurde das Ziel, das Leistungsspektrum innerhalb der eigenen drei Krankenhäuser in Köln differenzierter zu gestalten, nicht aus den Augen verloren. Dies geschah teils durch neue Fachrichtungen, teils durch Spezialisierung inner-

Änderung der Leistungsstruktur

| | Krankenhaus der Augustinerinnen | | | | | | St. Antonius Krankenhaus | | | | | | St. Agatha Krankenhaus | | | | | |
| | 1974 | | | 1987 | | | 1974 | | | 1987 | | | 1974 | | | 1987 | | |
	Betten	Auslastung %	Verweildauer	Betten	Auslastung %	Verweildauer	Betten	Auslastung %	Verweildauer	Betten	Auslastung %	Verweildauer	Betten	Auslastung %	Verweildauer	Betten	Auslastung %	Verweildauer
Chirurgie	109	83,7	26,7	81	78,2	11,6	148	92,0	20,0	140	83,3	13,3	103	96,8	27,2	80	83,4	13,5
Innere Medizin	124	88,8	17,8	122	95,2	16,8	127	92,4	26,3	131	86,4	16,5	82	91,4	27,6	63	96,0	15,0
Gynäkologie	41	81,2	26,3	33	75,9	9,1	29	76,4	14,6	20	42,0	8,0	10	44,2	16,2	-	-	-
Geburtshilfe	29	56,2	11,3	19	70,8	7,3	-	-	-	-	-	-	-	-	-	-	-	-
Orthopädie	70	90,0	43,9	81	80,2	17,4	-	-	-	-	-	-	-	-	-	-	-	-
H N O	20	50,1	8,5	33	32,1	4,1	11	84,5	7,5	11	29,0	6,5	7	24,6	8,5	-	-	-
Augen	2	-	-	-	-	-	-	-	-	5	180,0	3,7	-	-	-	-	-	-
Psychosomatik	-	-	-	-	-	-	-	-	-	-	-	-	-	-	-	40	82,0	70,3
Radiologie	5	27,3	49,9	-	-	-	-	-	-	-	-	-	-	-	-	-	-	-
Kieferchirurgie	3	-	-	-	-	-	-	-	-	-	-	-	-	-	-	-	-	-
Intensivstation	-	-	-	10	70,0	2,6	-	-	-	8	72,5	2,3	-	-	-	7	65,3	0,1
S U M M E	**403**	**81,4**	**21,7**	**379**	**79,3**	**13,7**	**315**	**90,5**	**20,3**	**315**	**81,3**	**13,7**	**202**	**90,4**	**26,4**	**190**	**90,1**	**15,1**

halb der Fachrichtungen. So wurde im Krankenhaus der Augustinerinnen die innere Medizin durch Rheumatologie und Pulmologie ergänzt, im St. Antonius Krankenhaus eine augenärztliche Belegabteilung geschaffen und im St. Agatha Krankenhaus eine psychosomatische Abteilung bei Wegfall zweier kleiner Belegabteilungen aufgebaut (vgl. Abb. S. 209). Die intensivsten Anstrengungen waren jedoch in den Krankenanstalten Marienborn erforderlich.

Die Finanzierung von Investitionen

Das neue Gesetz wirkte sich hinsichtlich der Investitionen nicht positiv aus. Dringend notwendige und bereits geplante Investitionen unterblieben. Die schon vor der neuen Gesetzgebung erstellten Pläne konnten nicht realisiert werden. Sogar der bereits begonnene und in der ersten Stufe realisierte Neubau des St. Antonius Krankenhauses konnte nicht weitergeführt werden. Das provisorische Nebeneinander von Alt- und Neubau mußte bestehenbleiben. Die in die neue Gesetzgebung gestellten Erwartungen erwiesen sich als nicht zutreffend. Der Staat war bei weitem nicht in der Lage, seiner selbstübernommenen Verpflichtung nachzukommen, alle notwendigen Investitionen zu finanzieren. Diese Situation verschärfte sich noch durch die starke Wirtschaftsrezession 1975/76, in der das reale Bruttosozialprodukt um 1,8 % sank.

Die staatliche Planung mußte also bei der Vergabe von Zuschüssen Schwerpunkte setzen, die auch politischen Einflüssen unterlagen. So erhielt die Finanzierung von Neubauten Vorrang vor der Modernisierung bestehender Substanz. Der Genossenschaft fehlte somit zur Realisierung ihrer Planung die notwendige politische Unterstützung. Die geplante Modernisierung der Krankenhäuser konnte nun nur noch in vielen kleinen Schritten erfolgen. Zuschußanträge wurden daher für Projekte gestellt, die Aussicht auf Erfolg hatten und in die Finanzierungspolitik des Staates paßten.

So konnten vor allen Dingen mit öffentlicher Förderung die

Modernisierung der Diagnostik und Therapieabteilungen durchgeführt werden.

Die Genossenschaft fand sich keinesfalls mit der mangelnden und schleppenden öffentlichen Finanzierung ab. Die Schwestern sahen sich gezwungen, fehlende oder nicht bewilligte öffentliche Zuschüsse durch Eigenmittel zu ersetzen. Das notwendige Kapital hierfür stellten sie vorwiegend durch den Verkauf von Grundbesitz bereit. Hiermit wurden hauptsächlich im stationären Bereich grundlegende Sanierungen durchgeführt. Es wurden mit Eigenmitteln aber auch Notaufnahme- und OP-Bereiche verbessert.

Bei der Durchführung dieser baulichen Modernisierungen war klar, daß es keine Möglichkeit gab, die Kosten dieser Investitionen jemals wieder ersetzt zu bekommen. Es wurde also Vermögenssubstanz zugunsten einer besseren Behandlung und Unterbringung der Patienten zur Verfügung gestellt.

Um die enormen baulichen Probleme besser und kostengünstiger bewältigen zu können, wurde 1978 eine zentrale Bauabteilung unter Leitung eines Architekten eingerichtet. Es wurden neue Zielplanungen zur baulichen Entwicklung aufgestellt. In diesem Rahmen können zur Zeit (Stand 1988) in allen Krankenhäusern größere Baumaßnahmen mit öffentlicher Förderung durchgeführt werden. Im Gegensatz zu früheren Jahren stellen diese Maßnahmen Grundlage zu einer Gesamtsanierung dar.

Altersversorgung der Ordensschwestern

Das neue Gesetz tangierte auch in ganz besonders schwerwiegender Weise die Altersversorgung der Ordensschwestern. Bisher galten Bauinvestitionen, deren Kosten über Abschreibungen zumindest zum Teil im Pflegesatz wieder an den Orden zurückflossen, als eine sinnvolle Art, die Versorgung der Ordensschwestern im Alter sicherzustellen.

Nach dem neuen Gesetz war die Kalkulation von Abschreibungen im Pflegesatz nicht mehr möglich, da Anlagegüter durch Landesmittel finanziert wurden. Es bestand lediglich ein

Anspruch, nach Ablauf der Förderung – also bei Schließung eines Krankenhauses – die seit Inkrafttreten des Gesetzes kumulierten Abschreibungen für Anlagegüter, die vor Inkrafttreten mit Eigenmitteln beschafft wurden, erstattet zu bekommen. Dieser vage Anspruch konnte natürlich keine Grundlage für die Altersversorgung der Schwestern sein. Andere Absicherungen mußten gefunden werden. 1973 wurden alle Schwestern, die 50 Jahre und jünger waren, bei der BfA nachversichert. Die älteren Schwestern wurden bei einer privaten Rentenversicherung versichert. Hierfür waren hohe Beträge erforderlich, die die Liquidität der Genossenschaft in ganz erheblichem Umfang belasteten. Dennoch werden die Erträge aus dieser Versicherung nicht ausreichen, um allein daraus die Altersversorgung sicherzustellen.

Es wird weiterhin Aufgabe der Gemeinschaft bleiben, Vermögen hierfür für die Zukunft zu sichern.

Wandel der inneren Struktur

Durch das Landeskrankenhausgesetz von Nordrhein-Westfalen erfolgten erhebliche Eingriffe in die innere Struktur der Krankenhäuser. So mußte jedes Krankenhaus eine eigene Betriebsleitung, bestehend aus ärztlicher Leitung, Pflegedienst- und Verwaltungsleitung, aufweisen. Allerdings behielt das Gesetz dem Krankenhausträger selbst vor, Aufgaben und Kompetenzen dieses Gremiums festzulegen.

Die Genossenschaft verfügte bereits über eine ähnliche Führungsstruktur, da in jedem Krankenhaus ein ärztlicher Direktor und eine Pflegedienstleitung eingesetzt waren. Letztere war identisch mit der geistlichen Oberin der Niederlassung und daher auch oberster Entscheidungsträger in Verwaltungsfragen. Eine Betriebsleitung innerhalb der Häuser existierte nicht, und die Entscheidungsschiene lief über die Oberin zur Generaloberin.

Allerdings waren bereits 1967 im Krankenhaus der Augustinerinnen und 1968 im St. Antonius Krankenhaus die Verwaltungsleiterpositionen mit Fachleuten besetzt worden. Die formale Umstellung auf das neue Recht bereitete der Genossenschaft also keine Probleme. Eine große Umstellung bedeutete es aber, die Krankenhausbetriebsleitung als Gremium mit einer eigenen und ausreichenden Entscheidungskompetenz zu etablieren. Die Umstellung auf diese neue Führungsstruktur stand im Gegensatz zu der bisherigen Praxis, in der die Ordensschwestern über alle Kompetenzen allein verfügten. Doch war erkannt worden, daß die Krankenhäuser zu Wirtschaftsbetrieben herangewachsen waren, die nur mit einer betriebswirtschaftlich adäquaten Organisation geführt werden konnten. Die Genossenschaft strukturierte 1974 ihre Zentralverwaltung um. Diese nun mit weltlichen Fachleuten besetzte Abteilung erhielt die Aufgabe, den Orden in allen betriebswirtschaftlichen, organisatorischen und strukturellen Problemstellungen zu beraten. Auch die Krankenhausbetriebsleitungen erhielten alle erforderlichen Kompetenzen. Die Generaloberin als Vorstand der Genossenschaft behält sich jedoch wichtige Entscheidungen vor, die von langfristiger und bedeutender Wirkung sind. Die Genossenschaft hielt an diesem Aufbau auch fest, als der Bundesgerichtshof in seinem Urteil vom 25. 2. 1975 (GV. NW. S. 210) für die kirchlichen Einrichtungen wesentliche Bestimmungen des Landeskrankenhausgesetzes von Nordrhein-Westfalen aufhob.

Zur Sicherung ordensinterner Kompetenzen und zur Abgrenzung gegenüber den Wirtschaftsbetrieben der Krankenhäuser und Heime wurde 1976 ein zweiter eingetragener Verein gegründet. Dieser Verein mit dem Namen „Augustinerinnen Köln, Severinstraße e. V." hat auch die Aufgabe, die Altersversorgung der Schwestern sicherzustellen.

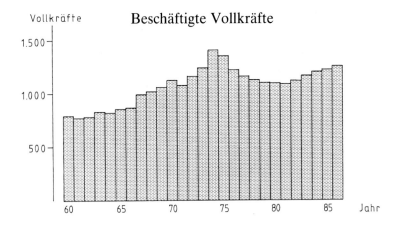

Beschäftigte Vollkräfte

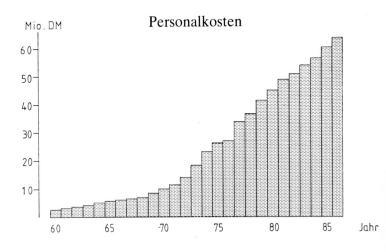

Personalkosten

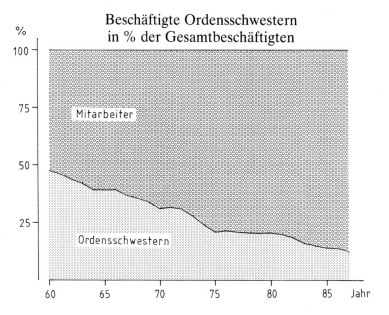

Beschäftigte Ordensschwestern
in % der Gesamtbeschäftigten

%

100

75 — Mitarbeiter

50

25 — Ordensschwestern

60   65   70   75   80   85   Jahr

Neue Kostenstruktur

Die neue Krankenhausgesetzgebung gab den Krankenhäusern
zwar einen Rechtsanspruch auf Deckung ihrer Selbstkosten, die
bei sparsamer Wirtschaftsführung unter Berücksichtigung der
Leistungsfähigkeit entstanden, aber die Realisierung dieses
Anspruches war für die Genossenschaft nicht unproblematisch.
Während in den 60er Jahren noch extrem niedrige Pflegesätze
verkraftet werden konnten, war es nun für die Existenzfähigkeit
der Krankenhäuser unabdingbar geworden, kostendeckende
Pflegesätze zu berechnen. Die durch den Orden erstellten
Prognosen zur wirtschaftlichen Entwicklung ergaben, daß es
nicht mehr vertretbar war, Ordensvermögen zur Deckung von
Betriebsverlusten einzusetzen. Es galt vielmehr, das Ordens-
vermögen zu sichern sowohl für notwendige Investitionen, für

die die gesetzlich vorgesehenen Zuschüsse versagt blieben, als auch insbesondere für die Altersversorgung der Ordensschwestern. Daher mußte die Schere, die sich zwischen tatsächlichen Kosten und Pflegesatzerlösen weit geöffnet hatte, möglichst schnell geschlossen werden.

Die Betriebskosten entwickelten sich nicht nur aufgrund der gewollten Leistungssteigerung, sondern vor allem deshalb steil nach oben, weil infolge Nachwuchsmangels immer mehr Ordensschwestern durch Gehalt beziehende weltliche Mitarbeiter ersetzt werden mußten. Die daraus resultierende Kostenexplosion wird deutlich anhand der Entwicklung der beschäftigten Vollkräfte (Abb. S. 214 oben), der Personalkosten (Abb. S. 214 unten) und der beschäftigten Ordensschwestern (Abb. S. 215).

Ab 1975 wurden Hausreinigung und Wäscherei an Fremdfirmen abgegeben. Hinzu kam die Abgabe der Trägerschaft in Rheindahlen. Dennoch sank die Zahl der Beschäftigten nur geringfügig, da der rapide Rückgang der beschäftigten Ordensschwestern einen überproportionalen Zugang von weltlichem Personal erforderte. Mußten Ordensschwestern, die kaum feste Dienstpläne und Dienstzeiten kannten, ersetzt werden, so waren dazu oft zwei oder drei Angestellte erforderlich, um die Dienstzeiten abzudecken. So stiegen die Personalkosten zwangsläufig an, von 1975 bis 1980 um 167 %.

So wurden enorme Pflegesatzerhöhungen erforderlich. Die notwendige Anpassung der Pflegesätze wurde jedoch von den Krankenkassen abgelehnt. Sollte dies etwa der Lohn für den Einsatz vergangener Jahrzehnte sein?

So mußte die Genossenschaft 1979 nach dem Scheitern der Pflegesatzverhandlungen mit den Krankenkassen für alle drei Kölner Krankenhäuser die Festsetzung der Pflegesätze durch den Regierungspräsidenten beantragen, der eine Wirtschaftlichkeitsprüfung anordnete. Dieser Weg war ein hohes Risiko, denn die Frage, ob die Leistungserbringung nach sparsamen und wirtschaftlichen Gesichtspunkten erfolgte, bot einen weiten Beurteilungsspielraum. Das Ergebnis der Prüfungen in allen drei Krankenhäusern bestätigte jedoch der Genossenschaft die

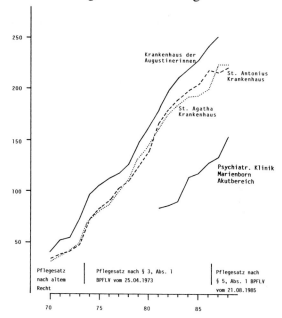

Pflegesatzentwicklung

Notwendigkeit der hohen Pflegesatzsteigerung. Für die Verhandlungen erwies es sich als vorteilhaft, daß sie sich schon frühzeitig betriebswirtschaftlicher Instrumentarien bedient hatte, unter anderem schon seit 1930 eines Wirtschaftsprüfers. Die Kostenproblematik durch notwendige Steigerung der Leistungsfähigkeit und durch Rückgang der Ordensschwestern blieb allerdings bestehen (vgl. Abb. oben).

Neuerungen im Altenheimbereich

Sowohl die Entwicklung im Krankenhausbereich wie auch die der Gesellschaft führten dazu, daß für die Versorgung und Pflege alter Menschen in Heimen ein immer größerer Bedarf entstand. Das Verhalten vieler privater Altenheimträger, deren primäre Zielsetzung nicht so sehr das Wohl der Alten war, sondern vielmehr die Erzielung von Gewinnen, führte gelegentlich zu Ausuferungen. Dem sollte mit dem Gesetz über Alten-

217

heime, Altenwohnheime und Pflegeheime für Volljährige vom
7. 8. 1974, der Heimmitwirkungsverordnung aus dem Jahre
1976 und der Verordnung über bauliche Mindestanforderungen
für Altenheime, Altenwohnheime und Pflegeheime für Volljährige vom 27. 1. 1978 begegnet werden.
Die Heime der Genossenschaft waren gemischte Einrichtungen,
in deren Mittelpunkt die Pflege alter Menschen stand, die aber in
der Regel auch eine Hauswirtschaftsschule, einen Erholungs-
betrieb, einen landwirtschaftlichen Betrieb oder gar einen Kindergarten führten. Diese Situation wurde durch die neue Gesetzgebung nicht berührt. Vielmehr wurden Änderungen in den
Heimen der Genossenschaft erforderlich, als Ordensschwestern
durch Angestellte ersetzt werden mußten. Die wie im Krankenhausbereich erheblich steigenden Kosten zwangen auch in den
Altenheimen zu umfangreichen Neuorientierungen.
Die Konzentration auf den Altenheimbereich erforderte die
Schließung vieler Nebenbetriebe.

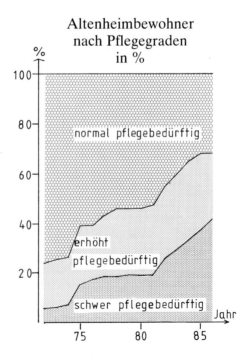

Erneuerung und Erweiterung der Gebäudesubstanz

Die Altenheimgebäude der Genossenschaft waren sämtlich im vorigen Jahrhundert entstanden und schon damals nicht als Altenpflegeheime konzipiert. So waren im Laufe der Jahrzehnte ständig bauliche Anpassungen an geänderte Aufgabenstellungen erfolgt. Zusätzlicher Raum konnte durch die Schließung hauswirtschaftlicher Lehrstätten zur Verfügung gestellt werden. Damit konnte den Ansprüchen einer Unterbringung alter Menschen gedient werden. Die dennoch erforderlichen umfangreichen Bauaktivitäten im Heimbereich waren nicht vorrangig durch die Bedürfnisse der Bewohner begründet, vielmehr waren wirtschaftliche und gesetzliche Zwänge maßgebend.

Solange ausschließlich Ordensschwestern tätig waren, konnten bauliche Mängel durch erhöhten persönlichen Einsatz ausgeglichen werden. Die Betriebsgröße der Altenheime lag bei 50 Betten (außer Gerontopsychiatrie Marienborn).

Die ambulante Pflege und Versorgung alter Menschen wurde in den letzten Jahrzenten stark ausgebaut, so daß in die stationäre Altenpflege überwiegend schwer Pflegebedürftige drängten. Die Entwicklung der Pflegebedürftigkeit in den Altenheimen der Genossenschaft zeigt dies deutlich (Abb. S. 218). Während 1972 nur rund ⅓ der Heimbewohner erhöht und schwer pflegebedürftig waren, sind dies heute fast 70 %. Der hierzu erforderliche intensive Pflegeaufwand kann mit dem zur Verfügung stehenden Personal nur geleistet werden, wenn die Räumlichkeiten rationelles Arbeiten zulassen.

Der Altenheimbereich mußte also grundlegend erneuert werden.

– St. Joseph Kloster, Porz-Zündorf
  40 Betten, Schließung 1974
  dafür Altenheim St. Martin
  Inbetriebnahme Neubau 1974
  90 Betten, 17 Altenwohnungen
  6 Personalwohnheimplätze

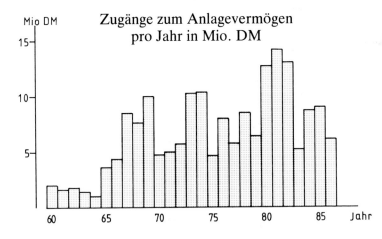

Zugänge zum Anlagevermögen pro Jahr in Mio. DM

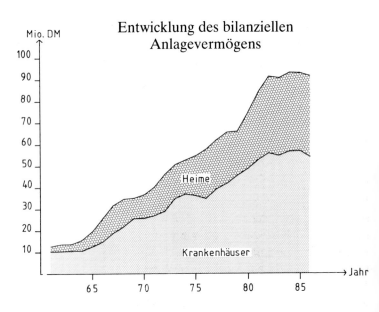

Entwicklung des bilanziellen Anlagevermögens

- Herz-Jesu-Kloster Königsdorf
  50 Betten
  Umbau und Anbau 1981
  seitdem Altenzentrum St. Augustinus
  85 Altenheimbetten, 19 Altenwohnungen,
  20 Personalwohnheimplätze
- Kloster Maria Hilf, Bornheim
  50 Betten
  Schließung der Einrichtung und Inbetriebnahme des Neubaus
  in Bornheim-Roisdorf mit 90 Betten und 20 Personalplätzen
  am 1. 11. 1988
- Krankenanstalten Marienborn
  1976 Inbetriebnahme eines Neubaus mit 4 Altenheimstatio-
  nen, 2 mit Eigenmitteln finanzierte Stationen wurden bis auf
  weiteres für die Psychiatrische Klinik zur Verfügung gestellt
- Kloster Heisterbach
  1982 Umbau des Noviziatsgebäudes zu 2 Pflegestationen mit
  20 Betten

Die Genossenschaft hat in ihren Altenheimen mehr investiert als
in den Krankenhäusern, wo sie stärker gesetzlichen Reglemen-
tierungen unterworfen ist (Abb. S. 220). Daher waren 1960 nur
21 % des bilanziellen Anlagevermögens in Heime investiert
worden, 1986 aber schon 40 %.

Personalführung – eine neue Aufgabe

Die eindeutige Umkehr der Zahlenverhältnisse zwischen
Ordensschwestern und weltlichen Mitarbeitern hatte nicht nur
finanzielle Probleme zur Folge. In der Frühzeit der Genossenschaft wurde die Krankenpflege ausschließlich durch Ordensschwestern wahrgenommen. Hilfspersonal wurde überwiegend
in technischen Bereichen (Ingenieurwesen, Handwerk) benö-
tigt. Ärzte waren in den ersten 30 Jahren der Genossenschaft
Vorgesetzte, fachlich und dienstlich. Erst mit der Errichtung
eigener Krankenhäuser wurden die Ordensschwestern sowohl
Dienstherr von Ärzten als auch diesen unterstellte Mitarbeiter.

Die Entwicklung in der Medizin und die betriebswirtschaftlichen Zwänge erforderten immer mehr qualifizierte Fachkräfte. Eine christliche Grundhaltung ist bei der Einstellung maßgebend, um die Ziele und Prinzipien der Genossenschaft, Caritas und Pflege für Alte und Kranke, mittragen zu können.

Auf die seit den 60er Jahren vermehrte Einstellung weltlicher Mitarbeiter war die Genossenschaft kaum vorbereitet. Nun übernahmen Ordensschwestern die Führung von Mitarbeitern, deren Motivation und Lebensführung sich durchaus von der ihren unterschieden. Vor allem in den Pflegebereichen wurden weltliche Mitarbeiter und Mitarbeiterinnen nun Kollegen, die Mitspracherecht forderten und selbst in leitende Positionen strebten. Ein gewisser Gewöhnungsprozeß auf beiden Seiten war lange Zeit notwendig.

Die gegenseitige Akzeptanz, der Gedankenaustausch miteinander und die Ausrichtung auf die gemeinsamen christlichen Ziele gehen in der Hektik des Alltags oft verloren. Der Orden war sich bewußt, daß Mitarbeiter ausgebildet und motiviert werden müssen, damit sie ihre Arbeit aus christlicher Grundüberzeugung in den Dienst der Zielsetzung des Ordens stellen.

Dabei war es notwendig, zuerst einmal diese eigenen Ziele, die für die Ordensschwestern selbstverständlich waren, zu formulieren. Dieser Zielkatalog setzt keine Forderungen, sondern zeigt einen Weg auf, wie der Mitarbeiter Caritas realisieren kann.

Eine eigene, von einer Ordensschwester geleitete Abteilung, „Innerbetriebliche Fort- und Weiterbildung", begleitet Ordensschwestern und Mitarbeiter in vielen Seminaren auf diesem Weg. Durch die gemeinsame christliche Grundüberzeugung bestimmtes Handeln und nicht nur bloße Pflichterfüllung soll weiterhin Leitgedanke der Zusammenarbeit bleiben.

Weiterentwicklung der eigenen Häuser

Marienborn: Intensivierung der Therapie

Die moderne, materiell orientierte Gesellschaft mit Kleinfamilien und einer weitgehenden Vereinsamung des einzelnen fördert Probleme und Krankheiten der Psyche besonders. Die Genossenschaft nutzte in den 70er Jahren mit ihrem psychiatrischen Krankenhaus Marienborn die Möglichkeit, eine zeitgemäße Lösung dieses Problems anbieten zu können, nach langen Jahren allgemeiner und oft berechtigter Kritik an klinischer Psychiatrie. In Kloster Hoven bei Zülpich waren Investitionen in den Nachkriegsjahren weitgehend ausgeblieben. Daran änderte auch das menschliche Engagement der Ordensschwestern und die Persönlichkeit des unermüdlichen Pastors Kremers nichts. Dieser war es, der 1947 die Namensänderung von Kloster Hoven in Kloster Marienborn anregte. Die Übernahme des alten Namens des Zisterzienserinnenklosters war keinesfalls nur ein äußerlicher Akt: Mit dem neuen alten Namen wurde auch nach außen hin ein direkter Bezug zur religiösen Grundlage des Klosters dokumentiert.[41]

Einen großen Durchbruch für die gesamte Psychiatrie brachte die Einführung von Psychopharmaka, die die zwar lebensrettenden, aber oft sehr harten Methoden früherer Zeiten in der Therapie völlig ersetzen konnten. Eine ganzheitliche, auf Mobilisierung und nicht nur auf Schutz des Patienten ausgerichtete Sicht brachte dann nach langen Jahren der Stagnation Marienborn wieder in die vorderen Reihen der psychiatrischen Medizin. Erst durch das Krankenhausfinanzierungsgesetz von 1972 und die damit verbundene Anerkennung des Krankenhausstatus wurde in Marienborn der Übergang von einer undifferenzierten Heil- und Pflegeanstalt sowohl für alte als auch geisteskranke Frauen in eine Pschiatrische Anstalt mit angegliederter Gerontopsychiatrie eingeleitet. Bis zu diesem Zeitpunkt bestand die Therapie ausschließlich darin, in einer Langzeitbehandlung die Verschlimmerung eines krankhaften psychischen Zustandes zu verhindern.

1975 wurde mit der Errichtung eines Neubaus für den stationären Bereich begonnen. Seine Fertigstellung ermöglicht seit
1978 eine zeitgemäße medizinische Versorgung und Therapie
mit kurz- und langfristiger Behandlung. Die neue Zielsetzung
sieht vor, Patienten nach der akuten Behandlung entweder zu
entlassen oder in geeignete ergänzende Rehabilitationseinrich-
tungen zu überweisen. Der Abriß der hohen Anstaltsmauern
und der sukzessive Abbau der Fenstergitter symbolisierte auch
nach außen die Öffnung der Krankenanstalten und versprach
mehr Transparenz in der Geisteskrankenpflege. „Marienborn"
fand wieder Anschluß an die moderne psychiatrische Versorgung.

Mit dem Bezug des Neubaus begann eine siebenjährige Umbau-
phase des gesamten Gebäudekomplexes. Es wurden Räume für
Arbeits- und Beschäftigungstherapie sowie für krankengym-
nastische Zwecke eingerichtet. Neben einer zentralen Bücherei
entstand eine kleine leistungsfähige physiotherapeutische Abteilung. 1983 wurde eine komplette Sanierung der Labordiagno-
stik vorgenommen, die sich bis zu diesem Zeitpunkt auf nur
wenige Blutuntersuchungen beschränkt hatte. Mit der Aufnahme der ersten akut- und mittelfristig behandelten Patienten –
ab 1980 erstmals auch Männer – bestand die Notwendigkeit
weiterer personeller und räumlicher Differenzierung. Es wurden
nun auch männliche Pflegekräfte eingestellt. Zum Akutbereich
gehört auch die Therapie von Suchterkrankungen. Der akuten
medizinischen Versorgung folgen ein soziales Training und die
ambulante Nachsorge. Seit 1981 dient die ehemalige Chefarzt-
villa einer selbständigen Wohngemeinschaft von 12 Patientinnen. Sie sollen sich in einem bis zu 18 Monate dauernden Prozeß
mit sozialtherapeutischer Unterstützung wieder in Familien-
leben und Arbeitswelt eingliedern.

Seit der Öffnung der Krankenanstalten bemüht sich eine Laien-
helfergruppe aus der näheren Umgebung, die Kontaktstelle der
Patienten mit der Außenwelt aufrechtzuerhalten und durch
gemeinsame Aktivitäten Gefühle der Isolation gar nicht erst
aufkommen zu lassen.

Die dynamische Entwicklung Marienborns wird anhand einiger statistischer Daten deutlich. Lag die Zahl der Aufnahmen 1983 bei 143 Patienten, ist sie im Jahr 1987 auf ca. 720 gestiegen. Die durchschnittliche Aufenthaltsdauer liegt bei 74 Tagen und ist damit im Vergleich zu den vergangenen Jahren erheblich gesunken. Ebenfalls veränderte sich die Altersstruktur der Patienten. Im Jahre 1983 waren 3,3 % der Patienten unter 50 Jahren, während im Jahre 1987 dieser Prozentsatz auf 45 % angestiegen ist. Eine weitere positive Entwicklung ist an der Art der Einweisung zu erkennen. Im Gegensatz zu früheren Jahren sind 1986 71 % der Patienten ohne Zwang und vormundschaftlichen Druck in die Klinik gekommen.

Seit Oktober 1984 beteiligt sich das Haus offiziell an der psychiatrischen Regionalversorgung des Kreises Euskirchen und des Erftkreises. Viele Patienten kommen seitdem aus der näheren Umgebung und werden nicht mehr in dem Maße aus ihrem sozialen Umfeld herausgerissen, wie dies in der Vergangenheit der Fall war.

Neue Wege im St. Agatha Krankenhaus, Köln-Niehl

Im St. Agatha Krankenhaus, Köln-Niehl, gelang ein weiterer Schritt zur ganzheitlichen Versorgung Kranker: Mit der Einrichtung einer psychosomatischen Abteilung wurden klassische Medizin und Neurologie durch die Psychologie des Alltäglichen ergänzt. Die 1979 errichtete Abteilung mit 40 Betten sieht ihre Aufgabe in der Behandlung und Heilung seelisch bedingter körperlicher Leiden. Dazu gehören neben Colitis oder Bronchialasthma z. B. auch Fett- und Magersucht. Das St. Agatha Krankenhaus stellt die einzige bettenführende Station dieser Art im Großraum Köln. Das erfolgreiche Projekt ist mittlerweile über seine Startphase weit hinaus und stellt inzwischen ein wesentliches Element der Kölner Krankenversorgung dar.

St. Antonius, Köln-Bayenthal: Neubau

Auch das Antoniuskrankenhaus in Köln-Bayenthal wurde in den letzten Jahrzehnten erneuert und erweitert. Im Jahre 1968 wurde das Krankenhaus mit dem Neubau des Südflügels auf 315 Betten erweitert. Die immer wieder hinausgezögerte Fortführung des stufenweisen Neubaus erzwang ein jahrzehntelanges Provisorium. Erst mit dem Neubau der Intensivstation und der Notfallaufnahme konnten erste Fortschritte erzielt werden. Im Landeskrankenhausbauprogramm 1988 ist endlich die erste Stufe einer nun folgenden Gesamtsanierung aufgenommen worden. Das von H. P. Tabeling neben Gaertners Altbau von 1909 errichtete Schwesternwohnheim mit der Sr.-Blandine-Ridder-Schule erhielt einen Architekturpreis.

Krankenhaus der Augustinerinnen, Jakobstraße

1956 wurden dem Altbau aus dem Jahre 1929 von Architekt Theo Heuser (zu dessen Mitarbeitern damals auch H. P. Tabeling gehörte) nach Süden zwei weitere Trakte mit 100 Betten und einem Schwesternhaus angefügt.[42] 1959 wurde das durch Brandbombenschäden permanent undichte Flachdach des Altbaus

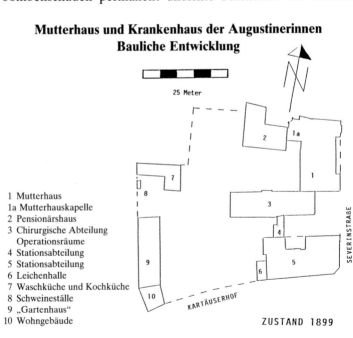

**Mutterhaus und Krankenhaus der Augustinerinnen
Bauliche Entwicklung**

25 Meter

1 Mutterhaus
1a Mutterhauskapelle
2 Pensionärshaus
3 Chirurgische Abteilung
  Operationsräume
4 Stationsabteilung
5 Stationsabteilung
6 Leichenhalle
7 Waschküche und Kochküche
8 Schweineställe
9 „Gartenhaus"
10 Wohngebäude

KARTÄUSERHOF

SEVERINSTRASSE

ZUSTAND 1899

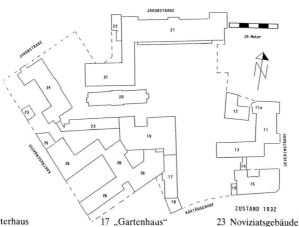

11 Mutterhaus	17 „Gartenhaus"	23 Noviziatsgebäude
11a Mutterhauskapelle	18 Wohngebäude	24 Haushaltungsschule
12 Pensionärshaus	19 Wirtschaftsgebäude/	ehemalige Hebammen-
13 Stationsabteilung/	Küchen	lehranstalt
Schwesternwohnungen	20 Noviziatskapelle	25 Garage
14 Stationsabteilung	21 Krankenhaus der	26 Ehemalige Tabakfabrik
15 Stationsabteilung	Augustinerinnen	Foveaux
16 Leichenhalle	22 Wohngebäude	„Zum großen Kardinal"

1 Mutterhaus	6 Stationstrakt	12 Konventskapelle
2 Mutterhauskapelle	7 Neuer OP-Trakt	(Rita-Kapelle)
3 Zentralverwaltung/	8 Schwesternwohnheim	13 Wohnhaus
Schreinerei	9 Gerätehaus	14 Cafeteria/Begegnungs-
4 Krankenhaus der	10 Wirtschaftsgebäude/	zentrum
Augustinerinnen	Küchen/Wohnbereich	15 Schwimmbad/Vortrags-
(Altbau von 1929)	11 Ordensschwestern-	saal
5 Verwaltung/Aufnahme	wohnheim	16 Verbindungsgang

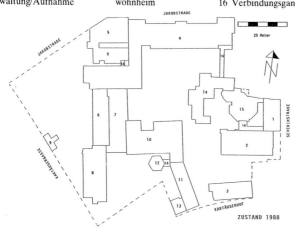

227

verändert, indem man das Gebäude um ein Geschoß aufstockte. Die Ordensschwestern bewohnen einen 1959 errichteten Neubau zwischen Krankenhaussüdflügel und Mutterhaus mit 80 Einzelzimmern. Ein besonders stimmungsvoller Andachtsraum ist die dort 1966 von Georg Gonsior geschaffene Rita-Kapelle mit ihrer schwungvollen Zeltdachkonstruktion.

Im Garten zwischen Mutterhaus und Altbau Jakobstraße wurde in den 70er Jahren eine einstöckige Gebäudegruppe errichtet. Die durch Kalksteinfassaden und Betonteile akzentuierten, von einem Türmchen bekrönten Bauten weisen den Komplex als ein Werk H. P. Tabelings aus. Das Glockentürmchen für die Mutterhauskapelle wurde von Tabeling zur gleichen Zeit erbaut. In dem Flachbau befinden sich ebenerdig die Cafeteria des Krankenhauses sowie Vortrags- und Festsaal des Mutterhauses und im Kellergeschoß ein Schwimmbad, das sowohl Therapie- als auch Erholungszwecken dient.

Im Krankenhaus der Augustinerinnen hat die geburtshilfliche Abteilung einen hohen Stellenwert. 600 bis 700 Kinder werden in der Jakobstraße jährlich geboren. Die Schwangerenbetreuung umfaßt neben geburtsvorbereitenden und kinderärztlichen Vorträgen Gymnastikkurse und Schwimmangebote im hauseigenen Schwimmbad. Auch für Säuglings- und Kleinkinderschwimmen werden Kurse angeboten.

Neben der Geburtshilfe hat vor allem die rheumatologische Abteilung eine für Köln herausragende Bedeutung gewonnen. Die Patienten finden hier qualifizierte und fachgerechte Beratung und Linderung. Diesem Ziel dienen auch die Kurse der Rheumaliga, der für diesen Zweck die Schwimmhalle des Krankenhauses zur Verfügung steht.

Altenheime der Genossenschaft

Der soziale und technische Wandel der letzten hundert Jahre hat nicht nur für Psychologie, Psychiatrie und Medizin ganz neue Aufgaben und Krankheitsbilder gebracht, er hat auch eine tiefgreifende Änderung der persönlichen Lebensaussichten eines Menschen bewirkt. Hohe Lebenserwartung und zurückgehende Geburtenzahlen werden im Laufe der nächsten Jahrzehnte dazu führen, daß bis zu 50 % der Bevölkerung über 40 Jahre alt sein werden. In Gesellschaften mit normaler Alterspyramide sind dagegen etwa 50 % **jünger** als 25 Jahre alt. Doch das Problem stellt sich nicht nur in quantitativer Hinsicht, auch qualitativ hat sich viel geändert. Mit zunehmendem Alter werden die Probleme für Körper und Geist größer. Diese Hinfälligkeit im psychischen und physischen Sinne erforderte neue Lösungen im Bereich der Altenpflege. Gab früher eine Großfamilie oder zumindest eine große Verwandtschaft auch im Alter Geborgenheit und Sicherheit, so führt heute Vereinsamung oft zum körperlichen und geistigen Verfall vieler alter Menschen. Die hierzu notwendigen Leistungen konnten Krankenhäuser seit den 60er Jahren nach dem Wandel von pflegebetonten Anstalten zu Spezialkliniken nicht mehr erbringen. Besondere Formen der Altenpflege mußten entwickelt werden. Die Genossenschaft ist den Weg zur Lösung eines der drängendsten Probleme der nächsten Jahrzehnte konsequent gegangen.

Altenheime

St.-Josef-Kloster/Zündorf	1864–1974
Kloster Maria Hilf/Bornheim	1883–
Kloster Elisabeth/B-Weismes	1935–
Herz-Jesu-Kloster/B-Burg Reuland	1936–1942
Kloster Marienborn/Zülpich	1942–
Caritas-Haus/Spich	1945–1974
Altenzentrum St. Augustinus/Königsdorf	1948–
Altenheim St. Martin/Zündorf	1974–
Kloster Heisterbach/Königswinter	1971–
St.-Anna-Haus/Sinzenich	1982–
Haus Tannenblick/Nettersheim	1984–

Galt es früher angesichts mäßiger Altersversorgung und minimaler Sozialhilfeleistungen möglichst viele alte Menschen möglichst preiswert auf geringstem Raum unterzubringen, wagten die Cellitinnen schon zu Beginn des Jahrhunderts den Schritt von großen Schlafsälen zu kleineren, persönlich ausgestatteten Einheiten. Das zu Beginn der 70er Jahre entwickelte neue Konzept gliedert die Altenpflege in drei Bereiche. Der Bereich der Altenwohnungen ermöglicht es, umgeben von vertrauten Dingen in selbstgestalteten, den individuellen Bedürfnissen entsprechend eingerichteten Räumen alt zu werden. Der davon unabhängige eigentliche Altenheimbereich wird zentral versorgt, hier gibt es ausgedehnte Möglichkeiten zu Gemeinschaftsleben. Die Pflegeabteilungen ergänzen dieses Angebot. Ideal der heutigen Altenpflege ist ein selbstbestimmter Mensch, der nur so viel Hilfe in Anspruch nimmt wie nötig und weitgehend die eigenen, noch verbliebenen Kräfte mobilisiert. Ziel von Therapie und Pflege in den Altenheimen der Genossenschaft ist die weitgehende Erhaltung oder Wiederherstellung der geistigen und körperlichen Beweglichkeit.

Für den hohen Anteil älterer Ordensfrauen wurden unter anderem in Heisterbach, in Marienborn und im Mutterhaus Alten- und Pflegeheimplätze geschaffen. Durch diese wird es alten Schwestern ermöglicht, einerseits so weit und so lang wie möglich im gewohnten Kreis aktiv zu bleiben, zum anderen jegliche Hilfe in Anspruch nehmen zu können, sollten Körper und Geist einmal pflegebedürftig werden.

Diese Angebote für die eigenen Schwestern sind nur Teil eines umfassenden Konzepts der Altenpflege, das in insgesamt 7 Häusern der Genossenschaft ganz oder sektoral angeboten wird. Eines davon ist das schon erwähnte kleine Altenheim in Weismes, Belgien. Zwei weitere sind den Krankenanstalten Marienborn angeschlossen: Das St.-Anna-Haus in Sinzenich bietet 35 Plätze in der gerontopsychiatrischen Pflege, also für „psychisch alterskranke oder psychisch alt gewordene Patienten". Haus Tannenblick in Nettersheim, organisatorisch von Marienborn aus versorgt, widmet sich ebenfalls der Gerontopsychiatrie. In

Nettersheim stehen 42 Plätze zur Verfügung. Wie in Marienborn wird in diesen beiden Häusern Wert auf eine individuelle Pflege gelegt, die den Bewohnern größtmögliche Selbstverantwortung und eine Teilhabe am gesellschaftlichen Leben außerhalb des Pflegeheims, dem jeweiligen Behinderungsgrad entsprechend, ermöglichen.

Auch die Altenheime St. Martin in Köln-Zündorf, St. Augustinus in Frechen-Königsdorf sowie im Kloster Maria Hilf in Bornheim wurden zeitgemäßen Änderungen unterworfen. Zum 1. November 1988 wird der Betrieb des Altenheims im Kloster Maria Hilf vom Zentrum Bornheims in den Ortsteil Roisdorf verlagert. Nach 105 Jahren verläßt damit das Kloster seinen alten Platz. Die Räumlichkeiten des alten Gebäudes entsprachen nicht mehr den gesetzlichen Mindestanforderungen für Alten- und Pflegeheime. Der steigende Anteil pflegebedürftiger Bewohner war darüber hinaus im alten Kloster nicht mehr sachgerecht zu betreuen. Das Kloster Maria Hilf wird am neuen Standort nicht mehr ein eigenes Haus, sondern gepachtete Gebäude nutzen.

Besonders tiefgreifend waren die Umbauten in Königsdorf und Zündorf. Das 1864 gegründete alte Mutterhaus in (Köln-)Niederzündorf wurde schon bald nach seiner Gründung in ein Altersheim umgewandelt, das auch den Schwestern des Bürgerhospitals zur Landerholung, vor allem nach schweren Krankheiten, diente. Das St.-Joseph-Kloster erhielt im Jahre 1895 einen Kindergarten/Kinderhort, der 1926 nach Oberzündorf verlegt wurde. 1928 wurde dort das St.-Martins-Kloster als Altersheim und Waisenhaus errichtet. 1972–74 baute H. P. Tabeling auf dem Platz des alten Martin-Klosters einen aus zwei Baukörpern gestalteten Komplex, der von einem für die Entwürfe dieses Architekten charakteristischen Turm überragt wird. Das mit weißem Kalksandstein verblendete Ensemble ist ein markanter Blickfang, nicht nur vom anderen Rheinufer aus. In Oberzündorf verwirklichte die Genossenschaft zum ersten Mal ein gegliedertes Altenheimkonzept. Neben 39 Plätzen im Altenheim und 51 Betten im Altenpflegebereich werden auch

17 Altenwohnungen angeboten. Eine Gliederung, der auch die äußere Gestalt des Hauses entspricht. 1979 wurde das Altenheim St. Martin als vorbildliches Bauwerk im Land Nordrhein-Westfalen gewürdigt. Nach dem 1974 erfolgten Umzug aus dem St.-Joseph-Kloster in Niederzündorf verkaufte die Genossenschaft das alte Kloster, 110 Jahre nach Gründung dieser ersten eigenen Filiale.

Kein Ortswechsel wurde in Frechen-Königsdorf (früher Großkönigsdorf) vorgenommen. Um den Altbau des Herz-Jesu-Klosters mit der Haushaltungsschule entwickelte H. P. Tabeling in den 70er Jahren einen großzügigen Neubaukomplex, der wie in Oberzündorf alle drei Bereiche der modernen Altenbetreuung umfaßt, diesmal tatsächlich unter einem Dach. Es stehen 47 Plätze im Altenheim, 38 Pflegeplätze und 19 Altenwohnungen zur Verfügung. Im Altenzentrum St. Augustinus wird der Altbau so durch den Neubau umfangen, daß er zu einem integralen Bestandteil der modernen Architektur wird. So wird hier historische Kontinuität auch in der Architektur sichtbar. Herzstück des Altenheims ist die Eingangshalle. In der Form eines kleinen Platzes gestaltet, effektvoll ausgeleuchtet, soll sie den Charakter eines Marktplatzes annehmen, an dem man sich trifft, Neuigkeiten austauscht und Kontakte knüpft. Dem Heim benachbart ist immer noch der seit 1894 existierende Kindergarten, eine gewiß glückliche Kombination. Das zum Altenzentrum gewordene Kloster erhielt neben einer Reihe anderer Auszeichnungen im Jahre 1984 den Architekturpreis des Landes Nordrhein-Westfalen als vorbildliches Bauwerk.

Erholungs- und Begegnungszentren

In besonderer Weise hat sich in den letzten Jahren die Niederlassung in **Heisterbach** entwickelt.

Nach Aufgabe der eigenen Landwirtschaft 1976 wurden die Heisterbacher Ökonomiegebäude intensiv umgebaut, es entstanden eine großzügige Cafeteria, eine geräumige Küche und darüber Gästezimmer, die die alte Tradition wieder aufnehmen, die mit dem Krieg und der Einstellung der eigenen Gastwirtschaft endete. Im Gebäude des alten Hotels entstand ein Altenheim, nachdem das kleine Bernhard-Hospital 1971 aufgegeben worden war. Es hatte sich aus dem 1941 hier eingerichteten Ausweichhospital des Krankenhauses in der Jakobstraße entwickelt und in den 50er Jahren Aufgaben der Akutversorgung im südlichen Rhein-Sieg-Kreis übernommen.

1987 erfolgte die Renovierung des sogenannten Brauhauses. Aus dem barocken Bau der Zisterzienser, durch Um-, Ein- und Anbauten erstellt, entstand wieder ein Schmuckstück, das als Begegnungszentrum dienen soll. Seine erste Bewährungsprobe bestand der Bau 1987 bei dem großartigen Fest zur 750-Jahr-Feier der Konsekration der Heisterbacher Abteikirche.

Parallel zur Sanierung der Denkmäler wurde ein durchgreifender Umbau des alten Bestandes in Angriff genommen, der bis heute noch nicht beendet ist.

Das architektonische Kleinod unter den Bauwerken des ehemaligen Zisterzienserklosters ist die Chorruine der romanischen Abteikirche. Sie wurde 1981 bis 1987 einer umfassenden Restaurierung unterzogen, bei der die allseits Wind und Wetter ausgesetzte Ruine durch einen Zuganker stabilisiert wurde. Die Dächer wurden wieder haltbar mit Blei gedeckt, dem ursprünglichen Material. Das die Fundamente gefährdende Grundwasser wurde durch eine Dränage abgeleitet. Bei den dazu notwendigen Ausschachtungen erhielt das Rheinische Landesamt für Bodendenkmalpflege Gelegenheit zu einer Ausgrabung.

Mit den darauffolgenden Umgestaltungsarbeiten im ehemaligen Kirchenbereich, heute Park, war die behördliche Auflage verbunden, eine archäologische Begleituntersuchung durchzuführen. Die Genossenschaft nahm die Idee auf und führte von 1986 bis 1988 mit einem kleinen Ausgrabungsteam unter der Leitung einer Archäologin die Grabungen durch, die viele unbekannte Aspekte Heisterbachs beleuchteten und überraschende Ergebnisse erbrachten.

Eine weitere denkmalpflegerische Großaktion ist die seit Jahren laufende Sicherung der historischen Klostermauer, die auf 3 km Länge das Kloster umzieht und Stein für Stein saniert wird.

Mit der Gründung der Stiftung Heisterbach im Jahre 1984

übergab die Genossenschaft die Nutzungsrechte an der Chorruine und dem Gelände der ehemaligen Abteikirche in andere Hände. Die Stiftung sucht nach Wegen, finanzielle Mittel zur Sicherung und Präsentation des kulturellen Erbes Heisterbachs zu erwerben und bereitzustellen. Die Öffentlichkeit soll durch sie mit dem Anliegen, das Gedenken an die vertriebenen Zisterzienser wachzuhalten und die materiellen Überreste zu pflegen, bekanntgemacht werden.

Noch ein weiteres Begegnungs- und Erholungszentrum besitzt die Genossenschaft, **Haus Maria Rast in Walldürn,** einem Wallfahrtsort im badischen Odenwald. Errichtet wurde der Komplex nach 1968. Ursprünglich als Erholungsheim der Schwestern gedacht, steht das Haus heute auch allen anderen Interessierten offen. Seine Lage in waldreicher Gegend macht Walldürn zu einem besonders geeigneten Platz für Menschen, die klösterliche Ruhe, körperliche und geistige Erholung suchen.

Erholungsheime

Kloster Maria Hilf/Bornheim	1883–1952
Herz-Jesu-Kloster/Königsdorf	1896–1976
Kloster Heisterbach/Königswinter	1918–
Herz-Jesu-Kloster/Nettersheim	1921–1983
Haus Elisabeth/Rheinbreitbach	1931–1986
Haus Maria Rast/Walldürn	1968–

Aufbruch nach Indien

Als das Zweite Vatikanische Konzil 1962 Mission und christliche Entwicklungshilfe zu Aufgaben der ganzen Kirche erklärte und alle religiösen Gemeinschaften zur Mithilfe aufrief, entschloß sich auch die Genossenschaft aus der Severinstraße, diesem Auftrag zu folgen und Möglichkeiten zu erkunden, in Indien eigene Niederlassungen zu eröffnen.

Schon 1961 waren unter einem völlig anderen Gesichtspunkt erste Kontakte zu Indien hergestellt worden. Ein im St. Antonius Hospital in Köln-Bayenthal weilender indischer Priester, Father Thomas Assariparampil, regte die Aufnahme einiger Bewerberinnen aus Kerala in die Krankenpflegeschulen der Genossenschaft an. Die ersten 12 trafen 1962, noch in der Amtszeit Mutter Largas (1956–1963), in Deutschland ein. Sie waren nach Köln geholt worden, um einen Ausgleich für den damals herrschenden Mangel an Krankenschwestern zu schaffen.

Im Herbst 1963 – Mutter Cleta Höschen war gerade zur Generaloberin gewählt worden – wurden die Beziehungen zu Indien jedoch in eine andere Richtung gelenkt. Erzbischof Kavukatt von Changanacherry, Kerala, regte die Aufnahme indischer Postulantinnen in die Genossenschaft an. Absicht dieses freudig aufgenommenen Vorschlages war es unter anderem, qualifizierte Krankenpflegerinnen für Indien auszubilden, die durch ihre Berufung als Ordensschwestern besonders motiviert waren. Ihr Aufgabengebiet sollte in ihrer Heimat liegen, einem Land, das durch jahrhundertelange Fremdherrschaft und Ausplünderung besonders geprägt war.

Im Mai 1964 trafen die ersten 16 indischen Kandidatinnen in Kloster Heisterbach ein. Ein Jahr später, nach intensivem Sprachunterricht, spiritueller Einführung und Gewöhnung an europäische Gebräuche, wurden sie am 1. Mai 1965 mit weiteren 4 aus Deutschland und Belgien stammenden Postulantinnen eingekleidet. Die ersten indischen Schwestern der Genossenschaft stammten alle aus Kerala an der Südwestküste Indiens, wo eine lange christliche Tradition besteht.

Mai 1964. Flughafen Köln-Bonn. Weihbischof Cleven, Sr. Wilma und Mutter Cleta empfangen die ersten indischen Kandidatinnen.

Die mit Rom unierten Christen der syromalabarischen und der malankarischen Kirche führen ihre Missionierung auf den Apostel Thomas zurück.

Augustinian Sisters

Die Schwestern der Genossenschaft in Indien werden allgemein als Augustinian Sisters bezeichnet, nicht als Cellitinnen. In Indien würde die Übernahme dieses europäischen Namens keine Assoziationen hervorrufen. Die 1600 Jahre alte Regel des Afrikaners Augustinus hat dagegen wegen ihrer Aktualität auch in Indien einen besonderen Rang.

Die indischen Schwestern sind bis heute vorwiegend ländlicher Herkunft, kennen also aus eigener Erfahrung die Nöte und Bedürfnisse ihres Volkes. Natürlich erfordern die Bedingungen

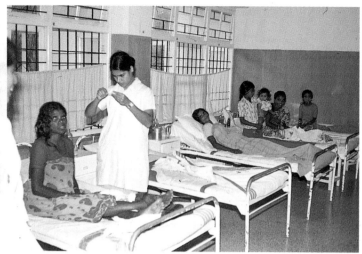

Patientenzimmer im St. Augustine's Hospital, Kumily

Krankenhaus und Schule in Kumily

Baumhaus der Adivasi, als Schutz vor wilden Tieren

Kapelle, Anavilasam

St. Joseph's-Convent, Anavilasam

Schule mit Boarding in Sendhwa

Schulunterricht in Sendhwa

Nähschule

Eingang und Liegendkrankenanfahrt Karuna Hospital (Hospital der Barmherzig-keit), Sendhwa

Ambulante Krankenpflege in Pendarnia

Regionalhaus Bangalore

Ewige Profeß in Bangalore

Ambulanzstation Amaravathi

Bau eines Brunnens, Hilfe zur Selbsthilfe

Ambulanzstation Adackathode

Versorgung eines Leprakranken

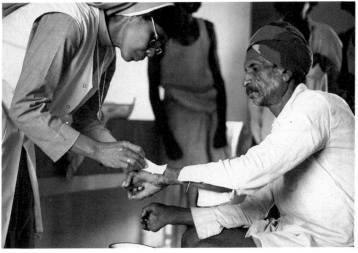

eines übervölkerten Subkontinents zwischen Hochgebirge, Wüste und Tropen andere Techniken und Vorgehensweisen als die Arbeit in Deutschland. Die Lösungsansätze sind jedoch gleich: Auch in Indien sind Arbeit in Krankenhäusern und Ambulanzen Tätigkeitsschwerpunkt.

Darüber hinaus unterrichten die Schwestern in Indien heute unter anderem auch in allgemeinbildenden Schulen, die zum Teil von ihnen geleitet werden. Sie haben also nicht nur mit der ambulanten Krankenpflege einen alten Arbeitsbereich wieder aufgenommen, sondern ihre Tätigkeiten ebenso auf die unmittelbare Bildungsarbeit ausgedehnt. Das, was als „augustinischer Geist" einst aus den lockeren Frauengemeinschaften der Beginen die Cellitinnen wachsen ließ, ist auch bei den indischen Schwestern als Antrieb spürbar: die Absicht, als Christen selbständig und selbstbewußt bei den drängendsten Problemen ihrer Umgebung tätig zu werden. Die auch heute noch zumeist aus Kerala stammenden Schwestern leisten durch ihre Arbeit in Zentralindien (Bundesstaat Madhya Pradesh) und an der Ostküste (Bundesstaat Andhra Pradesh) nicht nur Arbeit im sozialen und caritativen Sinne, sondern tragen auf ihre Weise auch zur Integration des Vielvölkerstaates Indien bei. Mittlerweile gibt es auch Schwestern aus Andhra Pradesh, Bihar und Tamil Nadu; die Augustinerinnen verbreitern also sichtbar ihre Ausgangsbasis.

Selbständigkeit für die indische Region

Im Jahre 1981 erhob die Generaloberin der Cellitinnen, Mutter M. Nikodema Rützenhoff, die indischen Filialen zu einer Region. Schon seit 1979 besitzen die Augustinerinnen in Bangalore ein Regionalhaus, das St. Augustine Nivas. Das Haus ist Sitz der Regionaloberin. Seit 1987 hat die Inderin Schwester M. Celine dieses Amt inne. Zuvor war die aus Deutschland stammende Schwester M. Wiltrud Regionaloberin. Sie studierte in Bangalore und konnte so eigene Ausbildung und Bindung an das Mutterhaus miteinander kombinieren.

Vom Regionalhaus gehen heute Initiativen zur Gründung von neuen Filialen aus. Hier werden die Einsätze und Schulungsmaßnahmen der Schwestern koordiniert und Kontakte zu offiziellen Regierungsstellen gepflegt.

Finanziell unterstützt wird die Arbeit des Regionalhauses nicht nur vom Mutterhaus in Köln, sondern auch von vielen Paten und Wohltätern der Indienmission, mit deren Hilfe medizinische und soziale Projekte finanziert werden. So wurden spezielle Programme für Tuberkulosekranke unterstützt oder Nähmaschinen für Selbsthilfeaktionen in den Dörfern angeschafft.

Ziel der Genossenschaft ist es, ihre indische Region zur vollständigen Selbständigkeit zu führen, wobei die Hoffnung besteht, daß die selbständige und eigenverantwortliche Tochter das enge Band zum Mutterhaus nicht aufgeben wird.

Die Niederlassungen der Genossenschaft in Indien

Die indische Region seit 1981

Delhi ●

6 ● Pendarnia
5 ● Sendhwa

Bombay ●

Amaravathi ● 7

Bangalore ● 1

Adackathode ● 4

Anavilasam ● 3
Kumily ● 2

Die indischen Niederlassungen

Das St. Augustine's Hospital, Kumily, Kerala

Die erste indische Niederlassung wurde 1967 in Kumily, Bundesstaat Kerala, gegründet. Bereits im Februar 1965 war Mutter M. Cleta mit zwei weiteren Schwestern und dem Spiritual der Genossenschaft, Pater Ignatius Glasmacher OFMConv, einer Einladung des Erzbischofs Kavukatt gefolgt und nach Indien gereist, um an Ort und Stelle die Möglichkeiten zur Gründung einer Niederlassung zu erkunden. Schon 1966 erfolgte die Grundsteinlegung für einen Krankenhausbau in Kumily, der im Dezember 1967 fertiggestellt wurde und den Namen St. Augustine's Hospital erhielt. Mit einer Dispensary (ambulante Krankenpflegestation) und 25 Betten im Hospital begann dann ab Dezember 1967 die Arbeit. Mittlerweile hat sich die Bettenzahl auf ca. 80 erhöht. Im Hospital sind heute 3 Ärzte tätig.

Zu den von Kumily aus betreuten Menschen gehören vor allem Bauern und Landarbeiter. Die Schwestern arbeiten auch in einem Gebiet der Adivasi, der Waldmenschen. Es sind in die Dschungel Südindiens abgedrängte Ureinwohner, die unter besonders drückenden wirtschaftlichen und sozialen Verhältnissen leben müssen. Sie schlafen nachts noch in Baumhäusern, die besten Schutz gegen Tiere, vor allem wilde Elefanten, geben. Ihre einseitige und mangelhafte Ernährung sowie unzureichende hygienische Kenntnisse führen bei den Adivasi zu einer besonders hohen Sterblichkeitsrate.

Mehrere Ordensschwestern sind im St. Augustine's Hospital tätig. Andere leiten den Pfarrkindergarten und die Pfarrschule. Die Augustinerinnen betreuen darüber hinaus Entwicklungsprogramme der öffentlichen Gesundheitsfürsorge, der „Peermade Development Society" des Bistums Kanjirapalli. Im Rahmen dieser Programme werden über 30 unterentwickelte Siedlungen und Dörfer besucht und in Gesundheitsvorsorge und -fürsorge aufgeklärt. Gleichzeitig schulen, betreuen und überwachen die Schwestern 8 Sozialhelfer ihres Bezirks, die den

Familien der betreffenden Dörfer Hilfe und Unterstützung in praktischen und gesundheitlichen Fragen geben.

In Kumily wie in anderen Stationen führen die Augustinian Sisters auch Maßnahmen im Rahmen der „M. C. H.-Programmes" durch. Diese Mutter-Kind-Gesundheitsprogramme der indischen Diözesen werden aus Spenden einer Hilfsaktion in den USA bestritten. In Verbindung mit regelmäßiger Mütterberatung werden Hilfsmittel verteilt, um Unter- und Mangelernährung an der Wurzel zu bekämpfen.

„Save a Family" (Rette eine Familie), ebenfalls ein amerikanisches Hilfsprogramm, versucht Frauen zur Anlage eines Familiensparkontos anzuregen und ihnen damit die Vorteile von Rücklagen nahezubringen. Zahlt eine Hausfrau z. B. wöchentlich 2 Rupien auf ihr Sparkonto ein, so erhält sie dazu aus Mitteln des Programms weitere 4 Rupien. Das Sparbuch wird bei den Schwestern hinterlegt. Nur nach Absprache mit ihnen kann über das Guthaben verfügt werden. Über die Diözesanverwaltung wird der amerikanischen Zentrale regelmäßig über Erfolg und Verwendung der Mittel berichtet.

„Hilfe zur Selbsthilfe", dieses Schlagwort steht über vielen staatlichen und kirchlichen Entwicklungsprojekten. In der Arbeit der indischen Augustinerinnen beschreibt es besonders treffend Schwester Premas „Ziegenaktion" in Kumily und Umgebung, die durch zahlreiche Spenden von Lesern der Wochenzeitung „Bildpost" unterstützt wurde.

Um armen Familien bei der Verbesserung ihrer Ernährungslage zu helfen, entschied man sich für die Anschaffung von Ziegen als Milchvieh. Die Tiere können ohne großen Aufwand versorgt werden, ihnen genügt auch karges Futter, das andere Tiere kaum verwerten können. Viele in Kumily lebenden Tagelöhner und Landarbeiter sind jedoch kaum in der Lage, einheimischen Geldverleihern die Anschaffungskosten für ein Ziegenpärchen zurückzuzahlen, verlangen diese doch bis zu 200 % Zinsen im Jahr! Ein Bauer müßte also die gesamte Milch sofort verkaufen und hätte doch nicht genug, um die Zinsen zu zahlen.

Die Augustinerinnen wählten daher einen anderen Weg: Sie

verleihen kein Geld, sie „verleihen" Ziegen. Familien, die ein Ziegenpärchen übernehmen, verpflichten sich den Schwestern gegenüber, jeweils das erstgeborene Männchen und Weibchen an das Kloster zurückzugeben, das diese dann wieder an andere Familien „ausleiht". Die Elterntiere und der übrige Nachwuchs gehören der Familie dann uneingeschränkt. So erhalten Familien, die oft nahe dem Existenzminimum leben müssen, die Chance, aus eigenen Bemühungen heraus ihre Lebensumstände zu verbessern.

Eine Idee aus Indien, verwirklicht mit Starthilfe aus Deutschland. Die Aktion hatte durchschlagende Erfolge.

Die Schwestern verleihen aber nicht nur Vieh, sie unterhalten zur Deckung des eigenen Bedarfs auch eine eigene Landwirtschaft. Ungefähr 70 Hühner und 3 Kühe sorgen für Eier und Milch. Der kleinen Kuhherde steht ein „Buffalo" vor. In den konventseigenen Plantagen ernten die Schwestern Kaffee, Cardamom, vitaminreiches Tapioka, Orangen und Pfeffer.

St. Joseph's-Convent, Anavilasam, Kerala

Schon 1976 wurden in Anavilasam auf Bitten der dortigen Einwohner wöchentliche Ambulanztage durchgeführt. Mit dem Ankauf eines kleinen Bauplatzes wurde der Grundstock für eine Filiale Kumilys in diesem 16 km entfernten Dorf gelegt. Anvilasam, „der Platz, wo die Elefanten spielen", liegt 3500 m hoch in den Bergen und ist wie seine Nachbardörfer während der Regenzeit von Kumily abgeschnitten. Die Straßen werden durch Schlamm und Erdrutsche unpassierbar. Doch gerade während dieser Zeit treten im feuchtheißen Klima Südindiens die meisten Infektionskrankheiten auf. Um eine dauerhafte medizinische Versorgung der Dorfbewohner sicherzustellen, wurde der Aufbau einer Außenstation beschlossen. 1979 begannen die Schwestern mit finanzieller Unterstützung von Misereor mit dem Bau einer Dispensary und des St. Joseph's-Convents, die Januar 1981 fertiggestellt wurde. Die 8 Betten der Dispensary stehen bereit für Schwerkranke, die nicht transportfähig sind, oder werdende

Mütter, die ihre Kinder dort zur Welt bringen wollen, damit diese für kurze Zeit bleiben können. Durchschnittlich besuchen täglich 40 Patienten die Dispensary. Neben ihren Ambulanzdiensten führen die Augustinerinnen noch einen 1979 errichteten Kindergarten. Auch hier leisten sie im Dienste der Diözese Sozialarbeit bei der öffentlichen Gesundheitsfürsorge. Ihre Hauptsorge gilt den Tribals, den Angehörigen kleiner Bergvölker, und den Hariyans, in Europa als Kastenlose bekannt, denen Mahatma Gandhi den Namen „Kinder Gottes" gab. Eine kleine Cardamom-Plantage soll die Finanzierung der Außenstelle zumindest teilweise sicherstellen. Cardamom ist ein begehrtes Gewürz und wächst unter den tropischen Bedingungen Keralas besonders gut.

Nirmala Boarding School, Sendhwa, Madhya Pradesh

Zu einem Schwerpunkt in der Arbeit der indischen Region hat sich Sendhwa im zentralindischen Bundesstaat Madhya Pradesh, die zweite Niederlassung der Genossenschaft in Indien, entwickelt. Seit 1972 sind die Augustinerinnen in diesem besonders armen und unfruchtbaren Landstrich am Rande der Wüste von Rajasthan tätig. Die Niederlassung wurde von Steyler Missionaren gegründet, die auch weiterhin dort tätig sind. Sie baten die Schwestern der Genossenschaft, dort einige soziale Aufgaben zu übernehmen. Im Jahre 1972 begannen Augustinerinnen ihre Arbeit zunächst in der Nirmala Boarding School, einer Schule mit Internat, die sie seit 1974 selbständig leiten. Daneben wird auch ein Kindergarten unterhalten. Die Grund- und Mittelschule wird von etwa 300 Kindern besucht, die auch aus weit entfernten Dörfern kommen und vorwiegend den Völkern der Bhilala und Bhil angehören.

Karuna Hospital, Sendhwa, Madhya Pradesh

Schon 1974 wurde das Arbeitsgebiet erstmals erweitert. Ebenfalls mit finanzieller Hilfe des bischöflichen Hilfswerks Misereor wurde der Bau eines Krankenhauses in Angriff genommen. 1980

wurde das Karuna-Hospital eingeweiht. Träger der Missionsstation und des Hospitals ist die Diözese Kandhwa. Finanzielle
Hilfe für die materielle Ausstattung des Krankenhauses leistet
auch die Genossenschaft in Köln, unterstützt durch eine Vielzahl
von Paten in Deutschland.

Vom neueingerichteten Hospital aus wurde schon seit 1974 eine
weitverzweigte Ambulanzarbeit in den umliegenden Dörfern
aufgebaut, die von Sendhwa aus besucht werden. Neben der
Akutversorgung betreut das Karuna-Hospital regelmäßig etwa
500 Leprakranke und 300 an Tbc erkrankte Menschen. Vom
Hospital werden seit 1987 auch die in der Kolonie Harshe-Nagar
(Dorf der Hoffnung) lebenden Leprakranken versorgt. Die
Siedlung wurde von staatlichen Stellen aufgebaut, die die medizinische Betreuung dem Karuna-Hospital anvertrauten.

1984 und 1987 arbeiteten einige Frankfurter Chirurgen aus dem
internationalen Verband plastischer Chirurgen „Interplast" für
jeweils 10 Tage im Karuna-Hospital. 1984 nahmen sie im
Rahmen dieses „Plastic-Surgery-Camp" 84, 1987 schon 93 plasti-
sche Operationen mit gutem Erfolg vor, vor allem an von Lepra
verstümmelten Patienten.

Organisiert durch den örtlichen Lions Club, werden in Sendhwa auch sogenannte „Eye-Camps" abgehalten. Durch einseitige und wenig reichliche Ernährung leiden viele Menschen unter akutem Vitaminmangel (Vitamin D), der in vielen Fällen zur Erblindung durch grauen Star führt. In den regelmäßig stattfindenden Treffen zur Augenoperation, den Eye-Camps, werden die Erblindeten zunächst nur auf einem Auge behandelt. Durch die Entfernung der getrübten Linse werden sie in die Lage versetzt, mit Hilfe einer Spezialbrille wieder sehen zu lernen. Ist die erste Operation erfolgreich, wird ein oder zwei Jahre später auch das andere Auge operiert. Die im Rahmen der Eye-Camps tätigen Ärzte arbeiten kostenlos, die Schwestern stellen die Unterkunft. Die Patienten werden von den Schwestern auf die Operation vorbereitet und noch einige Tage danach versorgt, um Infektionen zu verhüten.

Pushpa-Nivas Health Centre, Pendarnia, Madhya Pradesh

Die zur Missionsstation Sendhwa gehörenden Dörfer um Pendarnia wurden schon seit Aufnahme der Mission von Sendhwa aus seelsorglich betreut. Damit einher ging die Gesundheitsfürsorge an jeweils zwei Tagen pro Woche. 1979 wurde mit der Errichtung des Pushpa-Nivas Health Centre eine dauerhafte Versorgung möglich. Die Finanzierung wurde von der Erzdiözese Köln gefördert. Von Misereor erhielt die Station einen eigenen Ambulanzwagen zur Verfügung gestellt, so daß auch die um Pendarnia liegenden Dörfer unabhängig von Sendhwa betreut werden können.

Bereits 1980 wurden vom Health Centre aus 2500 Patienten versorgt und mit der mobilen Ambulanz nochmals 1150. Dabei werden innerhalb der Sozialprogramme Familienbesuche, Mütterberatungen, Schutzimpfungen, Verteilung von Milchpulver, Weizen und Öl vorgenommen. Die im Pushpa-Nivas lebenden Augustinerinnen unterhalten neben der Ambulanzstation auch eine Sonntags-Nähschule. Neben diesen Entwicklungsprojekten arbeiten die Schwestern auch erfolgreich in der Katechese.

St. Augustine Nivas, Bangalore, Karnataka

Nach den beiden Gründungen in Kumily und Sendhwa suchte die Genossenschaft einen zentralen Ort zur Gründung einer Niederlassung, um jungen Mädchen, die sich seit 1975 verstärkt der Gemeinschaft anschlossen, eine Ausbildungsstätte zu bieten. Nach anfänglichen Schwierigkeiten besitzen die indischen Augustinerinnen nun seit 1977 in Bangalore, Hauptstadt des Bundesstaates Karnataka, ein eigenes Ausbildungszentrum, das Augustine Nivas, mit Kandidatur, Postulat und Noviziat. Bangalore eignet sich als Universitätsstadt mit vielen staatlichen und kirchlichen Bildungsanstalten besonders gut als Ausbildungszentrum. Die verkehrsgünstige Lage dieser Großstadt ließ sie auch als Zentrale geeignet erscheinen. 1981, mit der Errichtung der Region, wurde das St. Augustine Nivas zum Sitz der Regionaloberin erklärt.

Wie in vielen anderen Niederlassungen der Genossenschaft in Deutschland und Indien wurden auch in Bangalore weitere Tätigkeiten übernommen. So betreuen die Augustinerinnen in einem Flügel des Augustine Nivas ein kleines Altenheim für Frauen. Hier haben die Kandidatinnen und Postulantinnen die erste Möglichkeit, etwas von den sozialen Aufgaben der Genossenschaft kennenzulernen. Seit 1984 kommen etwa 20 Kinder aus den Slums der Umgebung ins Augustine Nivas. Da die Beherrschung von Buchstaben und Zahlenzeichen in Indien Grundvoraussetzung zur Aufnahme in einer Schule ist, werden die Kinder in dieser Vorschule von den Novizinnen im Schreiben von Buchstaben und Zahlen unterwiesen.

Augustine Bhavan, Amaravathi, Andhra Pradesh

Seit 1980 arbeiten die aus Deutschland stammende Sr. Domitilla und einige indische Schwestern in Amaravathi, Bundesstaat Andhra Pradesh. Von dort aus betreuen sie 15 Dörfer des Pfarrbezirks. Amaravathi, „Ort der Unsterblichkeit", liegt am heiligen Fluß des Gottes Krishna, in der Nähe der Südostküste

Indiens, in einem Gebiet, das häufig von verheerenden Wirbelstürmen heimgesucht wird.

Unter den Augustinerinnen in Amaravathi befinden sich auch die beiden ersten aus Andhra Pradesh stammenden Schwestern der indischen Region, eine große Hilfe angesichts der Sprachenvielfalt Südindiens.

Im Dezember 1980 begannen die Augustinerinnen von einer Mietwohnung aus die Arbeit. Am 28. 8. 1982 wurde der St. Augustine Bhavan fertiggestellt, dem eine Dispensary mit Entbindungsstation angeschlossen ist. Die Schwestern betreuen auch Brunnenbauprogramme und Hausbau für arme Familien. So wurde am 21. Februar 1984 der Grundstein für eine 98 neue Häuser umfassende Siedlung in Chavapadu gelegt. Ein Haus mit 2 bzw. 4 Wohnungen, bestehend aus einem Raum mit vorgebauter Veranda, soll etwa 2500 DM kosten. Die Bewohner von Chavapadu haben für ihre Kolonie den Namen „Stätte des Lichtes" gewählt. Schwierigkeiten brachte vor allem die Baufinanzierung und damit die Baufertigstellung. Die Neubauten sollen zum einem die hygienischen Bedingungen verbessern und zum anderen den immer wiederkehrenden Zyklonen standhalten können.

Die Schwestern in Amaravathi arbeiten mit Pallottiner-Patres zusammen, die die große Pfarrei seelsorglich betreuen. Mit ihnen errichteten sie unter anderem eine Mehrzweckhalle als Gottesdienst-, Versammlungs- und Unterrichtsraum.

Wie in Sendhwa werden auch in Amaravathi Tbc- und Leprakranke versorgt. Dazu kommen in zweiwöchigem Rhythmus stattfindende Eye-Camps. Je nach Bedarf werden alle zwei oder drei Monate Operationen von einem Hindu-Arzt kostenlos durchgeführt. 1984 wurden mehr als 600 Kinder untersucht, die an Vitaminmangelerkrankungen der Augen leiden, die bei Nichtbehandlung zur Erblindung führen. Die erkrankten Kinder benötigen eine über Jahre dauernde Behandlung und vor allem eine bessere Ernährung. Die Eltern erkennen häufig erst dann die Gefahr, wenn die Kinder schon erblindet sind; zu spät für die meisten. Viele dieser Kinder werden dann bald auf Bahnhöfen und an Straßenrändern bettelnd angetroffen.

Ein weiteres Problem, dessen sich die Schwestern annehmen, ist die Bekämpfung der Tuberkulose. Ein Grund für die weite Verbreitung der Krankheit ist in Unterernährung zu suchen, ein anderer in allgemein unzureichender Hygiene. So ist es weithin üblich, auf den Boden zu spucken; eine ideale Grundlage zur Verbreitung der Tuberkulosebazillen über den heißen Straßenstaub. Einigen Kranken können die Schwestern eine kostenlose Tbc-Behandlung ermöglichen.

St. Augustine's Convent, Adackathode, Kerala

Im Norden Keralas, nahe dem Dreiländereck zu Karnataka und Tamil Nadu, liegt der St. Augustine's Convent von Adackathode. Im Februar 1983 mieteten hier drei Augustinerinnen eine kleine Wohnung. Am 28. August konnten sie ihren neuen kleinen Konvent beziehen. Neben der Ambulanz und den allgemein üblichen Programmen zur Gesundheitsfürsorge sind sie heute auch für einen kleinen Kindergarten verantwortlich. Zwei Schwestern sind in einer pfarreigenen Schule tätig. Diese Niederlassung soll ihre Grundfinanzierung selber sicherstellen und auch die Ausbildung der Ordensjugend mitfinanzieren. Dies wird durch die Erträge einer Gummiplantage gewährleistet. Rohkautschuk ist in den letzten Jahren wieder begehrtes Handelsgut geworden, so daß die Chancen für dieses Projekt gut sind. 1987 wurden einige Bäume das erste Mal angezapft.
Die Mitarbeiter des St. Agatha Krankenhauses in Köln-Niehl haben seit einigen Jahren die Patenschaft der Niederlassung in Adackathode, Kerala, übernommen.
In Indien zeigt sich, gedrängt auf einen Zeitraum von 25 Jahren, eine ähnliche Entwicklung wie bei der Tätigkeit der Genossenschaft in Deutschland. Aus den Keimzellen Hospital und Ambulanz entwickelten sich eine Vielzahl anderer Aufgaben. Bemerkenswert ist die Tatsache, daß auch hier recht früh mit der Betreuung alter Menschen begonnen wurde. Bemerkenswert aber auch, daß sich in Indien Lehrtätigkeit zu einem besonderen Schwerpunkt entwickelt hat. In Deutschland wurde ausschließ-

lich in Krankenpflegeschulen und in Haushaltungsschulen gelehrt. In Indien, wo viele Bevölkerungsgruppen überhaupt keinen Zugang zu Schulbildung besitzen, dienen die Pfarrschulen, in denen die Augustinerinnen tätig sind, ganz besonders der Befreiung und Emanzipation sozialer und ethnischer Minderheiten. Die Schultätigkeit für die Bhilala in Sendhwa, aber auch in der Vorschule von Bangalore oder in der Unterrichtstätigkeit in Kumily und Adackathode zeugen davon. Auch die innere Entwicklung der Region läßt manche Gemeinsamkeit zur Geschichte in Deutschland erkennen: So waren es auch in Indien die persönlichen Beziehungen zwischen den Ortsbischöfen und der Genossenschaft, die manche Entwicklung in Gang gesetzt haben.

Bemerkenswert ist aber auch, wie sehr in der indischen Region der Genossenschaft der Anspruch, „Hilfe zur Selbsthilfe" zu leisten, Wirklichkeit geworden ist. Dafür steht die Betreuung von Leprakranken oder der Bau von Siedlungen für obdachlos gewordene Tagelöhner und Landarbeiter. Auch die nach Starthilfe aus Deutschland gut funktionierenden Gewürz- und Gummipflanzungen zur Eigenfinanzierung kleiner Außenstellen oder die zum „Selbstläufer" gewordene Ziegenaktion in Kumily sind Synonyme für das oft gebrauchte Schlagwort.

Ausblick

Mancher mag angesichts der besonders dynamischen Entwicklung in Indien in den Vorgängen in Deutschland Zeichen von Stillstand und Bewahrung erkennen. Wahrscheinlich wird es durch die Überalterung der Gemeinschaft auch in Zukunft geschehen, daß ein Arbeitsbereich, eine Station, gar eine ganze Niederlassung von den Ordensschwestern verlassen werden muß. Wenn auch Ordensschwestern nicht mehr überall präsent sein können, so soll doch der Geist, der sie leitet, weiter wirksam bleiben. Die Arbeit in allen Niederlassungen soll weiterhin zuerst von den Ansprüchen christlicher Ethik bestimmt werden. Das Leben nach der Regel des heiligen Augustinus, dem sich die Cellitinnen verpflichtet haben, soll sich auch auf Motivation und Handeln der weltlichen Mitarbeiter der Genossenschaft auswirken. Dazu bietet die auf die Seele des Individuums und nicht nur auf die Ansprüche des Kollektivs ausgerichtete Sicht des heiligen Augustinus beste Möglichkeiten.

Seit 1978 benutzen die Cellitinnen für alle ihre Niederlassungen ein einheitliches Symbol:

Ein Herz, durchdrungen von einem Kreuz, umrankt von der Krümme eines Bischofsstabes.

Hiermit soll ein Kernsatz der Regel des Bischofs Augustinus verdeutlicht werden, der seit Jahrhunderten das Wirken der Cellitinnen bestimmt. Als Ideal kann er auch über der Arbeit aller, Ordensschwestern und Mitarbeiter, stehen. Er soll gelten sowohl im Verhalten untereinander als auch gegenüber den der Genossenschaft und ihren Mitarbeitern anvertrauten Menschen: „Vor allem aber seid in allem, was ihr tut, ein Herz und eine Seele auf Gott hin!"

In den letzten 10 Jahren haben wieder einige junge Frauen den Weg in die Gemeinschaft der Cellitinnen gefunden. Sie hatten es schwerer als viele ihrer Vorgängerinnen in einer Zeit des Reichtums, in der Gott für viele keine Instanz mehr ist. Vielleicht werden auch andere, in einer Zeit, in der so viele auf der Suche nach Lebenssinn sind, diesen Weg als ihren Weg erkennen. Der Genossenschaft der Cellitinnen nach der Regel des heiligen Augustinus wäre eine solche Zukunft zu wünschen.

Generaloberinnen der Genossenschaft der Cellitinnen nach der Regel des hl. Augustinus

Mutter Dominica Barth 1843–1866

Mutter Crescentia Schmitz 1866–1884

Mutter Materna Diefenthal 1884–1899

Mutter Cleopha Diefenthal 1899–1917

Mutter Maura Bachofen von Echt
1917–1931

Mutter Neophyta Menke 1931–1935

Mutter M. Fidelis Pützstück
1935–1941

Mutter M. Remberta Scheller
1941–1956

Mutter M. Larga Pohlen 1956–1963   Mutter M. Cleta Höschen 1963–1972

Mutter M. Nikodema Rützenhoff 1972 –

Liste der Anmerkungen

HAStK = Historisches Archiv der Stadt Köln
AMCS = Archiv Mutterhaus der Cellitinnen, Severinstraße, Köln

1 Zu Glaubensinhalt und -entwicklung gnostischer Religionen, zuletzt zusammenfassend: Bibel und Kirche, Jg. 41, Heft 1, Stuttgart 1986, „Die Gnosis"

2 z. B. Kloster zur heiligen Elisabeth in Köln (Hg.), S. 28–30

3 Zur Verfassung von 1396 und zur Verfassungswirklichkeit, zuletzt: W. Herborn, 1396. Freiheit nur für Bürger. in: W. Schäfke (Hg.), Der Name der Freiheit. S. 329–366

4 Hierzu ausführlich: E. Ennen, Frauen im Mittelalter. S. 152–178

5 Hierzu zuletzt. W. Schwind, Der Wald der Vulkaneifel in Geschichte und Gegenwart. Diss. Göttingen 1983

6 Hier ergänzt nach P. Witting, Die Situation der Armen im mittelalterlichen Köln. S. 136 und Tabelle 2

7 Hier zitiert nach E. Gatz, Kirche und Krankenpflege im 19. Jahrhundert. S. 28

8 Erstellt anhand der Eintrittslisten im Archiv des Mutterhauses Severinstraße, Köln.

9 HAStK 424-310-124, Diät- und Speisezettel 8. 3. 1872

10 HAStK 424-310-144 ff., Diät- und Speisezettel 26. 12. 1879

11 HAStK 424-99-o. S.

12 1872 Soll: HAStK 424-310-115, 1872 Ist: HAStK 424-310-124
1878 Soll: HAStK 424-99-o. S., 1879 Ist: HAStK 424-310-144
Für das Jahr 1878 liegen außer der Schwesternzahl keine weiteren Personalzahlen vor. Zur Berechnung wurden daher die Zahlen von 1879 herangezogen.

13 HAStK 424-99-o. S. Jahr 1878

14 HAStK 424-99-o. S. 18. 2. 1878

15 HAStK 424-99-o. S. Febr. 1875

16 Verhandlungen der Stadtverordnetenversammlung zu Köln, 1868, S. 48–58

17 HAStK 424-310-115, 27. 9. 1872. Vergleichende Zusammenstellung der Speisungskosten nach dem bisherigen Speiseregulativ und nach dem Entwurf des Herrn Geh. Sanitätsrath Dr. Fischer.

18 HAStK 424-310-113 Speiseregulativ für die verschiedenen Verpflegungs-Klassen im Bürgerhospitale zu Köln. Gültig vom 1. Januar 1859 an.
HAStK 424-310-148 Speise-Regulativ für die verschiedenen Verpflegungs-Klassen im Bürger-Hospitale und Invalidenhause zu Köln. Gültig vom 1. April 1880 an.

19 HAStK 424-82-81 ff.

20 Verhandlungen der Stadtverordentenversammlung zu Köln, 1868, S. 72 f.

21 E. Gatz, Kirche und Krankenpflege im 19. Jahrhundert, S. 89

22 AMCS, Acten des Erzbischöflichen Klosterkommissars, Band 3.

23 Hier zitiert nach: AMCS, Chronik der Cellitinnen, Teil 2. 1838–1914, S. 22

24 Die folgenden Abschnitte zur Architektur stützen sich auf: M. Wolters, Architektur und Denkmalbesitz der Genossenschaft der Cellitinnen nach der Regel des heiligen Augustinus. Unveröff. Manuskript, Köln 1988. AMCS

25 Zitiert nach: Stadtkonservator Köln, Unterschutzstellung des Krankenhauses in Köln-Bayenthal. AZ 6301/wb/we, 2. 12. 1982

26 Der folgende Abschnitt zu Kloster Hoven/Marienborn ist ein gekürzter Auszug aus: Ilse Schmitz, Geschichte und Entstehung der Krankenanstalten Marienborn, Psychiatrische Klinik 1888–1988. Unveröff. Manuskript, Köln 1987. AMCS

27 Siehe Anm. 24. Das gleiche Konzept verwendete Kaplan Göbels auch in der romanischen Kirche St. Brictius in Rommerskirchen-Oekoven.

28 Verordnung über die Allgemeinen Beförderungsbedingungen für den Straßenbahn- und Obusverkehr sowie den Linienverkehr mit Kraftfahrzeugen vom 27. 2. 1970, § 3 Abs. 1 Nr. 1
Für den Einzugsbereich des Verkehrsverbundes Rhein-Sieg wurde diese Bestimmung erst 1987 ersatzlos gestrichen (Beförderungsbedingungen für den VRS, gültig ab 1. 9. 1987)

29 Hierzu: I. Schmitz, Niederlassungen der Genossenschaft der Cellitinnen in den Häusern der Stadt Köln: Adenau, Godesberg, Rosbach. Unveröff. Manuskript, Köln 1987. AMCS

30 Hierzu: I. Schmitz, Die Niederlassungen der Cellitinnen nach der Regel des heiligen Augustinus e. V., Severinstraße in Düsseldorf. Unveröff. Manuskript, Köln 1988. AMCS

31 Hierzu auch: I. Schmitz, Die Niederlassung der Cellitinnen im Johannes-Stift Wiesbaden. In Vorbereitung, Köln 1988. AMCS

32 Rheinisches Provinzialarchiv bei der Archivberatungsstelle des Landschaftsverbands Rheinland, Nr. 4176, Bericht vom 27. 2. 1917

33 Hierzu: I. Schmitz, Das Herz-Jesu-Kloster Nettersheim. Eine entstehungs- und entwicklungsgeschichtliche Dokumentation des Hauses. 1917–1987. Unveröff. Manuskript, Köln 1987. AMCS. Siehe auch Anm. 24

34 Siehe Anm. 24

35 Aus Gründen des Datenschutzes und mit Rücksicht auf noch lebende Verwandte wurde der Name dieser Schwester verändert.

36 Siehe Anm. 26

37 Siehe Anm. 24

38 Hierzu auch: AMCS, Erlebnisberichte zur Gründungsgeschichte der Krankenanstalten Köln-Merheim. Manuskripte und Mitschriften nach Tonbandprotokollen.

39 Die folgenden Darstellungen zur wirtschaftlichen Entwicklung der Genossenschaft wurden nach Informationen von Verwaltungsdirektor Dipl.-Volksw. W. Kopp, Köln, verfaßt.

40 Die folgenden Darstellungen zu den Auswirkungen des Krankenhausfinanzierungsgesetzes und zur wirtschaftlichen Umgestaltung in der Altenpflege wurden nach Informationen von Verw.-Dir. W. Kopp, Köln, verfaßt.

41 Siehe Anm. 26

42 Siehe Anm. 24

Literatur

Allgemeine und übersichtliche Informationen bieten
Lexikon für Theologie und Kirche, [2]Freiburg 1957–1956

H. Jedin, K. Repgen (Hg.), Handbuch der Kirchengeschichte. Freiburg, Basel, Wien 1979

K. Rahner, H. Vorgrimler, Kleines Konzilskompendium. [17]Freiburg, Basel, Wien 1984

Grundlegend zur Geschichte der krankenpflegenden Orden im Rheinland:
Erwin Gatz, Kirche und Krankenpflege im 19. Jahrhundert. München 1971

Grundlegend zur Geschichte der Frauen im Mittelalter:
Edith Ennen, Frauen im Mittelalter. München 1986

Standardwerke zur Geschichte der Stadt Köln:
Architekten und Ingenieur-Verein Köln (Hg.), Köln und seine Bauten, 2 Bde., Cöln 1888 (Nachdruck, 1 Bd., Köln 1984)

T. Diederich, Revolutionen in Köln 1074–1918. (Katalog zur Ausstellung des Historischen Archivs der Stadt Köln) Köln 1975

L. Ennen und G. Eckartz, Quellen zur Geschichte der Stadt Köln. 6 Bde., 1860 ff.

H. Kellenbenz (Hg.), Zwei Jahrtausende Kölner Wirtschaft. 2 Bde., Köln 1975

W. Schäfke (Hg.), Der Name der Freiheit. 1288–1988. Handbuch zur Ausstellung, Köln 1988.

A. Stelzmann, Illustrierte Geschichte der Stadt Köln. Köln 1958

Stadt Köln (Hg.): Verhandlungen des Rates der Stadt Köln. Köln 1848 ff.

Margret Wensky, Die Stellung der Frau in der stadtkölnischen Wirtschaft im Spätmittelalter. Köln, Wien 1980

Zu Kapitel „Historische Voraussetzungen zur Gründung der Genossenschaft"
J. Asen, Die Beginen in Köln, in: Annalen des Historischen Vereins für den Niederrhein, 111, 1927

R. Billstein (Hg.), Das andere Köln. Demokratische Tradition seit der Französischen Revolution. Köln 1979

H. U. von Balthasar: Die großen Ordensregeln. Freiburg 1961

A. Eßer, Kirche, Staat und Öffentlichkeit. Das Kölner Ereignis (1837). Köln 1987

A. P. Evans, The Albigensien Crusade; in: History of the Crusades 2, K. M. Setton (Ed.) [2]London 1969, p. 276–324

W. Feldenkirchen, Aspekte der Bevölkerungs- und Sozialstruktur der Stadt Köln in der französischen Zeit; in: Rheinische Vierteljahres-Blätter, 44, 1980, S. 182–227

Marianne Gechter: Wasserversorgung und Entsorgung in Köln vom Mittelalter bis zur frühen Neuzeit. Kölner Jb. für Vor- und Frühgeschichte 20, 1987, S. 219–270

H. Grundmann, Ketzergeschichte des Mittelalters. [2]Göttingen 1967

H. Grundmann, Religiöse Bewegungen im Mittelalter. [4]Darmstadt 1970

E. Hegel (Hg.), Geschichte des Erzbistums Köln. Bd. V, Das Erzbistum Köln zwischen der Restauration des 19. Jahrhunderts und der Restauration des 20. Jahrhunderts. 1815–1962. Köln 1987

F. Irsigler, Die wirtschaftliche Stellung der Stadt Köln im 14. und 15. Jahrhundert. Wiesbaden 1979

H. Keussen, Köln im Mittelalter. Topographie und Verfassung. Köln 1918

J. Marx, Lehrbuch der Kirchengeschichte. [6]Trier 1912, S. 766–839

E. Müller, Das Konzil von Vienne 1311–1312. Münster 1934

E. G. Neumann, Rheinisches Beginen- und Begardenwesen. Meisenheim a. G. 1960

R. Quadflieg, Filaretes Ospedale Maggiore in Mailand. Diss., Köln 1981 (grundlegend zur Frühentwicklung der Großhospitäler)

C. J. Rogier et al. (Hg.), Geschichte der Kirche 2. Früh- und Hochmittelalter. Einsiedeln, Zürich, Köln 1971

R. Rürup, Deutschland im 19. Jahrhundert. 1815–1871. Göttingen 1984

Th. Schieder, Vom Deutschen Bund zum Deutschen Reich. [9]München 1975

G. Schreiber, Gemeinschaften des Mittelalters. Regensburg, Münster 1948

H. Schrörs, Die Kölner Wirren 1837. Köln 1927

J. Schwarz, Das Armenwesen der Stadt Köln vom Ende des 18. Jahrhunderts bis 1918. Köln o. J.

W. Sombart, Die deutsche Volkswirtschaft im 19. und Anfang des 20. Jahrhunderts. Stuttgart 1954

Stadt Cöln (Hg.), Die Stadt Cöln im ersten Jahrhundert unter preußischer Herrschaft 1815–1915. 3 Bde., Cöln 1916

N. Trippen, W. Mogge (Hg.), Ortskirche im Dienst der Weltkirche. Das Erzbistum Köln seit seiner Wiedererrichtung im Jahre 1825. Köln 1976

P. Witting, Die Situation der Armen im mittleren Drittel des 19. Jahrhunderts. Dargestellt am Beispiel Köln. Jb. d. Kölnischen Geschichtsvereins, 57, 1986, S. 75–146

Pater A. Zumkeller, Die Regel des heiligen Augustinus. Würzburg 1962

Zu Kapitel „Eine neue Ordensgemeinschaft entsteht"

Armenordnung der Stadt Köln vom 7. 9. 1876

Armenordnung der Stadt Köln vom 27. 1. 1888

Armenordnung der Stadt Köln vom 1. 1. 1895

Otto von Bismarck, Gedanken und Erinnerungen. Kapitel „Kultur-kampf", „Bruch mit den Konservativen", „Intrigen", Rede vom 14. 5. 1872 („Nach Canossa gehen wir nicht!")

J. B. Kissling, Geschichte des Kulturkampfes im Deutschen Reiche. 2 Bde., München 1912–1916

Kloster zur heiligen Elisabeth (Hg.), 675 Jahre Kloster zur heiligen Elisabeth in Köln. 2. erweiterte Auflage der Festschrift 1961. Verf. B. Erasmi (1961), A. Zumkeller (1986)

K. Krautwig, Naturwissenschaft und Technik in Köln, Festschrift, Cöln 1908

Zu Kapitel „Die Genossenschaft stellt sich den Anforderungen der Zeit"

D. Albrecht (Hg.), Katholische Kirche im Dritten Reich. Mainz 1976

Asa Briggs, Das 19. Jahrhundert. München, Zürich 1972

Auswärtiges Amt (Hg.), „Materialien betreffend die Friedensverhandlungen", Teil VIII. Der Friedensvertrag zwischen Deutschland und der Entente, Charlottenburg 1919

A. Brecht, Federalism and Regionalism in Germany. The Division of Prussia. London, Toronto 1945

W. Corsten, Kölner Aktenstücke zur Lage der katholischen Kirche in Deutschland 1933–1945. Köln 1949

Genossenschaft der Cellitinnen (Hg.), 100 Jahre Kloster Maria Hilf in Bornheim. Selbstverlag, Köln 1983

R. Graf, „helfen, trösten, heilen: 100 Jahre Augustinerinnen in St. Vith." Selbstverlag der Genossenschaft der Cellitinnen, Köln 1983

U. von Hehl, Katholische Kirche und Nationalsozialismus im Erzbistum Köln 1933–1945. Mainz 1977

Historisches Archiv der Stadt Köln (Hg.), Widerstand und Verfolgung in Köln 1933–1945. Köln 1974

E. Hoffmann und Pater H. Janssen (Hg.), Die Wahrheit über die Ordensdevisenprozesse. Bielefeld 1967

Landschaftsverband Rheinland (Hg.), Verlegt nach unbekannt, Köln 1987

O. Leixner, Soziale Briefe aus Berlin. Berlin 1894

B. Pirlet (Hg.), Neubau des Krankenhauses der Augustinerinnen in der Jakobstraße. Schrift zur Fertigstellung des Krankenhauses. Privatdruck, Köln 1932

Joseph Teusch Werk (Hg.), Katholischer Widerstand 1931–1945. Bad Neuenahr 1985

E. Wurm, Die Lebenshaltung der deutschen Arbeiter. Berlin 1892

Zu Kapitel „Die Genossenschaft in einer gewandelten Gesellschaft"

Architekten- und Ingenieur-Verein Köln u. a. (Hg.): Bauen für Köln. Gestaltungsbeispiele in Beton. Katalog zur Ausstellung. Düsseldorf 1985

van Aubel, Zur Lage des deutschen Krankenhauses. In: Fachvereinigung der Verwaltungsleiter deutscher Krankenanstalten e. V. Jahrestagung 1952

G. Bölke, Entwicklung der Krankenhausfinanzierung bis zur Gegenwart. In: Studienstiftung der Verwaltungsleiter deutscher Krankenanstalten e. V. (Hg.), Zentrallehrgang 1981, S. 11 ff.

W. Durth, N. Gutschow: Architektur und Städtebau der fünfziger Jahre. Schriftenreihe des Deutschen Nationalkomitees für Denkmalpflege, Band 33. Bonn 1987

Fachvereinigung der Verwaltungsleiter deutscher Krankenanstalten e. V., Festschrift zum 75jährigen Bestehen. Wuppertal 1978

M. Gehrt, H. Jüngerkes, Selbstkostenrechnung nach der Bundespflegesatzverordnung. Köln 1974

Genossenschaft der Cellitinnen (Hg.): st. agatha krankenhaus köln. Schrift zur Fertigstellung des neuen Operationstraktes. Privatdruck, Köln 1980

H. Hutten, Entwicklung und Innovationsbedarf in der Medizintechnik. In: Fachvereinigung der Verwaltungsleiter deutscher Krankenhäuser e. V. (Hg.), Jahrestagung 1986, S. 97 ff.

H. Müller, Die Entwicklung der Krankenhausfinanzierung und ihre Auswirkungen. In: Studienstiftung der Verwaltungsleiter deutscher Krankenhäuser e. V. (Hg.), Zentrallehrgang 1984, S. 13 ff.

H. P. Tabeling, Neubau des St.-Antonius-Krankenhauses, Köln-Bayenthal. Schrift zur Fertigstellung des ersten Bauabschnittes. Privatdruck, Köln 1968

H. P. Tabeling, altenzentrum st. martin, porz-zündorf. Schrift zur Fertigstellung des Altenzentrums. Privatdruck, Köln 1975

Ungedruckte Quellen

Chronik der Cellitinnen:
1. „Die Entwicklung unserer Genossenschaft bis 1914" Zeitraum 1838–1914. Kurzfassung (maschinenschriftliches Manuskript. In Fotokopie vervielfältigt)
2. „Chronik der Genossenschaft der barmherzigen Schwestern von der Regel des hl. Augustinus, auch Cellitinnen genannt, welche seit dem Jahre 1838 im hiesigen Bürgerhospital zur hl. Cäcilia tätig ist". Zeitraum 1838–1914 (maschinenschriftliches Manuskript)
3. „Fortsetzung der Chronik von 1914 bis 1936" (maschinenschriftliches Manuskript)
4. „Chronik der Zellitinnen nach der Regel des hl. Augustinus genannt Augustinerinnen Mutterhaus Severinstraße". Zeitraum 1939–1975 (Verf. Sr. M. Josua. Maschinenschriftliches Manuskript. In Fotokopie vervielfältigt)

I. Schmitz, Geschichte der Entstehung und Entwicklung der Krankenanstalten Marienborn, Psychiatrische Klinik 1888–1988. Unveröff. Manuskript, Köln 1987

dies., Das Herz-Jesu-Kloster Nettersheim. Eine entstehungs- und entwicklungsgeschichtliche Dokumentation des Hauses. 1917–1987. Unveröff. Manuskript, Köln 1987

dies., Niederlassungen der Genossenschaft der Cellitinnen in den Häusern der Stadt Köln: Adenau, Godesberg, Rosbach. Unveröff. Manuskript, Köln 1987

dies., Die Niederlassungen der Cellitinnen nach der Regel des heiligen Augustinus e. V., Severinstraße in Düsseldorf. Unveröff. Manuskript, Köln 1988

dies., Die Niederlassung der Cellitinnen im Johannesstift Wiesbaden. In Vorbereitung, Köln 1988

M. Wolters, Architektur und Denkmalbesitz der Genossenschaft der Cellitinnen nach der Regel des heiligen Augustinus. Unveröff. Manuskript, Köln 1988

Archiv Mutterhaus der Cellitinnen, Severinstraße, Köln (AMCS):

Bestand Mutterhaus:
Besonders:
Akten des Erzbischöflichen Klosterkommissars 1838–1880 Nr. 1, Nr. 5, Nr. 6, Bd. 1868/69 (fadengeheftet)

Akten betreffend den Ankauf des Hauses Severinstr. 73 (früher 53)

Akt „Mutterhaus und Krankenhaus Jakobstraße. Arrondierung des Terrains". Teil A–C

Akt „Schriftverkehr mit der erzbischöflichen Behörde" (im Aufbau)

Akt „Liturgie" (im Aufbau)

Akt „Kunst- und Denkmalbesitz" (im Aufbau)

Akt Rundbriefe der Generaloberinnen (1930–1988)

Akt Rundbriefe von Mutter Fidelis und Dr. Warsch (1935–1945)

Akt Kündigungen und Versetzungen (im Aufbau)

Akt Jubiläen und Gelübdeerneuerungen

Akt „Einsatz unserer Schwestern und Freigabe unserer Häuser für Kriegs- und Reservelazarette" 1898–1918

Akt Finanzwesen (im Aufbau)

Akt „Devisenprozesse"

Akt Wilhelmshof

Bilanzen der Jahre 1950–1987

Bestand belgische Niederlassungen (vorsortiert)

Bestand Heisterbach (im Aufbau)

Bestand Königsdorf (vorsortiert)

Bestand Marienborn (sortiert)

Bestand Nettersheim (sortiert)

Bestand St.-Agatha-Krkh., Köln-Niehl (im Aufbau)

Bestand St.-Antonius-Krkh., Köln-Bayenthal (vorsortiert)

Bestand St. Vith (sortiert)

Bestand Häuser der Stadt Köln (sortiert)

Bestand Häuser der LVA

Nationale (mehrere sich ergänzende Bände. Herkunft, Eltern, Geburts- und Sterbedaten, Eintritt, Einkleidung, Gelübde)

Eintrittslisten (1838–1988) 3 Bde. (Eintritt, Herkunft, Eltern, Beruf der Eltern, ggf. deren Sterbedaten)

Namenskonkordanzen (Weltnamen/Schwesternamen. Alphabetisch, unsortiert, ohne Daten)

„Unsere lieben Toten" 3 Bde. (Sammlung von Totenzetteln)

„Unsere Familiennachrichten" 1963–1968/69, 1972, 1979–1987

Historisches Archiv der Stadt Köln (HAStK)

Bestand Gesundheitswesen:

Nr. 400 Gesundheitswesen allgemein

Nr. 402 Oberbürgermeisteramt

Nr. 403 Wirtschaftsangelegenheiten der Krankenhäuser

Nr. 405 Seuchenwesen

Nr. 424 Armenverwaltung (mit Bürgerhospital)

Nr. 620 Bürgerhospital Personalwesen

Nr. 690 Dienstangelegenheiten des Gesundheitswesens, Neu- und Umbauten

Archivberatungsstelle Rheinland, Puhlheim-Brauweiler

Rheinisches Provinzialarchiv, Nr. 4176, Bericht 27. 2. 1917

Irrenanstalt Kloster Hoven

Archiv des Landschaftsverbands Rheinland, Nr. 14295

Archivberatungsstelle Rheinland, Puhlheim-Brauweiler

Rheinisches Provinzialarchiv, Nr. 4176, Bericht 27. 2. 1917

Irrenanstalt Kloster Hoven

Archiv des Landschaftsverbands Rheinland, Nr. 14295